Max Kruse

Die behütete Zeit

Max Kruse

Die behütete Zeit

Eine Jugend im
Käthe-Kruse-Haus

Deutsche Verlags-Anstalt
Stuttgart

Die Familienfotos stammen
aus dem Familienarchiv

Die Deutsche Bibliothek – CIP-Einheitsaufnahme

Kruse, Max:
Die behütete Zeit : eine Jugend
im Käthe-Kruse-Haus / Max Kruse. –
Stuttgart : Deutsche Verlags-Anstalt, 1993
ISBN 3-421-06634-5

© 1993 Deutsche Verlags-Anstalt GmbH, Stuttgart
Alle Rechte vorbehalten
Lektorat: Margot Adrion
Gesamtherstellung: Wilhelm Röck, Weinsberg
Printed in Germany

Inhalt

Der nicht mehr ganz kleine Max fütterte die Möwen. So endete meine frühe Kindheit. Der Bub war ich. Die Möwen kreisten über mir, sehr elegant und sehr gierig, ich fand das schön. Es erinnerte mich an die Segelflugzeuge auf der Wasserkuppe, wo der große Bruder Michael geflogen war, durch Wolken und Bläue. Hier stießen die weißen Vögel krächzend herab und schnappten nach den Brocken, die ich ihnen zuwarf, weit empor. Der Dampfer vibrierte mit leisem Geräusch. Die Stadt hinter mir wurde allmählich kleiner. Noch im Unsichtbaren vor mir lag Rorschach, die Schweiz, dort war das Ausland, die Fremde. Aber das ängstigte mich nicht. Um mich war klare Luft und bald nur noch Helligkeit, keine Küste war mehr zu sehen, weder vor mir, noch hinter mir. Der Bodensee und der Himmel wurden zu einer Lichtglocke, in deren Mitte ich stand. Erst allmählich tauchte das südliche Ufer aus dem Dunst auf. Es wurde größer, dunkler und deutlicher.

Meine ältere Schwester brachte mich nach Arosa, ins Hochgebirge. Sie hieß richtig Sophie und hörte auf den Kosenamen Fifi. Es war in der ersten Hälfte des Novembers 1933. Im Januar hatte Hitler in Deutschland nach der Macht gegriffen und sie aus den Händen des greisen Feldmarschalls Hindenburg, unseres Reichspräsidenten, erhalten. Die Deutschen erhofften den Aufschwung, das Ende von Not und Rezession. Es gab mehr als sechs Millionen Arbeitslose, Hunger und Elend. In Berlin zogen die begeisterten Nationalsozialisten mit brennenden Fackeln unter dem Mann vorbei, den sie Führer nannten. Auch ich hatte in der Kösener Volksschule mit meinen Kameraden Lieder gesungen, die das heilige Vaterland beschworen: »Deutschland muß leben, auch wenn wir sterben müssen«, hatte wie die anderen Jungvolk-Pimpfe eine Uniform mit Koppel und Schulterriemen getragen, die Hose schwarz, das Hemd braun, und in lodernde Holzfeuer geblickt.

Dann ging der Reichstag in Flammen auf. Die Juden und die Kommunisten sollten den Brand gelegt haben, wie man sie überhaupt für alles beschuldigte. Die Mutter fand, es sei besser für mich, wenn ich nicht in Hitlers Jungvolk bliebe. Es konnte sich ja bald keiner mehr entziehen, ohne sich Schwierigkeiten zu bereiten, verdächtig zu werden. Wie, wollte man vielleicht nicht das Beste für sein Volk, glaubte man nicht an den Führer? Die Nationalsozialisten glaubten an ihn, sie glaubten an die Richtigkeit seiner Ideologie. Sein Buch »Mein Kampf« wurde zu ihrer Bibel. Das Wort von der nationalsozialistischen Weltanschauung kam in Mode. Alfred Rosenberg hatte seinen »Mythus des 20. Jahrhunderts« geschrieben, mit dem er einen »neuen, rassegemäßen Glauben« forderte. Ohne den Glauben, ohne den Glauben Hitlers auch an seine eigenen verqueren Überzeugungen, wäre das Dritte Reich nicht möglich gewesen.

Was mich betrifft, so war ich zart, schmalbrüstig und mager. Um meine Wirbelsäule gerade zu strecken, sollte ich an den Händen in Ringen hängen. Sie waren in der Tür zwischen dem Arbeitszimmer der Mutter und der Wohnstube angeschraubt. Das brachte nicht viel. Mein Thorax war nicht der kräftigste, er gab zu Bedenken Anlaß. Dazu litt ich unter häufigem, wenn auch nur leichtem Fieber, dessen Ursache nicht zu ermitteln war. Es hatte mich zu einer Leseratte gemacht. Viele Tage verbrachte ich mit dieser unerklärbaren Erhitzung des Blutes im Bett und las – vorwiegend Karl May, was ich über die Maßen spannend fand und was mich noch mehr fiebern ließ. Lange war ich von der Schule ganz befreit gewesen, als ich neun Jahre alt wurde, besuchte ich sie schließlich nur für drei Fächer: Deutsch, Geschichte und Rechnen. Dazwischen ging ich im Wald spazieren. Als ich elf wurde, kam – auf Wunsch der Mutter – noch Latein dazu, ich bekam Privatstunden beim Rektor.

Ein befreundeter Lungenfacharzt in Halle betreute mich fürsorglich und so familiär, wie man es heute nur noch aus alten Kindergeschichten kennt. Er hatte ein »nichtarisches« Elternteil und war den Nationalsozialisten, die gegen die Juden hetzten, von Natur aus nicht gewogen. Er riet zum Aufenthalt im Gebirge, er bestärkte meine Mutter darin, sich von mir zu trennen, zwei Fliegen mit einer Klappe zu schlagen, mich in die Schweiz zu geben und in die Berge, recht hoch hinauf. Da würde ich mich kräftigen. Meine Großmutter mütterlicherseits war an Lungentuberkulose gestorben. Daß ich diese Krankheit geerbt haben könnte, fürchtete meine Mutter sehr.

Die Schweiz war neutral, in der Schweiz gab es keine Nationalsozialisten, vielleicht ging dieser Spuk ja rasch vorüber, wie bisher alle Regierungen der Weimarer Nachkriegsrepublik nur eine kurze Dauer gehabt hatten. Die Mutter, die mit aller Welt zärtliche Briefe wechselte, kannte eine Dame in Arosa, der sie Puppen zu herabgesetzten Preisen geschickt hatte. Daraus war eine der Brieffreundschaften entstanden, wie sie aus der Korrespondenz der Mutter hervorwucherten wie Pilze aus feuchtem Waldboden. Margret Suter leitete ein Kinderheim, und zwar bewußt und aus sozialem Engagement für weniger bemittelte Kinder, deren Eltern sich die teuren Heime des noblen Wintersportplatzes nicht leisten konnten.

Als ich dort ankam, nach der Fahrt mit der Chur-Arosa-Bahn, die vielfach gewundene Strecke empor, waren die Berge schon tief verschneit, während in Kösen noch der feuchte Herbst geherrscht hatte, grau, kühl und unbehaglich. Aber den Schnee sah ich nicht gleich, es war bereits dunkel im kleinen Bahnhof, und mit meiner Müdigkeit kam eine Vorahnung von Verlassenheit. Zwar war die Fahrt im Pferdeschlitten unter der Pelzdecke, mit Glöckchenklingklang und schnaubenden Pferden, durch die lange Dorfstraße mit den erleuchteten Fenstern den Berghang hinauf, durchaus hübsch, ich spürte auch, daß die Luft hier oben viel frischer war und dünner, ganz anders als daheim. Aber das Heim war mir dann doch fremd, die Kinder unbekannt, sie sprachen in einer so unverständlichen Sprache, Schwyzerdütsch, noch dazu verschiedene Dialekte, rauh und kehlig. Das alles verstärkte meine Gefühle der Verlorenheit. Ich stand im Flur des Heimes, im matten Licht der Lampe, in

*Max Kruse an seinem 12. Geburtstag
in Arosa*

dem alles undeutlich und schummrig wurde, und suchte die
Hand der Schwester. Frau Suter begrüßte mich zwar herzlich,
sie sprach auch bemüht Hochdeutsch, wie man es in den
Schweizer Schulen lernt, aber auch das klang mir fremd.

Sollte ich wirklich hier bleiben, und noch dazu allein?

Am Morgen blendeten die Berge ringsum. Ich hatte noch nie
so ein strahlendes Weiß gesehen, so makellos, eine so lückenlos
helle Welt. Ich hatte aber überhaupt kaum jemals so hohe Berge gesehen, wenigstens nicht mit Bewußtsein. Denn als ich,
noch nicht einmal sechs Jahre alt, im Kleinen Walsertal in einem Kinderheim gewesen war, hatte ich meine Umgebung ja
nur wie träumend wahrgenommen.

War ich jetzt kein Träumer mehr? Begann ich etwa zu denken? Das wäre vielleicht zuviel gesagt, und doch rührten sich die ersten Empfindungen, die danach drängten, sich zu artikulieren.

Die Berge, das Schiesshorn und den Schafrücken, das Rothorn und das Hörnli, hatte ich nun ständig vor Augen, Tag für Tag. Und das waren manchmal quälend lange Tage, mehr als fünfhundert, die aufeinanderfolgten, einundeinhalbes Jahr lang – quälend lang: denn ich litt oft unter Heimweh, und zwar schlimm. Davon wußte ich freilich noch nichts in den ersten Tagen, solange die Schwester Fifi noch bei mir war.

Das Kinderheim hieß Chalet Tschuggenweg, nach der Straße, an der es lag. Dieser Tschuggenweg führte steil aus Arosa, aus dem Dorf und vornehmen Wintersportplatz, hinauf auf den Tschuggen, dem die Rolle eines Hausbergs für unser Heim zukam. Die ungeteerte Straße führte zunächst an zahlreichen Holzhäusern, Pensionen und Hotels vorbei, auch am vornehmen Hotel Excelsior, in dem der Maharadscha von Hyderabad logierte. Er stieg dort ab, wie Frau Suter es nannte, er mietete eine Suite, mehrere Zimmer, an Geld mangelte es ihm nicht. Wir Kinder munkelten, er sei der reichste Mann der Welt, und verspürten dabei einen wohligen Schauder. Manchmal fuhr er im roten Schlitten, von vier Schimmeln gezogen, vorüber. Da klangen die Glöckchen, und der Nabob lehnte im Polster. Aber auch er war nur zugedeckt mit den gleichen langhaarigen Pelzen wie die anderen Leute und genoß schließlich auch keine andere Luft als wir Kinder, die wir doch gewiß nicht zu den reichen Leuten gehörten.

Arosa – das war wohl eine schöne, eine vornehme Welt. Nur unser Kinderheim war eben bescheiden, ein Schweizer Holzhaus, drei Stockwerke hoch, das Erdgeschoß mitgerechnet. Es lag auf einem Eckgrundstück, einige Meter über der Straße, man stieg vom Weg durch ein Türmchen mit Holztreppe, die sich im Inneren rund emporwand, polterte mit derben Stiefeln empor. Auch das Dach dieses Treppentürmchens war rund, hoch und steil, es hatte eine spitze Mütze aus schwarzen Schindeln, auf der sich Bergfinken niederließen, hellgefiedert.

Ich kleiner Max liebte meine Schwester heiß, jetzt inniger als jemals zuvor, hier verkörperte sie für mich das Zuhause, sie war die Verbindung zu Kösen, zur Mutter. Sie schlief mit mir im gleichen Zimmer, obwohl sie ja kein Kind mehr war und überhaupt nicht in ein Heim gehörte. Sie wollte auch nicht lange bleiben, nur bis sie meinte, daß ich eingewöhnt sei. Sie arbeitete in der Puppenwerkstätte der Mutter. Morgens, wenn sie erwachte, mit ihren rötlichen Haaren und den vielen Sommersprossen im Bett gegenüber, eine Kommode dazwischen, kroch ich zu ihr und überschüttete ihr Gesicht mit Küssen. Ich konnte nicht genug Zärtlichkeit geben und bekommen. Da nannte sie mich eine Kußmaschine. Sie sagte »Mäxchen« oder »lieber Schatz« zu mir.

Zum Waschen mußte ich schrecklich früh im Pyjama in einen Waschraum, der außerhalb des Hauses in einem angebauten Schuppen lag. »Debout!« rief Frau Suter durchs Haus, uns schallend französisch weckend. Sie hatte auch Kinder aus der welschen Schweiz, wie man hier sagte. Dann gab es Gepolter und Geschrei in allen Zimmern. Über einen offenen Umgang liefen wir hinaus, schlotternd in den Winterfrost, der uns schneidend empfing, noch bei Dunkelheit. Auch der Waschraum war kahl und feucht, klirrend kalt. In den Waschschüsseln war das Wasser gefroren, wir schlugen das Eis auf, ehe wir uns die Nasen betupften.

Die Schwester Fifi feierte mit mir noch meinen zwölften Geburtstag. Das schien mir eine bedeutende Jahreszahl zu sein, ich war ja fast schon erwachsen. Herr Suter stellte uns sein Wohn- und Arbeitszimmer zur Verfügung, das ganz mit eingelassenem Kiefernholz vertäfelt und mit Bücherregalen verkleidet war. Die freigebliebenen Wände leuchteten in Honigfarbe, man fühlte sich wie in einer Schatulle. Davor erstreckte sich ein Balkon über die ganze Breite des Hauses. In diesem behaglichen Raum baute die Schwester meinen Geburtstagstisch auf, entzündete zwölf Kerzen. Ich erhielt meine Post und wurde überschüttet mit Geschenken. An ein großes Puzzle vom Heidelberger Schloß erinnere ich mich, an ein Feuerwehrauto zum Aufziehen und ein neues Jahrbuch vom »Guten Kameraden« – Lesestoff für die langen Liegestunden.

Ich stand im Matrosenanzug mit dem großen, weißumrandeten Schulterkragen auf dem Balkon, und Fifi fotografierte mich für die Mutter daheim, die Berge, vor denen dunkle Tannen aufragten, als Hintergrund. Danach sagte sie mir, daß sie mich nun bald hier allein lassen würde, mir unbegreiflich.

Herr Suter war ein sehr stiller, immer freundlicher Mann, der an der Lunge litt und nicht mehr arbeiten konnte. Das war wohl der eigentliche Grund für seine Frau gewesen, dieses Kinderheim einzurichten. Sie verdiente so den Lebensunterhalt und ermöglichte ihm gleichzeitig den Aufenthalt in der höheren Luft, von der man sich damals Heilung erhoffte. Thomas Mann hatte es in seinem Roman »Der Zauberberg« beschrieben, und die Mutter liebte dieses Buch und verehrte den Dichter.

Die Schwester Fifi fuhr dann wirklich bald fort, obwohl die Mutter ausdrücklich gewünscht hatte, daß sie lange bliebe, um sich zu erholen. Sie empfahl ihr sogar, sich recht sehr zu mopsen, denn nichts sei besser für die Erholung als Langeweile. Sie sei in der letzten Zeit daheim recht zappelig gewesen. Fifi litt oft unter Migräne, sie hatte wohl Probleme, von denen ich nichts wußte. Aber länger mochte sie doch nicht bleiben, kein Wunder, denn womit sollte sie sich hier auch beschäftigen, der zwölfjährige Bruder war kaum der rechte Gesellschafter für die bald dreißigjährige Frau. Sie wäre gern verheiratet gewesen, hätte gern selbst Kinder gehabt. Hier langweilte sie sich wirklich sehr, und in Bad Kösen wartete ihre Arbeit.

Die Mutter hatte zu ihren berühmten Spielpuppen die Herstellung verstellbarer, verblüffend menschenähnlicher Schaufensterfiguren aufgenommen. Vorläufig waren es nur Kinder, für die Fifi die Köpfchen modellierte, als erstes das des Bruders Friedebald, der es freundlich-geschmeichelt erduldet hatte. Fifi war bildhauerisch begabt und überwachte außerdem die Herstellung der Körper, der Arme und Beine, die mit Mullbinden und Zellstoff über einem Metallskelett gewickelt wurden, eine sehr zeitaufwendige Arbeit.

Die Mutter war von einem großen Kinderbekleidungsgeschäft angeregt worden, Puppen in Kindergröße für die Schaufenster, zum Dekorieren von Kleidern und Anzügen, zu entwickeln, und auf ihre eigenwillige Art wollte sie absolut nicht diese »steifen Böcke« machen, keine »Mannequins«, die noch dazu aus Gips und daher äußerst zerbrechlich waren, sondern sie begann gleich wieder, »die Revolution des Schaufensters«, mit unverwüstlichen Figuren, die verstellbar waren, nicht etwa beweglich, auf diese Unterscheidung legte sie Wert, denn beweglich war nur, was sich auch bewegte, verstellbar aber das, was man in eine bestimmte Stellung bringen konnte.

Man durfte diese Figuren auch nicht »Puppen« nennen, denn die Käthe-Kruse-Puppe war und blieb etwas ganz anderes als die Käthe-Kruse-Schaufensterfigur. Beides waren verschiedene Begriffe und Dinge. Freilich verlangten diese Figuren von den Herren Dekorateuren fast bildhauerische Fähigkeiten, einen Blick dafür, wie sich der Mensch richtig bewegt, wie er sich hinstellt, Standbein-Spielbein, und den Ellenbogen nicht sperrig abwinkelt – und dieses Können war selten, die Figuren standen meist steifer in den Auslagen als die wirklich steifen, aber ursprünglich von Bildhauern modellierten Figuren, scheußlich anzusehen.

Das freute die Dekorateure in den Bekleidungsgeschäften freilich nicht, zumal die Mutter dann herbeieilte und Stunde um Stunde in den Schaufenstern wirkte. Sie brachte die sorgfältige Dekoration der Blusen und gesteckten Kleider auf Ständern oder an den Rückwänden durcheinander und verursachte meist einen ungeheuren Wirbel.

Dafür war sie nun ständig unterwegs, stellte ihre Kinder richtig hin, bildete kleine Szenen, ließ sie Ballspielen und sich an den Händen fassen, Reifen treiben oder schaukeln. Sie kroch in die Vitrinen und von dort wieder auf die Straße, um von draußen alles zu kontrollieren, dann wieder zurück in die Vitrine, um zu berichtigen, zu ändern, immer und immer wieder hin und her, unermüdlich und Dutzende von Malen, war nie zufrieden. So eine Mühe machte sich kein Dekorateur, daran krankte die schöne Idee, daran starb sie schließlich auch. Freilich, daran war jetzt noch nicht zu denken. Die Schaufensterfiguren lebten bis Ende der fünfziger Jahre, und immer bildeten sich Trauben von Schaulustigen vor den Fenstern, wenn die Mutter eine lebensechte Szene dekoriert hatte. Das freute die Geschäftsinhaber. Und die Dekorateure? Manche litten schweigend, manche nahmen es der Mutter übel, andere bewunderten aber auch ihre unermüdliche Aktivität.

Und die Mutter hatte überall Kunden, nun auch in der Schweiz.

Das Ausland

Als die Schwester Fifi mich verlassen hatte, überfiel mich das Heimweh zum erstenmal. Es war unbeschreiblich, dunkel, ein niederdrückendes Gewicht, ein dickes Tuch, das mich völlig einhüllte, so daß ich die Welt nicht mehr wahrnehmen konnte. Ich weinte hemmungslos, tagelang und vor allem am Abend. Ich weinte mich in den Schlaf. Und doch war das erst der Anfang, noch vergleichsweise milde. Ich wurde krank, bekam Fieber und durfte ins Bett, wo ich mein Puzzle zusammenfügte, das Heidelberger Schloß mit vielen mäandernden Krakelee-Rissen und Mustern, und Zane Grey las, spannende Western aus Herrn Suters Bibliothek. Ich las sie zwar gern, aber Karl

May, Winnetou und Old Shatterhand waren doch unvergleichlich viel schöner gewesen, daheim, in Bad Kösen. Frau Suter setzte sich auf meinen Bettrand. Sie war eine warmherzige Frau. Aus der Küche, wo sie das Essen für uns Kinder bereitete, kam sie immer wieder einmal zu mir herauf. Ihre Wangen waren freundlich-rund, sie trug eine weiße Schürze mit viereckigem Latz. Sie wollte mich trösten und sagte das Falsche. Ich solle mich doch darüber freuen, daß ich in der Schweiz sei, statt zu weinen. Ich sei doch in einem freien Land, gerade jetzt . . .

Wieso gerade jetzt?

»Weil es hier keinen Hitler gibt. Er ist ein schlimmer Mann und ein Diktator. Er sperrt seine Feinde ein und ermordet sie. Er wird Deutschland ruinieren und Europa dazu, wenn man ihn läßt. Auch der Reichstag wurde auf seinen Befehl angezündet, um einen Grund für die Unterdrückung der freien Parteien und der Demokratie zu schaffen. Gerade wurde ein Gesetz dazu erlassen. Wir wissen das alles aus unseren freien Zeitungen. Bei uns können die Redakteure nämlich schreiben, was sie denken und was die Wahrheit ist. Ja, Hitler wird Unheil über die ganz Welt bringen.«

Frau Suter haßte und verachtete Hitler aus ganzem Herzen.

Ich konnte ihr nicht glauben und war böse auf sie. Ich trotzte und haßte sie fast. Was ging sie Deutschland an? Kurz vor meiner Abreise in die Schweiz hatte ich in der Naumburger »Reichskrone« einen Film gesehen:»Hitlerjunge Quex«, ich hatte geweint, als der heldenhaft-edle und tapfere Bub von den gemeinen Kommunisten ermordet worden war, ich konnte mich hier dieser Tränen nicht schämen, nur Frau Suter zuliebe, der Schweizerin. Ihr war es ja immer gutgegangen, sie hatte keinen Weltkrieg verloren, sie hatte keinen Kaiser, der in Holland im Exil leben mußte und nie mehr nach Deutschland zurückkehren durfte, sie wußte nicht, was Hunger und Arbeitslosigkeit waren.

Nicht, daß mir Hitler viel bedeutet hätte, und ich hatte auch daheim durchaus kritische Stimmen gehört. Aber das war eben zu Hause gewesen, in der Heimat, es waren Deutsche gewesen, die zweifelten, sich Sorgen machten oder Hitler verachteten. Frau Suter aber war Ausländerin. Sie hatte doch kein Recht, solche Dinge zu sagen. So wurde Hitler eigentlich erst durch sie für mich zum Bannerträger Deutschlands, Symbol für die Heimat – zum Führer. Ich besaß eine Postkarte mit seinem Bild, wo er auf dem Obersalzberg zu sehen war, in einem bürgerlichen Anzug, nicht in seiner Uniform, und er streichelte seinen Schäferhund. Diese Karte stellte ich nun auf meine Kommode, nur für einige Tage, dann verschwand sie wieder in der Schublade. Ich tat es Frau Suter zum Trotz und freute mich, daß sie sich darüber ärgerte. Es war zunächst eine Fremdheit zwischen uns wegen Hitler. Sie hat es mir lange nicht verziehen und es mir noch nach dem Kriege vorgehalten, als dieser fürchterliche Spuk schon lange vorüber war.

In Kösen hatte ich auch ein farbiges Bild von Hitler gehabt, ebenfalls in Postkartengröße. Da stand der Führer vor blauem Himmel. Aber das Besondere war, daß er in Leuchtfarben gedruckt war. Legte man die Postkarte zum Speichern des Lichts in die grelle Sonne und knipste nachts die Lampe aus, so fluoreszierte der Führer geisterhaft in der Dunkelheit. Darüber konnte man damals noch lachen, und die Mutter erklärte: »Das ist nationaler Kitsch!«

Mit der Schwester Fifi war ich den Weg durch den Wald gegangen, unter dicht stehenden, hohen Tannen. Arosa war berühmt für seine Spazierwege, damals noch mehr als heute, denn der Alpinskilauf dominierte noch nicht. Es gab noch keine Lifte. Skilaufen war ein recht anstrengender Sport. Wir quälten uns zu Fuß die Hänge empor, mühsam, ehe wir endlich abfahren konnten, ach, wie kurz! Unser Spazierpfad, der hinter dem Heim herumführte, hieß »Eichhörnliweg«. Auf ihm wandelten ältere Leute und Kranke, die Tuberkulösen besonders, wie die Schwester mir erklärte. Auch Thomas Mann war hier mit seiner Frau Katja gewandelt, es war erst wenige Monate her, im März dieses Jahres. Der Dichter war freilich nicht lungenkrank, ganz und gar nicht, er rauchte ja ständig dunkle Zigarren, aber er hatte – wie Fifi sagte –»Deutschland den Rücken gekehrt«, er wollte nicht mehr in Deutschland leben, obwohl Hitler doch so sehr um ihn geworben hatte und man ihm gewiß nichts Böses angetan hätte.

Wem wollte man denn Böses antun?

Die Schwester zuckte die Achseln.»Es gibt immer Feinde einer neuen Regierung«, meinte sie ausweichend.»Und es ist halt so, daß einige Leute die Nationalsozialisten bekämpfen. Manche kommen auch ins Gefängnis.«

Ich lockte die Eichhörnchen, sie kletterten kopfunter von den Bäumen, stellten die spitzen Ohren auf, hatten flinke Augen, witzige Gesichter, witterten, kletterten an meinen Hosenbeinen empor und auf die ausgestreckte Hand, wo sie die Nüsse mit ihren Pfötchen packten, sich aufrichteten, die Kerne vors Maul führten und knabberten. Die Schalen spritzten zur Seite.

Briefe und Besuche

Von der Mutter kamen dann viele Briefe, sie trösteten mich. Sie reiste in ganz Deutschland umher, schrieb von überall, von Bahnhöfen, aus Wartesälen, aus Hotelzimmern, sie erzählte von einer Luther-Feier aus einer Stadt, die ich nicht kannte; »Abends am Marktplatz (bißchen kleiner als Naumburg, mußt Du Dir denken) hatten alle Fenster Kerzen angesteckt, und vor dem Rathaus brannten Fackeln, und der alte Pfarrer hielt eine Rede und dann sangen alle Leute: ›Nun danket alle Gott‹, das war sehr schön, ganz ohne elektrische Beleuchtung.«

Ja, so war Deutschland, und davon wußte Frau Suter eben nichts. Auch Luther war ein Deutscher gewesen und viele andere bedeutende Männer, deren Namen ich schon gehört hatte. Aber ein Schweizer fiel mir nicht ein – außer Wilhelm Tell, den sie hier als Marke auf die Briefe klebten, und an den erinnerte man sich auch nur, weil der wunderbare, deutsche Dichter

Schiller, von dem mir die Mutter so viele Balladen vorgesprochen hatte, ihn zu einem Drama verarbeitet hatte. Das hatte ich übrigens auch schon gesehen, in Kösen, vor Pappkulissen und mit lebendigem Pferd.

Die Mutter schrieb mir auch: »Mit der Schule plag' dich nur nicht!«, wozu gar keine Veranlassung bestand, denn ich ging in Arosa ja nicht in die Schule, es wurde gar nicht daran gedacht, solange ich so zart und kränklich war. »Wenn Du Zeit und Lust zum Lesen hast«, schrieb die Mutter, »so will ich dir gern geschichtliche Romane schicken.« – Ja, wieso sollte ich hier keine Zeit zum Lesen haben, ich lag ja wie eine Mumie in viele Dekken eingewickelt Tag für Tag – jeweils fünf Stunden – auf dem Liegestuhl unter einem Vordach im Freien neben den anderen Kindern, bei jedem Wetter, auch bei Schneesturm und grimmigem Frost. Und »geschichtliche Romane« wollte die Mutter mir immerhin schicken. Ganz ohne Bildung sollte ich doch nicht bleiben. Sonst las ich ja auch viel, vor allem die Jahrbücher: »Der gute Kamerad« und »Das neue Universum«, in denen die technische Zukunft beschrieben wurde. Es war eine Zukunft mit Städten, in denen die Bürgersteige lautlos rollten und über silberne Wolkenkratzer lautlose Flugzeuge aufstiegen, silbern auch sie. Die Menschen drückten nur noch auf Knöpfe, und dann geschah alles automatisch. Wir durften uns freuen, eine schöne und wunderbare Lebenszeit lag vor uns.

Auf den Brief der Mutter notierte ich mit unsicherer, großer Krakelschrift: »Beantwortet«. Ich hatte Anfälle von Ordnungsliebe, und außerdem war ich faul: Zweimal wollte ich mir die Mühe des Schreibens nicht machen.

Dafür begann ich ein Tagebuch zu verfassen. Unbekümmert wendete ich mich gleich an meine »Lieben Leser«, behauptete, das Wort »Arosa« habe schon daheim wie mit Goldbuchstaben über mir am Himmel der Wünsche geprangt. Und nun sei ich also hier. Vor dem Fenster standen die Tannen, und der Schnee fiel in dichten Flocken, es sah aus wie weiße Schleier. Ganz still war es draußen ... Viel mehr hatte ich nicht zu erzählen als von dieser Stille und von diesem Schneefall, so daß ich die mühevolle Arbeit bald wieder aufgab, mich ein- oder zweimal bei meinen Lesern entschuldigte, daß ich wieder so lange nichts berichtet hätte – dann ließ ich es ganz. Das dicke Heft mit dem schwarzen Einband aus Wachstuch blieb leer bis auf die zwei oder drei ersten Seiten: »Stille ... Schneefall ...«

Im übrigen gab es Aufregendes genug in der Welt, nicht nur die Mutter erzählte davon, es stand in den Zeitungen und tönte aus dem Radio. Es begeisterte uns Kinder. Der Amerikaner Byrd war auf einer Expedition zum Südpol, der italienische Marschall Balbo, der mit dem runden, schwarzen Bärtchen, gerade Mussolinis Statthalter im afrikanischen Libyen geworden, überquerte als erster mit einem Flugzeuggeschwader den Ozean. Und immer wieder siegte Rudolf Caracciola über Nuvolari auf der Avus – oder umgekehrt.

Ein andermal schrieb die Mutter um drei Uhr nachts aus dem Wartesaal in Dresden: »Was soll ich schon tun, wenn ich mal nichts tue, ich denke an mein Geliebtes. – Ich habe hier in Dresden im großen Saal des Hygiene-Museums einen großen Vortrag gehabt. Ich habe Geschichten von Euch frei erzählt, der große Saal ganz dunkel, bloß meine Lampe auf der Bühne brannte – und die Leute alle, es waren wohl achthundert, waren so erwärmt und gingen so innerlich mit. – Hast Du nichts gespürt? Ach Männerle, die Menschen scheinen so froh zu sein, wenn sie mal nicht schrecklich gescheite Gesichter machen müssen, weil ihnen irgend jemand was schrecklich scheinbar Gescheites erzählt – sondern wenn sie einfach mit ihrem immer dummen, immer zärtlichen Herzen ein bißchen mitgehen können.«

Ja, so dachte die Mutter: »Was scheinbar Gescheites ...«, nur scheinbar, also nicht wirklich gescheit ... Und die Menschen hatten »immer dumme, immer zärtliche Herzen«.

Sollte ich auch so fühlen lernen? Die Mutter hoffte es wohl und überforderte mich, säte Gedanken in meine unreife Seele, die eigentlich zu bitteren Pflanzen hätten aufgehen müssen: »Verstehst du das, meine geliebte Sonne?« (Aber ich wehrte mich innerlich gegen diesen Überschwang!) »Meine geliebte

Sonne, aus der ich so gern einen Dichter ersteigen sähe, obgleich ich doch genau weiß, wie schwer das wäre und was für ein Leidensweg.« Und rasch schränkte sie wieder ein:»Na, darum brauchst Du Dich nicht zu kümmern, und ich bin auch nicht ehrgeizig mit Dir, wenn Du nur auf irgendeine Weise glücklich wirst, Deinen Platz ausfüllst im Leben ... Ein ausgeglichener Mensch sollst Du werden. Augenblicklich wirkst Du wieder arg unruhig. Du liest vielleicht zu viel? Männerle, ach, lerne Dich kennen! Lern selbst dieses Instrument, Deinen Körper, so kennen, daß er dir die schönsten Melodien hergibt – volle Töne. Schatzele, ich seh's an Deiner Schrift: sie ist zu fadenförmig, zu unachtsam, zu fahrig ... Bitte, bitte, bitte, mach doch täglich Schreibübungen. Bitte, bitte, bitte, tu's doch aus Liebe zu mir! Indem Du deine Hand zwingst, ruhig und geduldig zu sein, zwingst Du nämlich auch Dein Herz, ruhig und geduldig zu schlagen!«

Ein Dichter – wie kam sie auf diesen Gedanken, da ich doch nicht einmal in die Schule ging? Vielleicht gerade deshalb! Ein Dichter ist ja begabt, er wird aus sich heraus, was er werden soll, aus seinem genialen Inneren, eine Ausbildung braucht er nicht. Und hatte ich nicht schon der Dinah diktiert, meiner Mutter geduldiger Sekretärin, wilde Geschichten von Abenteuer und Seefahrt? Das mochte wohl zu den schönsten Hoffnungen berechtigen.

Die Mutter, diese kleine, berühmte Frau mit den graublauen Augen, immer mit der umrandeten Brille, immer unterwegs damals, von Kunde zu Kunde, von Stadt zu Stadt, sie überschüttete mich mit diesen Briefen und in den Briefen mit Zärtlichkeiten, nicht nur mit Lebensweisheiten, redete mich mit »Himmelsbraten« an und »Himmelsschatz«, »Hasenherz« und »Himmelsmaus«, »Herzensschatz« und »Haserle«, »Herzenspuppe« und »Herzenspeterchen« – dann wieder war ich »das himmlische Haserle« oder »das geliebte Leben«, »der geliebte Schlampamper« oder einfach nur ihr »Heißgeliebtes«.

Ich ertrug's, genoß es aus der Ferne noch mehr, als ich es daheim gemocht hatte, empfand gegen die Worte in steiler, klarer

Sütterlinschrift weniger Abwehr als gegen ihre Küsse und Umarmungen daheim, in Bad Kösen, im grauen Haus an der Kukulauerstraße, wo ich bis dahin meine Kindheit verlebt hatte, verwöhnt und umsorgt. Hier in Arosa wartete ich auf ihre Briefe und Postkarten, sie kamen oft, wenn nicht täglich, so doch wöchentlich ein- oder mehrmals, der Schweizer Briefträger brachte sie durch das Türmchen am Eingang, die Treppe empor, er sagte sein »Grüezi«, das ich zu erwidern lernte – und Frau Suter teilte die Briefe aus, nicht immer froh über so viel Überschwenglichkeit, die das Einleben bei ihr eher erschwerte. Andererseits war die Mutter aber auch hellsichtig, was ich damals noch nicht verstand. Sie schrieb mir: »Wir beide, mein Herzblatt, gehören zu den Leuten, die nur mit der Feder in der Hand denken können.« Woher wußte sie das damals schon, von mir? So war und ist es ja wirklich, mein ganzes Leben lang litt ich darunter, daß ich in Gesellschaft stumm blieb, bis zur Unhöflichkeit, und das auch empfand, mit wachsender Bitterkeit, während sich meine Gedanken erst mit dem Stift, der Schreibmaschine oder jetzt mit dem Computer zu Worten verwandelten. Offenbar ist bei mir die Verbindung zwischen Kopf und Zunge gestört, die bei vielen anderen Menschen so spielend funktioniert.

Aus der Rückschau betrachtet war ich nicht allzu lange allein, eine kleine Wallfahrt zu mir, dem zwölfjährigen Buben, setzte ein, von der Familie und von den Freunden, die gewiß nicht nur mir allein galt, sondern auch Arosa, denn das war damals, mehr noch als heute, ein Ort mit geradezu magischer Anziehungskraft. Man sang das Lied der »Sonne von Arosa«, gelb und übergroß leuchtete sie auf den Plakaten aller großen Bahnhöfe ... Arosa war nicht nur einer der schönsten Wintersportplätze dieser Jahre, sondern es war auch mondän. Das Bergtal war durchflutet von gleißendem Licht, das eine Steigerung meines Lebensgefühls bewirkte, wenn ich nicht unter Heimweh litt: Glanz, Weite, Helligkeit, strahlende, unberührte Berge, klarblauer Himmel!

Arosa war außerdem für uns Deutsche ja wirklich freies Ausland, eine Demokratie, es war »die Welt«. Das empfanden die Erwachsenen natürlich viel stärker als ich, auch wenn sie sich damals in Deutschland noch nicht unfrei oder geknechtet gefühlt hatten, viele waren ja auch voll Hoffnung. Aber daß man hier anders mit anderen Menschen reden konnte als daheim, das war doch allen bewußt. Man traf auf Widerspruch, auf andere Meinungen, man war hier ein fremder Vogel in einer absolut polyglotten Umgebung, kam ganz selbstverständlich mit Franzosen, Engländern und Amerikanern zusammen, hörte fremde Sprachen, Französisch und Italienisch wie selbstverständlich, denn das waren ja auch Schweizer Landessprachen, dazu Englisch und Spanisch – man las andere Zeitungen, die eine andere Meinung vertraten, mit der man vielleicht sogar nicht einverstanden war oder unter der man litt, aber das alles erhöhte den Reiz des Ortes viel mehr, als man sich das heute vorzustellen vermag.

Als erster kam der Bruder Friedebald zu Weihnachten, er wohnte bei mir in der gleichen Stube, schlief in dem Bett, in dem auch die Schwester Fifi gelegen hatte, als sie mich hergebracht hatte. Aber ich küßte ihn nicht. Im Gegenteil, die Mutter mußte uns ermahnen: »Aber ihr zankt euch doch nicht, bitte!« Nun, das taten wir auch, und zudem war eine gewisse Fremdheit zwischen uns, damals. Friedebald war schon fünfzehn Jahre alt, er ging in Weimar auf die höhere Schule und fühlte sich fast erwachsen. Er interessierte sich sehr viel mehr für Frau Suters zierliche Pflegetochter Beteli als für mich, ließ seine graublauen Augen, die er wohl von der Mutter geerbt hatte, wohlgefällig auf dem Mädchen im hellen Kleidchen ruhen, während sie ihre Zöpfchen drehte. Er mußte nicht stundenlang auf dem Liegestuhl ruhen, ging aber mit mir, dem kleinen Bruder, und den andern Heimkindern gern zum Skilaufen, war von ganzem Wesen herzlich, fröhlich, manchmal auch laut – und erschreckend gesund. Er fuhr nach den Feiertagen wieder ab, ohne daß ich nach dieser Abreise lange Heimweh hatte.

Der Vater hatte uns beiden Buben zu Weihnachten geschrieben, es war einer der ganz wenigen Briefe, die ich jemals von meinem Vater erhielt, vielleicht war es sogar der einzige. Der nun schon neunundsiebzigjährige Mann schrieb an seine »lieben Jungens« in eckiger, zittriger Schrift. Er schrieb, daß er im Jahre 1870 in »seiner geliebten Schweiz« gewesen sei: » ...damals kannte man in Aarau, wo ich nach der Schule war, von dem Lichterbaum noch sehr wenig.«

1870 – wann war denn das gewesen? Wohl im Mittelalter.

Grau war die Zeit jedenfalls, unvorstellbar weit weg, undenkbar auch, daß damals ebenfalls die Sonne geschienen hatte und der Himmel blau gewesen war. Die Menschen wohnten in Zimmern voller Plüsch, ohne elektrisches Licht – und die Geschichten, von denen der Vater erzählend schrieb, wie er nach Aarau gekommen war, interessierten uns beide Jungens herzlich wenig. Auch konnten wir seine »deutsche« Sütterlinschrift auf dem hellblauen Papier kaum entziffern, sogar Herr Suter vermochte uns wenig zu helfen, obwohl der Vater doch mit einer Lebensweisheit schloß: »Die Welt ist rund und dreht sich, so muß der Mensch eben mit, und muß sich davor hüten, daß er nicht verdreht wird.« Er küßte uns »von Herzen«, der alte Vater, das tat er nur brieflich, kaum je in Wirklichkeit, und unterschrieb auch »Euer alter Vater« und mit seinem vollen Namen: »Max Kruse«. Da war er uns so fern, wie ein Fremder, der ein Dokument unterzeichnet.

Winterleid und Winterfreuden

Der Winter war lang, aber die Tage waren kurz, und sie waren oft schneidend kalt im Januar und bis in den Februar hinein. Wir Kinder lagen unter dem Balkon vor dem Haus, fünf lange Stunden, dick eingepackt, es war eine Übung zu stoischer Geduld und nicht geeignet, körperliche oder geistige Aktivitäten zu fördern. Die Ruhe begann am Morgen, gleich nach dem

Frühstück, da waren die Tannen oft frisch verschneit. Dann kam der Postbote. Eine Stunde dauerte das erste Ruhen, drei Stunden das nach dem frühen Mittagessen, dann folgten zwei Stunden Spaziergang oder Skilauf, und am Abend, nach dem Vesperbrot, wenn es schon dämmerte, mußte man noch einmal hinaus in die dicken Decken.

Und am Tage flatterten die Bergfinken ums gelbe Haus gegenüber.

Weihnachten ...

Die Scherenschnittkünstlerin Maria Louise Kaempffe schickte eine von ihr geschaffene Postkarte, einen Scherenschnitt, schwarz das Bild vor weißem Grund. Darauf zogen deutsche Volksgenossen von rechts und von links einen imaginären Hügel hinauf zur Krippe des Jesuskindes mit dem Heiligenschein, mit dem anbetenden Elternpaar Maria und Josef. Der Hügel wölbte sich über einem Schriftband, auf dem stand: »Des Deutschen Volkes Winterhilfswerk«, und deutsche Volksgenossen brachten Maria und Josef für das Jesuskind einerseits ein Lämmchen, Kleidung und Säcke, ein Tamburin und betende Hände und andererseits eine Hakenkreuzflagge – seltsame Gabe! Darüber flammte der Weihnachtsstern mit dem Schweif – in Druckerschwärze. Sie schrieb mir, die Scherenschnittkünstlerin und Verehrerin der Mutter: »... damit Du siehst, wie Weihnachten hier in Deutschland ist, sende ich Dir dies Kärtchen, das soeben von mir erschienen ist.« So wurden wir von überallher indoktriniert, auch von Leuten, die ein harmloses und schlichtes Gemüt hatten. Es stand aber auch viel echte Hoffnung dahinter.

Nein, mein Weihnachten war nicht so wie auf dem Scherenschnitt, es war auch in Deutschland nicht so gewesen, die Postkarte war eine künstlerische Darstellung, und doch auch »nationaler Kitsch«. Und die Mutter müßte es auch so nennen, ehrlicherweise.

An manchen Nachmittagen stapften wir Kinder zum Sport im Gänsemarsch den Tschuggenweg hinauf und zogen die schwarzen Holzski am Strick hinterher. Da beneideten wir die reichen Leute, die sich auf Bauernschlitten von Pferden hinaufziehen ließen und uns überholten. Wir trugen dunkelblaue Überfallhosen aus dickem Stoff über derben Lederstiefeln, allseits geschlossene, mit Luftschlitzen versehene Sonnenbrillen aus silbrigem Blech, die wie Insektenaugen vorstanden, tiefdunkel. Hin und wieder, an Sonn- oder Feiertagen, schnallten wir auch Felle unter die Skier und erklommen das Weißhorn, zwei Stunden Aufstieg: »Langsam, immer langsam und gleichmäßig gehen«, ermahnte uns Herr Suter mit der angegriffenen Lunge, der bei Sport und Spaziergang die Aufsicht führte.

Wir bauten Schneehäuser vor dem Kinderheim im Garten und an Wegrändern.

Ich lernte das Skilaufen und war stolz auf mein Können. Stahlkanten kannte man noch nicht, die Lederbindung wurde mit einer Schnalle am Absatz geschlossen, der Fuß war noch so beweglich darin wie heute auf Langlaufskiern.

Kam der März mit seiner Sonne, war die Carmena-Abfahrt der Gipfel des Glücks. Der Weltmeister David Zogg fegte sie »im Schuß« hinab, sprang auf dem Hang zum »Golf Hotel« weit über Fahrwege und Hügel und wurde glühend bewundert.

Wir Kinder saßen auch auf den meterhoch verschneiten Dächern der Heustadel in der blendenden Sonne und verzehrten Brotscheiben und Schweizer Schmelzkäse, von dem sich das Silberpapier so schlecht abziehen ließ, weil es daran festklebte. Ich fühlte mich wie in Gold gebadet. In Gold – aber da war zugleich auch Sahne, denn das gleißende Licht zog einen schimmernden Schleier vor die grell strahlenden Berge und milderte ihre Sonnenfarbe. So dämpfte das Licht sich selber durch seine eigene Ausstrahlung.

Mit dem April und dem Mai kam die Schneeschmelze, Bächlein sprangen überall ins Tal, kaum kann man es anders ausdrücken als mit dieser idyllischen Sprache, wie sie Johanna Spyri in ihrem Kinderbuch »Heidi« benutzte. Auf den noch feuchtbraunen Wiesen zwischen den Schneebrettern aus Firn wuchsen Berganemonen und pelzige Glockenblumen, und an den Wegrändern türmte sich der Schnee hoch und dicht. Sprang man übermütig hinein, versank man bis zur Taille und saß dann so fest, daß einem angst wurde, die sich in Nasenbluten äußerte. Dann mußten einen die Kameraden wieder befreien. In seine leere, hohle Körperform blickte man danach wie in eine dunkle, zum Anziehen aufgehaltene Hose. Die Lawinen donnerten zu Tal, oft sah ich sie stäubend vom Schiesshorn hinabstürzen. Sie begruben auch Skiläufer unter sich. Rudolf Caracciola, der deutsche Autorennfahrer, eines der vielen Idole meiner Kindheit, verlor hier seine Frau, unter einer Lawine wurde sie begraben. Sie war noch jung, und den Rennfahrer traf es schwer, er war verstört und traurig. Ich Bub auf der Liegeterrasse litt mit ihm und konnte es ihm doch nicht sagen, denn ich habe ihn selbst nie gesehen.

Vaters achtzigster Geburtstag

In der Berliner Atelierwohnung, Seesener Straße 30, dicht beim Bahnhof Halensee, dort, wo unten eine der beliebten Eckkneipen war, begin der Vater im April 1934 seinen 80. Geburtstag. 1854 war er in Berlin geboren worden – war das nicht schon Jahrhunderte her? Unsere Wohnung lag unter dem Dach, der Aufzug war eng und altersschwach, aber gemütlich, und seine Gittertür war vielleicht ein Kunstwerk. Ich kleiner Max, der ich meinen Namen von meinem Vater hatte, malte dem großen Max das Schiesshorn von Arosa in Aquarell, den Schneeberg mit Felsen und gründunklen Tannen, unter blauem Himmel. Ich signierte stolz mit meinem Namen, »Max Kruse«, und der Vater betrachtete das Bild unter all seinen Geschenken erstaunt, hielt es zuerst für ein eigenes frühes Werk, das man unter Gerümpel ausgegraben hatte, stand mit seinem Stumpen im Mund davor und fragte knurrig: »Na, aus wat für eener Periode stammt denn det?«

Der Vater an seinem 80. Geburtstag
in Berlin

In der Kindheit des Vaters endete Berlin noch am Halleschen Tor, da wurden die Heuwagen mit Spießen nach Konterbande, also nach zollpflichtiger Ware, durchsucht. Er selber schildert Berlin zur damaligen Zeit so: »Von dem Sande in und um Berlin kann man sich heute keine Vorstellung mehr machen; die großen Plätze alle noch Sand, und gleich vor den Toren Sand, Sand, wieder Sand ... Gleich hinter dem Halleschen Tor begann die Tempelhofer Chaussee; in gerader Linie standen die Pappeln wie Grenadiere zu beiden Seiten. Da wir meist am frühen Morgen gingen, so sahen wir all die Milch- und Gemüsewagen mit Pferden, Hunden, auch Eseln bespannt nach der Stadt fahren, auch große Planwagen gabs hier und da zu sehen und den für die damalige Zeit typischen Sandwagen. Damals wurden die Fußböden in den Stuben noch mit weißem Sand bestreut und der Sandmann war eine stehende Figur im Berliner Leben, alle Morgen hörte man ihn auf den Höfen sein ›Sand, Sand, wiete Sand‹ rufen.«

Mein Vater war ein bekannter Bildhauer gewesen, noch heute steht sein »Siegesbote von Marathon« in der Berliner Nationalgalerie. Auch um die Theaterdekoration hatte er sich Verdienste erworben. Er »revolutionierte« das Bühnenbild, indem er für Max Reinhardt die »plastische Bühne« entwarf, er schuf einen gemauerten Rundhorizont und eine Drehbühne. Der große, öffentliche Erfolg, der Ruhm also, blieb ihm dennoch versagt. Er vereinsamte und resignierte zunehmend und wurde darüber hinaus Zeuge, wie aus der unbekannten kleinen Schauspielerin mit dem Künstlernamen Käthe Somin, die in ärmlichstem Milieu aufgewachsen war und die er zu seiner Lebensgefährtin gemacht und später geheiratet hatte, eine weltberühmte Frau wurde, während man ihn vergaß. Die Feiern zu seinem Geburtstag waren eine kleine, wenn auch späte Genugtuung.

Ich kannte ihn nur wie eine Art Halbgott mit langem Bart und schneeweißem Haupthaar. Scherzhaft nannte ihn meine Schwester Maria auch manchmal »Zeus«. Ich war sein jüngstes von elf lebenden Kindern, sieben davon stammten aus der Verbindung mit meiner Mutter. Als ich auf die Welt kam, war er bereits achtundsechzig Jahre alt, und dreißig Jahre hatte er schon gelebt, als die Mutter in Breslau geboren wurde. Er lernte sie kennen, da war sie siebzehn und er siebenundvierzig. So war er immer eine ferne Erscheinung, wenigstens für mich. Meine Schwester Maria betreute ihn im Alter, er reiste mit ihr, lebte viel auf der Insel Hiddensee in dem roten Jugendstilhaus, der Lietzenburg, die sein Bruder Oskar erbaut hatte, und war selten bei uns in Kösen.

Die Familie feierte den alten Vater, auch die Berliner Presse erinnerte an ihn: »Ein Berliner Kind«, und von der neuen Regierung erschien Alfred Rosenberg zur Gratulation, nicht nur der Verfasser des verworrenen Propagandabuches »Der Mythus des 20. Jahrhunderts«, sondern auch der Leiter des Parteiorgans »Völkischer Beobachter«, den Hitler zum »Reichsleiter« gemacht hatte.

Rosenberg benahm sich jedoch noch manierlich und zurückhaltend, er sagte seine Glückwünsche, aber der Vater wurde mit ihm in ein Nebenzimmer verbannt, weil im anderen Raum jüdische Freunde und Nazi-Gegner bei Kaffee und Kuchen saßen – diejenigen, die noch lebten, und die Deutschland noch nicht verlassen hatten. Der Vater, so erzählte die Mutter, hatte immer nur gebrummt und genickt und kein Wort gesagt. Da war der »Reichsleiter« bald wieder gegangen.

Schon vorher hatte mir die Mutter geschrieben und mich ermahnt: »Vaterchens 80. Geburtstag wird festlich begangen werden. Du mußt bestimmt etwas Hübsches machen. Malst Du gar nicht mehr? Es geht unmöglich, Schatzele, daß Du irgend etwas Fertiges kaufst, eine Photographie oder irgend so was. Irgend eine Kleinigkeit, eine selbsterfundene Geschichte, oder einen Aufsatz also oder eine Zeichnung, kurz, irgend etwas Selbstgemachtes, damit Du Dir Mühe gegeben hast, um ihm eine Freude zu machen, ist das einzig Mögliche. Das überleg Dir mal schön.«

So malte ich also die Berge.

Die Mutter fand später: »Es war ein fabelhafter Tag ... Und Hindenburg sandte einen schönen Brief ... und der Oberbür-

germeister auch, und die Technische Hochschule, und die Akademie und Gott weiß was alles, also es war wunderschön, den ganzen Tag Telegramme und Blumen, Vaterchen war ganz überwältigt. Ich werde Dir Zeitungsausschnitte schicken. Zum Empfang hatte Mimerle ein Septett komponiert, das sie und Michel, Hanne, Jockel, Fifi aufführten. Fein!«
Fein? Wie mochte das geklungen haben? Es sagte mir nichts, auch unter Septett konnte ich mir nichts vorstellen. Mimerle aber war meine Schwester Maria, die älteste, sie spielte Klavier, hatte ein wenig Komposition studiert, verstand ausdrucksvoll und gefühlvoll zu improvisieren und war liebevoll und herzlich zu jedermann, bis an ihr Lebensende. Musikalisch waren sie alle, die Geschwister, Hanne spielte Klavier, ich glaube auch ein wenig Geige, Michael, den wir nur Michel nannten, das Cello, und Jochen – der Jockel? – ich weiß nicht, welches Instrument er beim Septett wohl gespielt haben mag, er liebte sein Saxophon und hatte sich auch auf dem Banjo produziert. Er war der einzige Kruse, der sich eher zum Jazz als zur klassischen Musik hingezogen fühlte.

Hindenburg war unser letzter Reichspräsident, schon uralt. Und geschrieben hatte er den Brief an den Vater bestimmt nicht selbst, höchstens seine große, raumgreifende Feldherrnunterschrift daruntergesetzt.

Kinderheimalltag

All das änderte auch nichts am Alltag in Arosa, an den Liegestunden, am Gleichmaß der Tage, an den fünf Marmeladebroten ohne Butter, die ich abends aß, von Frau Suter geschmiert, änderte nichts am Kartenspiel vor dem Schlafengehen. Und mittags gab es oft Kutteln, die ich haßte, eine schmutzig-graue Masse, Kuhmagen. Die Kuh hatte wiedergekäut und wiedergekäut. Graue, kleine Zapfen standen innen, es ekelte mich.

Gemüse gab es sehr wenig und Obst fast nie. Es war wohl zu teuer. So wurde dort der vitaminarme Boden für eine Spätrachitis gelegt, die meine Brust nach innen verformte, mich ein Leben lang hemmte, mich schämen machte und in die Vereinzelung trieb, noch mehr, als es meiner Natur sowieso schon entsprach. Aber vielleicht hat sie mir das Leben gerettet, denn sie bewahrte mich davor, Soldat zu werden. Vier vorstehende Oberzähne hatte ich freilich schon lange vorher gehabt, die Veranlagung war also da. Nun trug ich eine Zahnspange, die oft höllisch schmerzte und mich quälte. Häßlich fand ich sie außerdem. Wenn ich sprach, hielt ich mir die Hand vor den Mund.

Mit geschlossenem Mund fand ich mich damals aber noch schön, meinen Kopf bedeutend. Saß ich beim Friseur, das weiße Tuch umgelegt, so daß oben der lange, dünne Hals und das Gesicht mit den üppigen Haaren darüber herausschauten, betrachtete ich mich stolz, sah mir selbst in die dunkelbraunen Augen, fand, ich könnte ein würdiger Papst sein oder sogar ein Heiliger, während die Schere klapperte und es nach Haarwässern duftete. Draußen, bei mir innen widergespiegelt, schlängelte sich die Straße durch Arosa-Mitte, gegenüber war der große Kursaal, wo die Erwachsenen nachts tanzten, flirteten und knutschten und wo überhaupt das vornehme, internationale Leben »pulsierte« – denn Leben »pulsiert« ja immer und überall, aber eben nicht das vornehme, das tat es nur hier. Zu diesem schönen Leben gehörte auch die Buchhandlung, in deren Schaufenster ich immer wieder Bücher über das von uns erhoffte, vereinte Europa und die Paneuropa-Bewegung des Grafen Coudenhove-Kalergi fand. Ich kannte den Initiator der frühen Europa-Bewegung aus Hiddensee, von daher fiel also wieder bedeutender Glanz auf mich, in meinen eigenen Augen, denn ich hatte sein Abzeichen ja schon als Kind getragen, als andere Leute noch nichts davon gewußt hatten.

Aber ich lernte nichts, ich ging nicht in die Schule, keinen Tag. Nun ermahnte mich die Mutter in ihren zahllosen Briefen und Postkarten von überallher, daß ich doch anständiger schreiben möge, sauber: »... und Deine Orthographie, mein Herzblatt, ist wirklich verheerend.«

Konnte sie denn anders sein. Mich ärgerte ihre Kritik. Der stille Herr Suter gab mir dünne Broschüren zu lesen, eine preiswerte Ausgabe Schweizer Literatur, Vorläufer vielleicht unserer Taschenbücher. Da lernte ich Gottfried Keller kennen, Conrad Ferdinand Meyer und andere eidgenössische Dichter, deren Namen und Werke ich wieder vergaß. Herr Suter machte auch einmal den Versuch, mir etwas beizubringen, die Mutter hatte ihn wohl darum gebeten. Da saß der grau gekleidete Mann im großen Korbstuhl und rauchte seine Pfeife, was seiner Lunge doch gewiß nicht guttat, und ließ sich von mir den Anfang einer Weltgeschichte vorlesen. Er hörte schweigend zu, lehnte sich im Lehnstuhl zurück und schloß auch manchmal die Augen. Der Text handelte von der Entstehung der Erde aus Meeren und Ozeanen, von schwerfälligen Tieren, die aus den Fluten an Land stiegen, vor Wasser triefend, und alles bevölkerten. Sie brachen durch die Urwälder, die damals fast die ganze Erde bedeckten, diese Erde, die als eine große Kugel durch das All sauste und sich dabei auch noch um sich selber drehte.

Das erfuhr ich und behielt es als unklare Vorstellung. Mehr lernte ich nicht, hatte aber schon daheim doch manches gelesen von römischen Kaisern und Germanen, in der Lateinstunde beim freundlichen Rektor, das mochte genügen.

Herr Suter war übrigens auch ein Schweizer Soldat, jeder Schweizer war ein Soldat und bewahrte sein Gewehr im Schrank auf. Als im Frühsommer in Arosa ein Manöver abgehalten wurde, von graugrün gekleideten Burschen, die auf den Wiesen des Tschuggen ihre Maschinengewehre aufbauten und in die Luft ballerten, erwies sich Herr Suter als sachkundiger Beobachter. Ich sammelte die leeren, kupferfarbenen Patronenhülsen und brachte mit ihnen den Krieg in den Hof des Kinderheimes. Ich baute Stellungen auf dem Dach eines Schuppens, und Herr Suter erklärte mir deren Schwächen oder Stärken.

Es waren aber doch harmlose Spiele – und rasch wieder vergessen, als die Soldaten fortzogen und die Stille wiederkehrte. Im Frühjahr pflückte ich blaue Enziane, mit denen die Wiesen übersät waren, im Sommer wanderte Herr Suter mit uns Kindern. Wir erstiegen den Schafrücken, blickten ins blau-grüne Tal hinunter auch auf die andere Seite nach Lenzerheide, pflückten Edelweiß, das ich trocknen und in Büchern pressen wollte, als Lesezeichen. Dann kam unvermutet und rasch ein Gewitter auf, düster-schwarze Wolken und gefährliche Blitze, gefährlich deshalb, weil sie so nahe waren, fast zum Greifen, und flammend den finsteren Himmel durchschnitten mit Donnerschlag. Wir waren gerade auf dem Gipfel, nun flohen wir über den steilen Geröllhang, ließen uns auf den Kieseln hinabrutschen, im kollernden Stein selbst kollernde Steine, dann im Regen über die Wiesen, die steil, naß und glitschig waren. Wir kamen heim mit klatschnassen Haaren, durchgeweichten Kleidern – und schnatterten vergnügt.

An schönen Tagen waren die hochgelegenen Seen zwischen den Bergen klar und tiefblau, wie der Himmel. Ich baute aus Sperrholz ein Segelschiff, das nicht dicht war, voll Wasser lief und sank. Das Wasser war eiskalt und klar wie flüssiges Silber. Ich schichtete Steine an Gebirgsbächen zu Staudämmen auf und schnitt blaurote Alpenrosen für Frau Suter, knorrige Hölzer – von mir geliebte Blumen.

Frau Suter dekorierte den Eßtisch damit, auf den dann die Schüsseln mit Kutteln kamen. Ich hätte lieber aufs Essen verzichtet. Und aus dem pfeifenden Radio schallte Richard Taubers Stimme. Frau Suter verehrte diesen Sänger, der, wie sie mir sagte, ein Jude war, weshalb er Deutschland verlassen hatte und nun in Amerika Millionen verdiente. Ich kleiner Max fand seine Stimme schmalzig, das war aber gewiß kein frühes Zeichen eines guten Geschmacks, sondern weil es die Meinung der Mutter war, die ihn – den Tenor – mit dem von ihr so geliebten Bariton Heinrich Schlusnus verglich, der daheim auf der Platte »O du mein holder Abendstern ...« sang.

An Schlechtwettertagen drängten wir Kinderheimkinder

uns im winzigen Spielzimmer zusammen, erzeugten Unordnung mit Holzautos und Bauklötzern, so daß keiner mehr treten konnte, ohne des anderen Werke zu zerstören. Wir spielten gefährlich, indem wir uns an den Händen faßten, eine Kette bildeten, und die beiden ersten oder letzten Kinder steckten je einen Nagel in die beiden Löcher der Steckdose. Durchzuckte uns der elektrische Schlag, schrien wir auf und ließen uns wie tot auf den Boden fallen. Ein unwiderstehlicher Reiz war das, dieses Spiel mit dem Schock, mit der Gefahr. Die Älteren mahnten uns, es zu unterlassen, was uns nur noch mehr dazu anstachelte.

Diese Sommermonate waren schön und klar, die Mutter schrieb, es sei schrecklich trocken und der Rasen sei ganz verdorrt. Und wirtschaftlich ginge es »recht mühsam, doch davon verstehst Du nichts. Und es regnete seit vielen Wochen nicht, und heute war so eine Hitze wie Backofenluft.«

Ich wußte, wenn es heiß war, hielt es die Mutter nicht aus, dann war sie – nach eigener Aussage – lahm wie eine Fliege.

Trotzdem besuchte sie den neuen Reichspropagandaminister Doktor Joseph Goebbels in seinem Haus am Wannsee, das er gemietet hatte. Eigentlich besuchte die Mutter ja Frau Magda Goebbels, die zwei Kinder hatte, von denen die Schwester Fifi eines modellieren sollte, »dem Dr. zur Überraschung«. Die Mutter war selbst recht überrascht von diesem Besuch »... denk Dir nur, er ist so bescheiden, so ohne jede Form und ohne jede Einbildung und Äußerlichkeit. Gar nicht militärisch, sondern wirklich menschlich und ungemein gewinnend. Ich fühlte mich kein bißchen bedrückt und bevormundet im Denken, ganz und gar nicht.«

Immerhin hatte sie das doch wohl vorausgesetzt. Und so wenig kann man sich auf seinen persönlichen Eindruck verlassen.

Damals warben sie noch um Stimmen, die Nazigrößen, vor allem um die der deutschen Prominenz.

Der Schwager Dorul van der Heide, Holländer, besuchte

mich im Sommer mit seinem kleinen Auto, einem DKW. Frau Suter faßte gleich ein Herz für ihn und seine Bilder. Er malte freilich die Berge von Arosa auch viel schöner, als ich es für den Vater getan hatte. In all ihrer Fürsorglichkeit setzte sie sich für ihn ein, wie sie immer half und sorgte. Ausstellungen wollte sie für ihn organisieren und tat es auch einmal, für den Holländer im Schweizer Chur. Doch brauchten diese Dinge ja lange Vorbereitungszeiten, und ehe die erste zustande kam, war ich schon nicht mehr im Kinderheim.

Taufe

Dann kam auch die Mutter zu Besuch. Ich freute mich mehr, als ich sagen konnte. Lange schon hatte sie sich angekündigt, und die Reise immer wieder verschoben – im Hochsommer reiste sie endlich, viele Postkarten eilten ihr voraus. Der Bruder Jochen chauffierte sie. Ich durfte ihr in der Chur-Arosa-Bahn entgegenfahren. Im Städtchen Chur drückte sie mich an ihr Herz und überschüttete mich mit ihrer Zärtlichkeit. Klein war sie geworden vom vielen Herumreisen, dachte ich, die kleine Frau, aber sie meinte, nein, das käme mir nur so vor, denn ich sei furchtbar gewachsen.

Sie erzählte von ihren Reisen und von ihrer Arbeit, als wir nun im sogenannten »Trudel« – einem damals ganz neuen, grauen Auto, einem Kabriolett – die steile, vielfach gewundene Straße nach Arosa hinauffuhren, entlang an Almwiesen und durch Tannenwälder. Auf der Mitte des Weges machten wir halt, übernachteten in einem Dorfgasthof hinter braunen Holzschindeln, denn die Mutter fürchtete, daß ihr Herz den raschen Aufstieg ohne Pause auf eintausendachthundert Meter nicht vertrüge. Sie wollte sich langsam an den Höhenunterschied gewöhnen.

Die Mutter kam auch, um mich endlich taufen zu lassen, über zwölf Jahre lang war ich nun schon als Heide herumgelaufen. Es hatte mir eigentlich nicht geschadet, fand ich. Warum sollte ich nun kein Heide mehr sein? Eigentlich gab es doch kaum einen Grund, im neuen Nazideutschland wäre es bestimmt nicht nötig gewesen, »der Leute wegen«, oder um Nachteile im Beruf zu vermeiden. Eher im Gegenteil. Aber vielleicht hatte die Mutter das unklare Empfinden, die Zugehörigkeit zu einer Kirche könnte mir einmal den Schutz einer größeren, mächtigeren Organisation gewähren, falls die politischen Verhältnisse dies nötig machen sollten. Sie hätte sich darin geirrt, wie in vielem. Nicht nur die evangelische, auch die katholische Kirche hatten ja ihren Frieden mit den neuen Machthabern gemacht, schon im Juli 1933 hatte Kardinal Pacelli, der spätere Papst Pius XII., das Reichskonkordat unterschrieben und das Naziregime damit im In- und Ausland salonfähig gemacht.

Ich fragte die Mutter jedoch nicht nach Gründen. Mir waren sie herzlich gleichgültig. Allein daß sie nach Arosa kam, zu mir, und danach mit mir in der Schweiz herumreisen wollte, war Grund genug, mich taufen zu lassen.

Ja, ich nahm es so hin, weder freudig noch mit Protest.

Und es war die nackte Wahrheit, daß mir Gott sehr fern war in der kahlen Kirche von Arosa. Ich bemühte mich auch nicht darum, zu glauben. Zwar faltete ich abends die Hände vor dem Einschlafen und betete das Vaterunser, aber ich tat es mehr aus Gewohnheit, weil es mich an daheim gemahnte und ein Gefühl der Geborgenheit erzeugte, das mich immer erfüllte, wenn die Mutter mit mir gebetet hatte.

Vor dem heiligen Akt freilich hatte ich doch in die Dorfschule gehen müssen, aber nur in die Religionsstunde. Der Pfarrer mochte wohl seine Bedenken gehabt haben, denn er hatte ja keinen unwissenden Säugling mehr über das Becken zu halten. Dieser Täufling hielt sicher still, aber was er dachte, war vielleicht nicht ganz im Sinne der Schweizer Kirche, die sich auf Zwingli gründete, der ein strenger Reformator gewesen war.

So marschierte ich, der Bub, also vom Kinderheim hinab in die Volksschule, lernte die Zehn Gebote und den Kleinen Katechismus auswendig, sah aber auch viel zum Fenster hinaus, vom Holzpult auf die Berge und auf die Bäume, die im Schulhof wuchsen. Ein wenig fremd war ich schon unter den Dorfbuben, vor allem im Hof, in den Pausen, doch an ihre kehlige Sprache hatte ich mich endlich gewöhnt und bemühte mich, dem Pfarrer auch so zu antworten, auf Schweizerdeutsch. Es war trotzdem wohl nur eine Mischung aus Hochdeutsch, Züridütsch, Baseldütsch, Appenzeller-, Zuger- und St. Galler Tonarten, wie sie die verschiedenen kleinen Gäste von Frau Suter durcheinander sprachen. In der Schule lachten die Buben über mich. Doch es tat mir nicht weh. Ich war Deutscher, und Deutschland war vielmal größer als die Schweiz.

Der Bruder Jochen, eben einundzwanzig Jahre alt geworden, also schon sehr erwachsen in meinen Augen und Fahrer der Mutter, war als Taufpate dabei. Er fand alles komisch. Frau Suter war meine zweite Patin. Die weihevolle Zeremonie sollte nach dem Gottesdienst stattfinden, in der hochgiebligen Kirche, die auf dem Hügel lag und mit ihrem spitzen, schlanken Turm auf vielen Postkarten zu sehen ist. So warteten wir also, in dunklen Anzügen – die Mutter im schwarzen Wollkleid mit dem gestickten Besatz von der Schneiderin in Bad Kösen –, bis die letzten Kirchgänger das Gotteshaus verlassen hatten, Männer und Frauen, Bergbewohner; Touristen gingen kaum einmal in diese Kirche.

Als der Raum menschenleer und sehr kahl war, schritten wir hinein. Die Nüchternheit war erkältend. Zwingli, der Eiferer, hatte alle Heiligenbilder verdammt, über die leeren Bänke wehte weit eher der Schauer des Todes als ein Hauch der Freude und Zuversicht.

Ich zog die Schultern hoch. Die Mutter lächelte beklommen. An ihrer Hand schritt ich im Mittelgang durch die Reihen der Bänke. Frau Suter und Jochen folgten. Die Orgel spielte einige rauschende Töne. Die Mutter senkte die Augen. Ich zog meine Hand aus der ihren und verschränkte die Finger ineinander. Ich sollte ja beten.

So stand ich vor dem Pfarrer. Auf dem Altar brannten Kerzen. Der Geistliche schlug die Bibel auf und las seinen Taufspruch, der nun meiner wurde. Die Mutter hatte ihn ausgesucht, denn sie liebte und bewunderte die Bibel als Sprachkunstwerk. Aber ich vergaß diesen Spruch, da ich niemals Gebrauch von ihm machte. Auf der nüchternen Taufurkunde der Kirche steht er ebenfalls nicht. Es ging auch alles sehr rasch. Der Pfarrer benetzte mich mit Wasser und gab mir die Namen Karl Max, die schon lange in meinem Paß standen. Keine Überraschung. Ich spürte auch nichts, vielleicht ein leichtes Kribbeln die Wirbelsäule hinab.

Und dann wieder Orgelmusik. Keiner sang. Es hätte auch gar zu kläglich geklungen: die Mutter singend, da hätte vielleicht selbst der Pfarrer protestiert.

Als wir die Kirche verließen, spöttelte Jochen: »Schade, daß du nun kein kleiner Heide mehr bist.« Das fand ich auch. »Aber Jockerle«, verwies ihn die Mutter. Sie war froh, es hinter sich zu haben.

Frau Suter, meine Taufpatin jetzt – nun sagten wir »Du« zueinander –, gab ein Festessen, sie hatte eine Gans gebraten. Auch der Pfarrer war geladen. Er schmauste mit Appetit und reinem Gewissen. Das gute Essen hatte Zwingli wohl doch nicht verboten.

Frau Suter schenkte mir einen grünen Wecker, hochmodern, mit weißen Zeigern, eine Schweizer Uhr, Qualitätsarbeit. Das runde, silbern gerahmte Zifferblatt stand auf zwei jadegrünen Kugelfüßchen und lehnte sich rückwärts gegen einen Metallständer. Frau Suter küßte mich sogar auf die Backe. Da reckte ich den Kopf beiseite und machte den Hals lang. Aber die Uhr gefiel mir. Sie begleitete mich viele Jahre.

Der Bruder Jochen konnte nicht bleiben. Er lernte in London Schaufensterdekoration und feine, englische Sitten. Er war ja überhaupt der Eleganteste, der Geistreich-Ironischste der Kruses, immer nach der letzten Mode gekleidet, sehr schlank, ganz blond, mit einem scharfgeschnittenen Gesicht und charaktervoller Nase, voll Freude am treffenden, aber niemals derben

Witz. Er liebte das Leben, die Anmut, den Charme, war das am wenigsten schwerblütige von uns Krusekindern, vernarrt in hübsche Mädchen, wie die hübschen Mädchen in ihn. Er wurde von uns damit aufgezogen, daß er gar nicht der Sohn unseres Vaters sein könne, sondern Frucht einer Mesalliance, der Fehltritt eines preußischen Prinzen mit unserer Mutter. Er hörte das Märchen nicht ungern. Nun verließ er mich wieder.

Die Mutter blieb noch einige Tage. Sie ging mit mir auf den Spazierwegen, wo die Eichhörnchen im Winter auf den Tannen sprangen, von Ast zu Ast, sie atmete die reine Luft und freute sich, daß ich so gut aussah. Ja, ein rundes Gesicht hatte ich bekommen von Kutteln und Marmeladebroten, aber ich hielt mich noch genauso schlecht wie zu Hause. Auch über Politik sprach sie mit mir, weil ich mich heimatlos fühlte in der fremden, dem »Führer« feindlichen Schweiz, der »Röhm-Putsch« hatte sie unsicher gemacht, sie sprach es auch aus, das heimtückische Morden an Hitlers eigenen Gefolgsleuten irritierte sie sehr, sie suchte nach Erklärungen, nach Entschuldigungen, folgte der offiziellen Lesart, daß ein Staatsstreich geplant und daher rasches Handeln das Gebot der Stunde gewesen sei – und rang trotzdem die Hände. Diese Hände waren klein und sehr weich. Daß ihr verehrter Dichter Thomas Mann Deutschland verlassen hatte, jetzt in der Schweiz lebte, in Zürich, machte sie ebenfalls unsicher. Warum hatte er das getan? Nun ja, ein Schriftsteller konnte sich das leisten, er hatte keine Werkstätte, so wie sie, er hatte keine Arbeiter und Angestellten, er hatte nicht sieben Kinder, die alle noch versorgt werden mußten, sondern nur sechs, von denen einige schon selbständig waren, er war nicht gebunden an einen Ort, und dieser Nobelpreisträger fand auf der ganzen Welt seine Leser. »Werde ein Dichter, mein Herzblatt, ich wünsche es mir so sehr.«

Das Herzblatt schwieg. Ich dachte, daß ich ganz von selber ein Dichter werden würde, so bedeutend fühlte ich mich ja schon, und wenn ich beim Haarschneider in den Spiegel sah, im weißen Umhang und mit den großen Augen, dann mußte es doch jeder erkennen.

Doch daß die Kinder von Thomas Mann, Erika und Klaus, von Zürich aus gegen Deutschland »hetzten«, gegen Hitler, das verunsicherte die Mutter ebenfalls sehr. »Sie sollen nach Hause kommen«, meinte sie, »und bei uns ihre Meinung vertreten!« Aber in Zürich? Da hatten sie nun ein Kabarett, »Die Pfeffermühle«, und konnten doch gar nicht wissen, wie es wirklich aussah in Deutschland, da sie selbst nicht mehr dort lebten. Ging es nicht überhaupt schon aufwärts? Und war man denn wirklich so unfrei, wie viele behaupteten? War ich, ihr Herzensmaxel, nicht in der Schweiz, das Jockerle nicht in England, konnte sie nicht mit dem Männerle, dem Michel, ihrem Ältesten, im Auto nach Holland reisen und überallhin, wenn sie nur wollte?

Schweizerreise

Die Mutter nahm mich dann mit, ihren Goldschatz, sie reiste mit mir. In Zürich wohnte sie mit mir im Hospiz Sankt Peter, im Angesicht des viereckigen Glockenturms. Es war das modernste Hotel, das sie kannte, klar und nüchtern, mit einem Atriumhof, in dem ein Springbrunnen plätscherte und noch nachts die Gäste an Tischen saßen, plauderten und lachten, was sie oft ärgerte, weil es sie beim Einschlafen störte. Sie besuchte ihre Kunden in Zürich, nicht den Dichter Thomas Mann, mit dem hätte sie sich vielleicht nicht verstanden, trotz aller Verehrung, und wer weiß, was der scharfe Geist danach über sie in sein Tagebuch notiert hätte. Es war vielleicht gut, daß dieses Treffen nie stattfand.

Das Spielwarenhaus Franz Carl Weber war ein Paradies, es lag in der luxuriösen Bahnhofstraße. Es übertraf alle deutschen Spielwarenhäuser, die ich kannte, an Größe und an der Fülle der bunten Waren zumal. Es war voll mit Spielwaren aus aller

Herren Länder, darunter eben auch Käthe-Kruse-Puppen, diese galten als wunderschön, aber auch sehr teuer. Doch das störte die Firma Franz Carl Weber kaum, denn sie verdiente ja auch gut an teuren Waren. Zwei oder drei Stockwerke hoch stapelte sich hier alles, was ein Kinderherz begehrt, und ich war noch nicht alt und abgeklärt genug, um nicht mehr zu spielen, um nichts zu begehren. Dennoch quälte ich meine Mutter nie mit Wünschen, ging ich auch mit glänzenden Augen durch die Pracht. Sie schenkte mir sowieso genug. Dieses Spielwarenhaus kannte in der Schweiz jeder, es wurde von zwei Brüdern geleitet. Carl war der ältere, und er war väterlich zu mir, beugte sich zu mir herab, strich mir über das Haar, hatte selber Frau und Kinder. Er war immer liebenswürdig auch zu der Mutter, ein jovialer Mann und ein bedeutender Herr, ein klein wenig rundlich. Vor dem schlankeren Bruder Paul fürchtete ich mich eher, ich ging ihm gern aus dem Weg, er lachte selten, war immer sachlich, erschien mir fast feindlich. Gewiß war er es gar nicht. Zu meiner Freude schien Carl der eigentliche Geschäftspartner der Mutter zu sein, dem das Warenlager, der Ein- und der Verkauf unterstanden, während Paul für die Finanzen zuständig war.

Am Ende der Bahnhofstraße lag der Zürichsee, still, grauschimmernd, dort fütterte ich die Schwäne. Und das Kaufhaus Jelmoli galt der Mutter als das feinste der Schweiz. Sie verkaufte ihre Kinderfiguren dorthin und dekorierte mit ihnen. Ich war stolz darauf, daß ich mit ihr den großen, modernen Bau betreten durfte, durch die gläsernen Türen, daß man sie mit Achtung, ja mit Auszeichnung behandelte. Da fiel auch Glanz auf mich. Ich weiß nicht mehr, ob Herr Kleim, der Chefdekorateur, Deutscher war oder ob er nur mit Deutschland sympathisierte; jedenfalls war er Nationalsozialist, einer der überzeugtesten, die ich kannte, und das war eine Ausnahme in der Schweiz. Daß er so stark für Deutschland fühlte und es auch ausdrückte, darüber war ich glücklich, in der mir immer noch ein wenig fremden Schweiz, zumal er zu mir, dem Kind, auch freundlich war.

In der Schweizerischen Bundesbahn fuhr die Mutter mit mir durch die deutschsprachige Schweiz, überall hatte sie Kunden, die sie liebevoll begrüßte, umarmte, zu denen sie die herzlichsten Beziehungen pflegte. In Bern mußte ich handgestrickte Strümpfe bekommen, aus scheußlich grauer Wolle, das Geschäft gehörte zwei älteren Damen, ich glaube, daß die eine Mary Christen hieß. Ich haßte diese Strümpfe. Ich mußte sie mit einem weißen Strumpfhaltergürtel aus Gummi hochhalten. Dieser saß zwar unsichtbar unter meiner dunkelblauen Bleylehose, aber die Spangen, die über den Gummiknopf und den Strumpf gezogen wurden, schauten doch immer heraus, und meist auch noch ein schmales Stück des hellen Schenkels. Auch Wollhandschuhe bekam ich von Mary Christen und einen Schal, das nahm ich gern entgegen, nur die Strümpfe waren mir zuwider, ganz und gar, doch die Mutter war fanatisch damit: »So eine gute, warme Qualität bekommen wir zu Hause nicht, so solide – und alles handgestrickt!«

Sie dekorierte den freundlichen Schwestern einige Kinderfiguren mit Pullovern und anderen Strickwaren, sehr lebensecht, die Leute blieben auch hier vor dem Schaufenster stehen und bewunderten ihre Natürlichkeit. Den kleinen Laden fand ich aber trotzdem düster, er war ein länglicher Schlauch, in dem es dumpf nach Wolle roch.

Nicht weit entfernt lag das Hotel »Bären«, in dem die Mutter wohnte. Ich bestieg das Berner Münster, während sie arbeitete, fotografierte die spitzen Giebel der alten Stadt, schaute auf die leicht gebogene Marktstraße mit den mittelalterlichen Häusern und ihren Arkaden, auf den Zeitglockenturm – oder ich fütterte die lebenden braunen Bären im Zwinger.

Es waren erst wenige Tage her, seit der Reichspräsident Hindenburg gestorben war. »Der Brief an Dein Vaterle zum 80. Geburtstag war einer der letzten gewesen, den er noch unterschrieb. Er war dann bald krank geworden. Im August starb er, Hitler bereitete ihm eine pompöse Begräbnisfeier im Tannenbergdenkmal. Und jetzt ist Hitler der Führer und Reichskanzler ...«

»Gibt es denn keinen Reichspräsidenten mehr?«

»Nein! Hitler ist beides.«

»Ist das denn gut?«

»Ich weiß es nicht, mein Herzblatt. Wir müssen es hoffen. Weißt du, ohne Hoffnung kann man nicht leben. Sie haben es ja schwer, furchtbar schwer. Und wenn sie es nicht schaffen, dann ist es schlimm für uns alle. Dann müssen sie wieder gehen!«

Mit denen, die »es schwerhaben« meinte die Mutter die nationalsozialistische Reichsregierung. Und schwer hatten sie es nach ihrer Meinung damit, die Wirtschaft wieder in Gang zu bringen und die Arbeitslosigkeit zu beseitigen. Aber mit dem Gedanken: »Wenn sie es nicht schaffen, dann müssen sie wieder gehen«, gab sie sich einem Irrtum hin. Daß diese Leute die Spielregeln der jungen deutschen Demokratie nicht einhalten würden, das wollten die deutschen Demokraten, eben erst ihres Kaisers ledig und dann von einem Regierungswechsel in den anderen taumelnd, nicht glauben. Es war ihnen selbstverständlich, daß die Regierungen verschwinden mußten, wenn sie ihre Aufgabe nicht erfüllten. So war es ja immer gewesen, seit dem Krieg.

Konnten sie ahnen, daß es diese Regierung hier ganz anders machen würde – und bis zu welchem bitteren Ende? Und schien nicht auch alles immer besser zu gehen? Der Aufschwung kam ja, er war fast mit Händen zu greifen! Und außerdem machte das Ausland ja gute Miene, sogar immer bessere, zum Spiel, von dem nicht einmal die größten Skeptiker ahnten, wie böse es wirklich war und werden würde. Vielleicht wußten es damals noch nicht einmal Hitler und seine engsten Vertrauten. Der Mann liebte ja Schäferhunde und Kinder, konnte das denn ein schlechter Mensch sein? Und hatte der Duce Italiens sich nicht eben erst mit unserem Führer in Venedig getroffen?

Ich kam mit der Mutter nach Interlaken. Da wußte ich aus der Lateinstunde – noch hatte ich es nicht vergessen –, daß der Ort

»Zwischen den Seen« hieß. Ich sah die drei Riesenberge, den Eiger, den Mönch und die Jungfrau, die Jungfrau vor allem. Ihr schneeweißes, hohes Haupt ergriff mich. Ich stand auf der Brücke zwischen den beiden Seen, zwischen den blauen, gleißenden Flächen, und über ihnen wölbte sich dieser seidenblaue Himmel. Da sprach die Mutter einen Nietzsche-Vers: »... Blaulicht von Seide!« Nietzsche, der große Philosoph, hatte den Himmel über Venedigs Campanile gemeint, aber vielleicht hatte er doch auch an einen Schweizer See gedacht, denn er hatte ja Richard Wagner am Vierwaldstätter-See besucht, in Triebschen. Und mein Vater hatte diesen bedeutenden Mann kurz vor seinem Tode modelliert und eine Marmorplastik von dem damals schon geistig Umnachteten geschaffen. Der Marmor war so weiß wie der Gipfel der Jungfrau. Überall konnte man Verbindungen herstellen, wenn man nur wollte.

Ich stand also auf der Brücke zwischen den beiden Seen und staunte mit großen Augen, saugte Blaulicht und Helligkeit in mich ein und schwor mir, weder dieses Bild noch diesen Augenblick je zu vergessen.

Und damit ich nicht vergaß, ertrotzte ich mir von der Mutter ein Wetterhäuschen. Das stürzte sie in einen Zwiespalt: war so etwas denn nicht wieder Kitsch? Verdarb das nicht den Geschmack ihres Herzblatts? Immerhin war er doch ihr Sohn und der Sohn eines Bildhauers – sie kaufte es mir dann doch. Und ein richtiges Wetterhäuschen war es ja auch nicht, es erfüllte nur diese Funktion, es war ein Druck, kaum größer als eine Postkarte, sehr bunt, blau der Himmel und der See, und weiß die Jungfrau. Und der Clou war eine Wolke, die an einer rückseitigen Feder vor dem Berg angebracht war. Sie reagierte auf die Veränderungen des Luftdrucks. Stieg dieser, dann stieg auch die Wolke über die Berge und die Stadtsilhouette, sank der Luftdruck, dann sank auch die Wolke und verhüllte den Gipfel.

Später, in Arosa, war diese Wetterkarte mit der Jungfrau und der Wolke mein Trost, wenn das Heimweh kam. Dann sehnte ich mich hierher zurück, auf diese Brücke. Und dann sah ich sogar, wie sich die Jungfrau zuckerrosa verfärbte, im kitschigsten Alpenglühen.

In Basel besuchte ich den Zoo, kaufte Tierbücher und malte im Hotelzimmer Löwenköpfe in Aquarell, wenn ich auf die Mutter wartete.

Von Basel reisten wir nach Rheinfelden, das war eine ganz besondere Stadt, denn sie lag am Rhein, am deutschen Strom, der freilich aus der Schweiz kam. Allerdings verleugnete er beim Übertritt über die Grenze sogleich seine Herkunft aus der Urheimat der Demokratie. Dann war er nur noch deutsch und national: »Zum Rhein, zum Rhein, zum deutschen Rhein!« So sang man, und so klang es in mir.

Am Rhein lag dann auch das Hotel, wo sich die Mutter über ein Wochenende mit mir erholte. Ich malte auch diesen Fluß und das jenseitige Ufer mit dem Teil des Städtchens, der sich in Deutschland befand, denn das war ja das Wunderbare an diesem Ort, daß er in zwei Ländern lag. Drüben war er deutsch. Ich ging über die Brücke, ich hatte einen Paß und war stolz auf den Paß, die Grenzbeamten hatten Verständnis und ließen mich für einige Schritte ins Vaterland. Sehnsüchtig war mir ums Herz, und die Hakenkreuzflaggen, die so lang an der Grenzstation und vor den Häusern auf der deutschen Seite herabhingen, erzeugten in mir heilige Empfindungen. Ich sah sie mit den Augen des Heimwehs.

Ich ahnte nicht, wie blutig die Farbe der Fahne war.

Jakob Schaffner

Die letzte Station dieser Reise führte uns mit Jakob Schaffner zusammen. Das war ein Schweizer Dichter, den die Mutter einige Monate zuvor kennengelernt hatte. Sie schätzte ihn sehr, verglich ihn sogar mit Knut Hamsun, dem norwegischen Nobelpreisträger, und nicht nur sie tat es in diesen Jahren. Jakob Schaffner gehörte für viele zu den großen Epikern. Und wirklich hatte er dreierlei mit Knut Hamsun gemein. Zunächst natürlich, daß er ein Epiker war, ein genauer Schilderer der kleinen Leute vor allem; das zweite, daß er aus armem Hause stammte, ein einfacher Mann war, eine harte Kindheit verlebt hatte, hungerte, sich dann als Handwerksbursche durchschlug, als solcher zu schreiben begann und zum Dichter wurde. Das dritte Gemeinsame schließlich war seine Affinität zum Nationalsozialismus. Jakob Schaffner – ähnlich auch darin Knut Hamsun – sehnte sich nach einem germanischen Großreich. Er wollte eine die deutsche Sprache umfassende Nation. Er hatte ja auch die meisten Leser in Deutschland. Er verehrte die deutsche Literatur, die Literatur seiner Sprache – aber eben nicht seiner Nationalität. Er wollte jedoch ganz dazugehören, und Hitler schien ihm zu erfüllen, was Deutschland schon lange brauchte: ein einiges Reich, die Beendigung deutscher Erniedrigung und Schmach nach dem Versailler Diktat.

Möglich auch, daß Jakob Schaffner, wie so viele bürgerliche Menschen damals – und ganz ohne Mordgedanken – von einfacher Herkunft, doch auch ein Antisemit war, von Mißtrauen erfüllt gegen den »flexiblen zerstörerischen jüdischen Intellekt«. Und daß die Juden überall die Spitzenstellungen besetzt hatten, in der Literatur, im Verlagswesen, im Journalismus, im Theater, das war ja offenkundig. Sie waren »zersetzend«. Mit dieser Meinung stand er bei weitem nicht allein. Jakob Wassermann, Erich Maria Remarque, Emil Ludwig … diese seine Kollegen, die er möglicherweise beneidete um ihren Erfolg: alles Juden. Und sogar von Thomas Mann wurde behauptet, daß er Jude sei, er mußte es einfach sein, denn keine andere Rasse brachte so große Begabungen hervor. Das war ja das Bedenkliche! Man litt unter einem Minderwertigkeitskomplex. Und Hitler räumte damit auf. Das hinderte Jakob Schaffner freilich nicht, auch einige seiner Bücher vom Juden Samuel Fischer verlegen zu lassen.

Die Mutter kaufte alle seine Werke, sie liebte vor allem die

Bücher über seine Kindheit und Jugend; der erste Band war wohl damals gerade erschienen, »Johannes«, darin erzählte er von der Schwere seines Lebensbeginns, wie er den Vater verlor, als er acht Jahre alt war, er »... legte sich aufs Krankenbett und starb nach einem kurzen, heftigen Kampf gegen die dunklen Geister, die seine letzten Tage umschwebten, am Nervenfieber«. Schaffners Mutter hat bald darauf »... ihren Koffer gepackt, um nach Amerika zu gehen und dort ihr Glück weiter zu versuchen«. Eine Zeitlang wohnte das Kind bei dem Großvater, der Gemeindemaulwurfsjäger war, kam dann aber in eine protestantische Armenanstalt, »... ein Gefangenenleben, eine Zwangsarbeit«, auf die eine ebenso harte Lehrzeit in einer Basler Schusterwerkstatt folgte.

Das alles hatte die Mutter stark berührt und an ihre eigene, bitterarme Kindheit erinnert. Sie hatte die Begegnung mit dem Dichter gesucht, und die Bekanntschaft, die fast eine Freundschaft wurde, hielt über die schlimmen Jahre bis zu deren grausamem Ende, das auch sein Ende war.

Wir trafen uns im Schloß am Hallwiler-See, das zu einem Hotel umgebaut worden war. Wehrhaft lag es im Wasser mit grauen Mauern, spiegelte sich darin mit allen großen Bäumen, die über die Mauern hinausragten, mit seinen Walmdächern und Türmchen. Auf diesem See, in seinen Seitenarmen, ruderte ich kleiner Max den bedeutenden Mann, der körperlich so klein war, der mich »mein Admiral« nannte, oder auch nur »mein Kapitän«. Er erzählte mir, wie schwer er es in seiner Jugend gehabt habe und wie gut ich es hätte. Er, der Dichter, hatte die höhere Schule nicht besuchen können und an ein Studium sei gar nicht zu denken gewesen. »Ja, wenn ich deine Möglichkeiten gehabt hätte ...«, meinte er, wie mir schien ein wenig neidvoll und mit leichtem Vorwurf. Er wünschte, den schwächlichen, laschen Knaben anspornen zu können. Ich sollte verstehen, wie gut ich es getroffen hatte mit meinen Eltern, ich sollte mich endlich in Zucht nehmen und etwas aus meinem Leben machen. »Dazu bist du geboren!«

Er war ein schöner Mann, der kleine Herr, damals schon

über sechzig Jahre alt, nämlich 1875 geboren, im gleichen Monat notabene wie der kleine Max, im düstersten Monat des Jahres, im November. Auch das verband uns. Er hielt sich stolz und gerade, ein dunkler Bart umrahmte seinen ein wenig hochmütigen Mund, verdeckte die Lippen, lag weich unter der geraden, großen Nase, hing gepflegt und buschig unter dem Kinn. Er schaute aus dunklen Augen auf den Buben, der ihn ruderte, trug sein dunkles Haar glatt zurückgekämmt über einer hohen, kantigen Stirn. Und seine Ohren waren groß, die »Ohren kluger Menschen«, so meinte die Mutter, die selbst große Ohren hatte. Und er stand auf der Höhe seines Ruhmes, blieb auf dieser Höhe noch einige Jahre, nahm an Ruhm sogar noch zu, solange Hitler-Deutschland existierte. Danach wurde er vergessen, so daß man heute kaum seinen Namen mehr kennt. Vielleicht, hätte er nicht diese unglückselige politische Überzeugung gehabt, wäre er eben nicht ein Schweizer Nationalsozialist gewesen, vielleicht würde man ihn heute in eine Reihe mit Conrad Ferdinand Meyer und Gottfried Keller stellen.

Nicht immer ist es gut für Dichter, sich politisch zu engagieren.

Heimweh

Doch auch diese Tage gingen zu Ende. Damals, ja, vielleicht wirklich von jenen Tagen an, pflanzte sich in meine empfindsame Seele das Wissen von der Vergänglichkeit aller Dinge, von der Hinfälligkeit des Schönen. Die wunderbaren Tage kamen – und mußten doch wieder gehen. Nie wurde ich dieses quälende Gefühl los. Auf das Glück folgt der Schmerz. Wann immer ich eine Reise antrat – mochte sie nun hinführen, wo immer sie wollte – ich sah an ihrem Beginn schon das Ende. Trat ich das erste Mal auf eine Terrasse über dem Meer, sah ich mich in Gedanken schon wieder umkehren, war ich bereits wieder auf dem Rückweg.

Ich mußte mich von der Mutter trennen. Ich mußte wieder ins Heim zurück nach Arosa. Die Rückfahrt war grausam. Der kleine Zug von Chur hinauf, am Bach entlang, der über Geröll und Steine eilt, dann in die Schluchten der schwarzen Tannen hinein ... das alles preßte mein Herz, es würgte mich. Ich hielt die Tränen zurück aus Scham vor den Leuten. Doch bei Suters öffneten sich alle Schleusen. Ich weinte hemmungslos. Frau Suter nahm mich an ihre weiße Schürze. Umsonst. Ich sank ins Bodenlose des Kummers. Nirgends fand ich einen Halt, eine Stütze. Nichts sah ich, nichts erkannte ich mehr, ich war nicht einfach nur traurig, ich war die Traurigkeit selbst. Ich war nicht besinnungslos vor Schmerz, nein, wer dieses Wort erfunden hat, weiß nichts vom Heimweh. Ich war ja ganz bei Besinnung, aber die Besinnung war eben nur Schmerz. Alles war grau, schwer lastend – und kein Wort konnte mich erreichen und beruhigen.

Erst Tage später brachte ich es übers Herz, das Wetterkärtchen aufzustellen, das mit der Jungfrau und der auf- und abschwebenden Wolke. Nach und nach fand ich ein wenig Erleichterung im Gedanken, daß die Mutter selbst es mir geschenkt hatte.

Und dann gab es wieder den Haferflockenbrei zum Frühstück, die Kutteln zu Mittag und Marmeladenbrote am Abend. Und Liegestunden, Liegestunden.

Ein älterer Junge wurde ins Heim aufgenommen, er litt wohl an der Lunge, bereits achtzehn Jahre alt, ein Arbeiter oder Handwerker war er und kam aus dem Umland von Bern. Er mußte mit uns liegen, der Achtzehnjährige, gut eingewickelt, als es Herbst wurde, unter dem Vordach. Das war nun kein Kind mehr. Er hatte die Pubertät gerade hinter sich und erzählte schwüle Geschichten, er genoß es, daß er uns Kleine zum Staunen, sogar zum Gruseln brachte. Er hatte schon eine Geliebte, nein, keine Braut, es war gar nicht sicher, daß er sie heiraten würde, obwohl sie ihn ja heiß liebte und geradezu darum anflehte. Aber so dumm war er doch nicht, daß er sich jetzt schon fürs ganze Leben band und dann keine andere mehr anfassen durfte. Davon wußten wir Zwerge noch nichts. Daheim fuhr er ein Motorrad, der große Junge, der in Bernerdeutsch von seinen Liebesabenteuern prahlte, nach Feierabend donnerte er damit zu seinem Mädchen, und dann machten sie Sachen miteinander, die einfach »das Höchste« waren, in kehliger Sprache. Vor allem sie machte solche Sachen mit ihm, da sie ganz verrückt nach ihm war. Ich konnte mir nichts darunter vorstellen, aber es hat mir auch nichts geschadet.

Lieber las ich denn doch »Jürg Jenatsch« oder »Der Schuß von der Kanzel« aus Herrn Suters Schweizer Bibliothek in bräunlichen Heftchen.

Außerdem war die Welt voller Mord und Totschlag, wieder und immer wieder. In Marseille wurden der französische Außenminister Barthou und Alexander, der König von Jugoslawien, ermordet. Das war in Frankreich, und nicht etwa in Deutschland. Die Menschen waren eben überall schlecht.

Zweierlei Dichtung – und ein Versuch, die Zeit zu überlisten

Dann geschah ein Wunder. Noch einmal mußte die Mutter in die Schweiz, nur einige Tage, nach Zürich, zum Kaufhaus Jelmoli. Das hätte sie ihrem Jüngsten vielleicht besser verschwiegen, aber sie brachte es nicht über das Herz und ließ mich zu sich kommen. Nun fuhr ich mit der Chur-Arosa-Bahn wieder ins Tal, aber mit welch anderen Gefühlen. Wie schön war diese Reise, das Tal, der silberne Bach! Ich war erfüllt von Glück. Die Fahrt wurde mir zu lang, die Stunden vergingen nicht, von Chur fuhr ich im Eilzug auf gewundener Strecke am Walensee entlang, unter den steilen Zinnen der sieben Churfirsten, den felsigen Bergen, Kurve auf Kurve, schlingernd, schaukelnd. Bei der Ankunft in Zürich dämmerte es bereits, eine Stimmung der Gräue, die mich zu Boden gedrückt hätte, wäre ich nicht so froh gewesen. Nun würgte es mich aber doch, wenn auch nicht aus Trauer. Mein Magen revoltierte. Ich drängte zur Tür, und als der Zug endlich hielt, übergab ich mich auf den Boden, noch in den Wagen und die Trittstufen hinab.

Die Mutter hielt mich weit von sich ab: »Mein armes Herzblatt«, nahm mich an der Hand – in der anderen trug ich den Koffer – und zog mich in die Damentoilette, um mir wenigstens das Gesicht zu waschen.

In der Pension steckte sie mich in die Badewanne. Sie wohnte diesmal nicht im Hotel St. Peter. Vielleicht war es ihr zu teuer. Die Bahnhofstraße hinauf und am See entlang, dann links hinein, einige stille Straßen, an einem stillen Platz, der bedeckt war von goldenem Herbstlaub, dort hatte sie eine »behagliche« Herberge gefunden. Sie liebte es ja ruhig und behaglich. Es roch ein wenig nach Staub und nach Plüsch, es war ein kleines Haus, ausgestattet mit Mahagonimöbeln und dicken Teppichen. Das große Zimmer der Mutter mit den beiden Betten lag in der ersten Etage, eine sehr enge, etwas steile Treppe ging es hinauf, sie war mit einem roten Teppich belegt.

Die Badewanne und die Treppe waren die bleibenden Erinnerungen dieses Aufenthaltes. Denn wenn ich in der Wanne lag, dann las mir die Mutter vor, Wilhelm Busch, aber auch aus Hubert Mummelters Ski-Fibel, die in Reimen damals gerade herausgekommen war.

Ich war glücklich. Das Glück umgab mich wie das warme Badewasser. Die Mutter saß auf dem Stuhl davor, im dunklen Kleid, und las die Knittelverse, klug betonend, rhythmisch schwingend. Und ich genoß. Ging es doch um etwas, von dem ich mehr verstand als sie, ums Skilaufen. Darin war ich sogar meinen älteren, großartigen Geschwistern weit überlegen, inzwischen. Ich fuhr ihnen mühelos davon, im Schuß die Carmena oder den Tschuggen hinab, Schwünge nach rechts oder links, so daß der Schnee stäubte. Der Schwager Dorul hatte mich so fotografiert, ich zeigte das Bild gerne herum. Scherenkristianias mit vorne leicht geöffneten Skispitzen fuhr ich »wie

Max beim Skilaufen in Arosa, 1935

der Teufel« – ich erzählte es gern. Es ist vielleicht gar nicht aus-
zuloten, wieviel diese frühe Fähigkeit des Skilaufens an meinem arg ramponierten, leicht beschädigten Selbstwertgefühl
wieder gutgemacht hat. Da konnte ich mitreden. Und so genoß ich Hubert Mummelters Verse gleich doppelt, in der Stimme der Mutter und im Vollgefühl meines Kön-
nens. Skilehrer in Tirol war Mummelter gewesen, und nun
schrieb er:

> *Zehn Winter lehrt' ich gottergeben*
> *Auf Idiotenwiesen Ski.*
> *Wer dieses blöde Dulderleben*
> *Nicht mitgemacht, der kann ja nie*
> *Ermessen, wie mir davon übel.*
> *Ergebenst kotze ich mich aus*
> *Und produziere diese Fibel -*
> *Zum Glück gibt Rowohlt sie heraus.*

Zwar verstand ich nicht, wieso es ein Glück sein sollte, daß
Rowohlt die Fibel herausgab, aber es kümmerte mich auch
nicht weiter. Ich wußte, daß Hannes Schneider der Begründer
einer Skischule am Arlberg war, und konnte der Mutter sehr
wohl gestenreich und spritzend aus der Badewanne demon-
strieren, wie sie jene Stelle zu verstehen hatte:

> *»Doch ist noch keineswegs ein Hannes,*
> *Wer, Po in Kloform, glaubt, er kann es.«*

Als das Ende der schönen Tage nahte, zitierte die Mutter auch
Conrad Ferdinand Meyer. Er hatte über Ulrich von Hutten geschrieben – der Schweizer Dichter vom deutschen Humanisten
und Reichsritter –, und Hutten verlebte auf einer Insel im Zürichsee seine letzten Tage. Wie schön schrieb Conrad Ferdinand Meyer doch:

> *Nicht allzu köstlich, reiche Erde, hast*
> *Du mich bewirtet, deinen armen Gast!*
> *Nun nehm ich Urlaub, und zur Scheidezeit*
> *Erweisest du mir alle Lieblichkeit ...*

wobei die Mutter auch auf diese schönen Herbsttage anspielte,
auf die Sonne, die auch hier durch die goldenen Blätter schien.

Die Mutter ermahnte mich, ich möge mir an der gelassenen Haltung Huttens doch ein Beispiel nehmen ... Und im übrigen waren es ja auch viel schönere, dichterischere Verse, die Conrad Ferdinand Meyer dem Hutten in den Mund legte, schöner, als sie in Hubert Mummelters Skifibel standen. Die Mutter wies mich sanft lächelnd auf den Qualitätsunterschied hin. So wenig sie gegen Humor und Witz hatte, aber Dichtung war doch etwas anderes!

Als dann der Abschied näherkam, die furchtbare Stunde, versuchte ich – raffiniert einerseits, aber doch auch voller Zweifel – die Zeit zu überlisten, sie gewissermaßen zum Stillstand zu bringen. Kam ich von der Straße die Treppe empor, die mit dem roten Teppich belegte, zwischen den eng beieinander stehenden Holzwänden, dann kehrte ich auf der obersten Stufe um, ohne die Zimmertür zu öffnen, kehrte um und schlich auf Zehenspitzen wieder hinab ... und ging dann die Treppe noch einmal hinauf, so wie zuvor – und oben angekommen machte ich das gleiche noch einmal ... hinab ... und hinauf, als sei es das erste Mal. Ich versuchte durch die Wiederholung der Handlung die Zeit zum Stehen zu bringen und begriff bald, daß ich es nicht konnte. Die Zeit verstrich immer weiter, unaufhaltsam und unbarmherzig. Ich setzte mich auf die oberste Treppenstufe und weinte, dicke, stumme Tränen.

»Ach, mein Herzblatt ...«, sagte die Mutter, die es mir ansah und den Grund wohl ahnte.

Ich mußte zurück ins Kinderheim nach Arosa. Die Mutter rief mich dort oben an. Ich heulte den Hörer naß.

Und dann kamen die Postkarten der Mutter: »Meine geliebteste Seele, auf der Fähre nach Friedrichshafen ... Der Schweizer Traum ist aus ... Nun sind wir so weit weg ... Immer habe ich mich nach Dir umgesehen ... Nach den flimmernden Lichtern der Schweiz am anderen Ufer, wo mein Herzblatt wohnt.«

Ich flüchtete mich mit meiner Trauer in die Erinnerung. Die

Schweiz war mir nahegekommen. Ich zeichnete ihre Landkarte mit allen Kantonen und deren Wappen.

Doch mit meiner Gesundheit stand es immer noch nicht zum besten. Der herzensgute Arzt des Kinderheims, Dr. Amrein, der in einem behaglichen, hellbraunen Holzhaus am Obersee wohnte, dort, wo an Sonntagen im Winter auf der gefrorenen, verschneiten Fläche die Skiläufer im Kreis hinter galoppierenden Pferden hersausten, im Skikjöring, und die reichen Leute Curling spielten, Dr. Amrein bestellte mich zu sich, beschenkte mich mit Briefmarken für meine Sammlung und verordnete mir Atemgymnastik. Die Therapeutin praktizierte gleich hinter unserem Heim.

Nun mußte ich zu ihr, zweimal in der Woche. Ich hob die Arme, pustete tief aus, bis es nicht mehr ging, und atmete wie von selbst wieder ein. Ich fand es sehr lästig.

Die Brüder und ihre Mädchen

Da war es ein Glück, daß schon bald die Brüder wieder kamen. Michel, der älteste, war in Berlin zum Diplom-Ingenieur geworden, elf Jahre älter als ich. Das hatte einmal zu brieflichen Rechenkunststücken geführt; als er nämlich zweiundzwanzig war und ich elf, da erklärte er mir, daß es immer nur einmal im Leben passieren könne, daß ein Mensch gerade doppelt so alt sei wie ein anderer. Ich mußte lange darüber nachdenken und viele Berechnungen anstellen, ohne es herauszufinden. Er hatte aber recht, Michel hatte immer recht, er bestand aber auch darauf, daß er immer recht hatte, sein ganzes Leben. Nun brachte er Freunde und Mädchen mit, die Freunde waren klug und ernst, so wie er, angehende Doktoren. Wenn sie nicht Ski fuhren, dann spielten sie Schach und waren nicht ansprechbar. Sie beugten sich über das Brett, schwiegen bedeutungsvoll und rauchten Pfeife. Ich bewunderte sie sehr.

Die beiden Mädchen waren ihre Freundinnen, Schwestern aus Hamburg. Ihre Eltern hatten eine Fabrik für Gesundheit in Dosen, ein Malzsirup in Honigfarbe. Ich mochte die beiden, und sie waren lieb zu mir, das war etwas Neues: so schöne Mädchen! Sie nannten mich »kleiner Liebling« und »mein Schatz« – und ich durfte sie auf die Backen küssen.

Auch Jochen war dagewesen, schon zu Weihnachten, verrückt nach der Musik von Teddy Staufer, der mit seiner Kapelle im Tschuggenhotel spielte – und bald war er mit ihm befreundet. Das fand aber zu Stunden, zu sehr späten Stunden statt, zu denen ich schon schlafen mußte. Auch von der Liebe des Bruders zu einer verheirateten Frau, die Liane hieß und mit ihrem Mann zusammen ein Tanzpaar im Kursaal bildete, hörte ich nur von den anderen. Es entstand da offenbar eine Leidenschaft zwischen den beiden. Wie der Gatte und Tänzer sich dazu stellte, erfuhr ich nicht, aber es kam jedenfalls zu keiner Tragödie. Dafür gab es viele Fotos, von der Silvesterfeier im Kursaal, unter Fräcken und Abendkleidern. Das Kleid von Liane war weiß, so lag sie in Jochens Arm mit nackten, sehr mageren Schultern. Ich hatte es ja immer gewußt, daß Jochen von einem anderen Stern kam.

Nackte Schultern und Brüste zeigten auch die hübschen Schwestern aus Hamburg, sie erschienen mir schön, wohlgeformt und klein. So unbedeckt legten sich die Mädchen in die Sonne auf den Balkon, vor Herrn Suters Arbeitszimmer, der ausgezogen war. Die Höhensonne meinte es ja wirklich gut mit ihnen, sie war selbst im Winter warm und machte ihre Haut so honigfarben wie das Malz aus ihren Dosen.

Ich schaute verstohlen um die Brüstung, die den Balkon teilte, ich lehnte mich weit vor und wurde trotzdem nicht bemerkt. Die Mädchen hielten die Augen geschlossen und schützten die Lider sogar noch dick mit Watte. Ach, leider fuhren die schönen Geschöpfe auch wieder fort. Es waren die ersten, die ich mit neuen Augen sah – wenn auch nur um die Ekke und heimlich. Doch das Bild prägte sich ein. Ich sah es noch, als ihre Briefe zu mir kamen, in denen sie mich wieder ihren »kleinen Liebling« und »Schatz« nannten. Es waren nicht viele Briefe. Sie hatten ja so viel zu tun im großen Berlin, wo sie studierten. Die Sonne blieb aber. Sie wurde stärker und wärmer.

Neue Aspekte

Ich saß ebenfalls auf einem Balkon in der Sonne, in einer Familienpension. Drei Kinder hatte ich beim Skilaufen kennengelernt, wir hatten uns angefreundet. Ich durfte sie besuchen. Sie kamen aus Belgien, waren Flamen, sprachen auch Deutsch und konnten sich ebensogut auf Französisch unterhalten. Auch ich hatte nun einige Brocken aufgeschnappt, von anderen Heimkindern aus der französischen Schweiz. Wir blickten aufs Schiesshorn, auf den Schafrücken.

Diese drei Kinder fand ich reizend, sie hatten flinke, dunkle Augen, feine Hände, Gesichter wie aus dem Bilderbuch, ein Bub und zwei Mädchen, die Mädchenköpfe von Locken umrahmt. Und sie waren froh, daß sie nicht in Deutschland leben mußten wie ich, das sagten sie mir geradeheraus, und ich wunderte mich: »Warum?«

»Weil wir Juden sind.«

Ich wußte wohl, daß Hitler die Juden nicht mochte. Es wurde ja gegen sie gehetzt in allen Zeitungen. Schuld waren sie an allem, am deutschen Unglück, an der Niederlage im Weltkrieg, an der Wirtschaftskrise und daß es soviel Arbeitslose gab, auch daran sollten sie schuld sein.

Aber diese Kinder denn auch? Das war nicht gut möglich.

Ich widersprach ihnen nicht. Ich war nun auch schon lange genug in der Schweiz, um viel Kritik an der neuen deutschen Regierung gehört zu haben. Der Bruder Jochen war auch nicht ihr Freund. Das hatte er wohl aus Paris mitgebracht, wo er kürzlich gewesen war und nicht nur geliebt, sondern auch über

Politik geredet und debattiert hatte. Nun war er in England. Dort mochte man die Nazis auch nicht. Und die beiden Brüder Jochen und Michel waren ja überhaupt in der Odenwaldschule ganz international erzogen worden, völlig anders, als Hitler es wollte, von dem genialen Pädagogen Paul Geheeb. Gerade jetzt emigrierte Paulus, wie wir ihn genannt hatten, in die Schweiz, um dort die École d'Humanité zu gründen. Auch ich war in früher Kindheit im Kindergarten der Odenwaldschule gewesen. Aber mit diesen Kindern war es nun doch etwas anderes. Nichts war eigentlich geschehen, ich mochte sie, und sie mochten mich. Wir waren Kameraden, Freunde, wären es vielleicht lange geblieben, wenn wir uns nicht schon bald wieder getrennt hätten. Nun – vor ihnen schämte ich mich plötzlich. Ich verteidigte Hitler nicht, wie ich es noch vor Frau Suter getan hatte, ich fühlte mich auf eine unklare Weise schuldig und vergaß auch Jakob Schaffners Eintreten für den Nationalsozialismus, des Schweizer Dichters Hinneigung zu Hitler und seiner Ideologie. »Was wäre denn, wenn ihr in Deutschland lebtet?«

Sie zuckten die Achseln. Sie wußten es ja auch noch nicht. »Schlecht würde es uns wohl gehen«, meinten sie. So hatten sie es von ihren Eltern gehört.

Im Talkessel von Arosa, unter dem Kirchlein, drehte ich meine Kreise auf Schlittschuhen. Aus dem Lautsprecher klang »La Paloma«, die weiße Taube. Ich stieß mich mit den vorderen Zacken der Schlittschuhe ab. Ich versuchte den Mond, die gebogene Figur mit gegrätschten Beinen. Die wirkliche Sonne war warm, sie erfüllte das Land mit Licht. Die Eisfläche spiegelte. Es war Helligkeit und Heiterkeit um mich. Die Welt konnte nicht schlecht sein.

Im Sporthotel Maran, am Ende der Tschuggenabfahrt, überredeten mich die älteren Buben aus dem Kinderheim dazu, ein Glas Bier zu trinken, wie sie. Das Bier hatte beinahe die Farbe des von der Abendsonne beschienenen Schneehanges. Es schmeckte mir nicht nur schlecht, sondern fast widerlich. Ich trank aber trotzdem aus, ich wußte, es gehörte dazu, daß man erwachsen wurde. Ich war ja erwachsen.

Ascona

Im Frühjahr 1935 ging meine Zeit in Arosa zu Ende. Die Schwester Fifi und der Bruder Friedebald holten mich ab. Sie kamen im »Trudel«, dem grauen Kabriolett. Wir fuhren nach Ascona, wo die Mutter lange vor meiner Geburt ihre ersten Puppen recht und schlecht zusammengestoppelt hatte, nicht ahnend, was einmal daraus werden sollte. Alle Welt kannte diese Geschichte. Es war im Spätsommer 1904, Die Mutter hatte gerade ihr zweites Kind bekommen, eben diese Fifi. Zu dritt wohnten sie, sehr einfach, in einem winzigen Vogelstellerhäuschen, dem Roccolo, auf der Höhe mitten in einer Wiese. Da wünschte sich die älteste Tochter, das Mimerle, eigentlich Maria, auch so ein Baby: »Come tu e la madre Maria«, »Wie du und die Mutter Maria«. Die Mutter schrieb nach Berlin an den Vater, übermittelte den Wunsch, der Vater antwortete kühl: »Ick koof Euch keene Puppen, ick find se scheußlich, macht Euch selber welche!« Da setzte sich die Mutter hin und bastelte aus einem Handtuch und warmem Sand ein Gebilde, das von dem bescheidenen Mimerle begeistert als Kind akzeptiert wurde. So entstanden die Käthe-Kruse-Puppen.

Warum fuhren wir nun nach Ascona, die Fifi, der Friedebald und ich? Was war der Grund, was die Absicht? War es eine schöne Laune, eine Eingebung der Mutter? Oder wußte sie nicht, wo sie ihre Kinder sonst lassen konnte, ihr Finerle vielleicht in Kösen gerade nicht haben mochte? Fand sie es gut, daß wir noch im Ausland waren? Und wieso brauchte sie Fifi nicht in der Werkstätte?

Ich weiß es nicht. Es war einfach so. Es wird schon Gründe gegeben haben, aber keine, die den Jüngsten etwas angingen.

Käthe Kruse mit der Tochter Fifi vor dem
Roccolo in Ascona

Die Schweizer Landschaften, durch die wir reisten, waren frühlingshaft, atmeten Frische, begannen zu grünen. Wir steuerten den Gotthard an, überquerten den Paß aber nicht auf der Serpentinenstraße, sondern verluden das Auto in Göschenen auf einen offenen Güterwagen. Dann stiegen wir in den Zug und stießen in die lange Dunkelheit des Tunnels. Mir schien, er nahm kein Ende. Um so überwältigender war danach das Licht. Es wuchs langsam im Abteil und war plötzlich da mit all seiner Kraft. Ich empfand sofort, das war ein neues Land, nein, das war sogar ein neuer Erdteil. Alles schien zu funkeln, zu sprühen. Noch nie war ich so weit im Süden gewesen. Ich sah in Airolo, der ersten Bahnstation nach dem Gotthardtunnel, auch meine ersten Palmen. Sie schienen an mir vorüberzugleiten, während doch wir es waren, die fuhren. Denn dort, in Airolo, sollten wir eigentlich aussteigen, unser Auto abholen und mit ihm weitertrudeln, ins Tal, an den See. Unser Zug hielt aber nicht an, zu unserer Verblüffung, wir waren in den falschen eingestiegen, kurvten die Bergstrecke hinab bis Bellinzona. Dann mußten wir zurück. Der graue, kleine Wagen stand als einziger, ganz verlassen, auf seinem offenen Waggon.

»Ach Gott, das arme ›Trudel‹«, meinte Fifi und schlug die Hände zusammen.

Es war dann ganz wunderbar, die Straße wieder hinabzurollen mit geöffnetem Verdeck, in diesen Frühling, in die Wärme, in tausend Blüten, Düfte.

Nie wieder hat sich mir die Welt auf vergleichbare Weise präsentiert. Ich glaubte zu träumen und brauchte kein Erwachen zu fürchten, denn ich mußte nicht ins Kinderheim zurück. Arosa lag hinter mir. Etwas Neues, ganz anderes begann, als sich der Lago Maggiore zwischen den Bergen öffnete, der den Himmel in sich aufgenommen hatte.

Ascona war damals noch ein friedliches Künstlerdorf. Wohlgeformte Häuser standen dort, weiß, sehr sauber, nur zwei oder drei Stockwerke hoch. Und auf den Straßen war Stille. Es gab kaum Autos und keine Parkplatznöte, dafür aber Gärten, auf deren Mauern Bougainvillea wucherte. Palmen entfalteten darüber ihre aparten Fächerwedel, auf braunen Stämmen. Es war eine unbeschreibliche Üppigkeit, ein Grün, das musizierte, vielchörig. Und die Steine waren warm wie Ofenkacheln.

Die Schwester fuhr zuerst die vielfach gewundene Straße empor, zum Monte Verità, dann gerade am Hang entlang – in Richtung Ronco. Dort bezogen wir unser erstes Quartier, eine sehr einfache Ferienwohnung, in einer Art Gartenhäuschen. Aber was war das für ein Garten! Er wuchs üppig über uns die Anhöhe hinauf und unter uns bis hinab zum See, zum leuchtenden Auge. Ja, so empfand ich ihn, der See schaute zu uns empor und spiegelte die Berge. Davor aber waren die Bäume, ihre Wipfel, die Kugeln und aufgeworfenen Äste, nicht nur Palmen, auch Zedern und Zypressen und Arten, die ich nicht nennen kann und deren Namen ich noch nie gehört hatte. Viele Kastanien gab es mit Früchten, deren stachlige Schalen noch vom vergangenen Herbst auf dem Boden lagen. Oder Eukalyptus und manche Sorten von Buchen, vor allem die Blutbuche mit ihren dunkelroten Blättern, und Schlingpflanzen, die sich anklammerten und kletterten und zwischen den Ästen ein Gewirr bildeten gleich Netzen, Flechten und andere dekorative Parasiten nicht zu vergessen.

Unser Zimmer war wirklich sehr schlicht, ja, primitiv, das Ambiente dafür desto überwältigender. Es war ein Traum für uns Heutige, die wir urwaldartige Gärten ja gar nicht mehr kennen. Diese Bleibe gehörte Frau Hesse, der »geschiedenen Frau des Dichters«, wie Bruder Friedebald es wußte, der auch schon Hermann Hesse gelesen hatte.

Frau Hesse hieß mit Vornamen Maria und mit Mädchennamen Bernoulli, sie hatte dem Dichter drei Söhne geboren, erkrankte aber manisch-depressiv. Ich selbst kannte die Bücher des Dichters nur aus der Mutter Regal, sah ihre Rückentitel: »Unterm Rad«, »Der Steppenwolf« oder »Peter Camenzind« vor mir. Mehr wußte ich nicht, doch war es genug, für Frau Hesse Hochachtung zu empfinden. Ich fühlte mich hier wohlgeborgen. Denn, wenn sie nun auch geschieden war, so war sie immerhin ja die Gattin des Dichters gewesen, und dieser hatte sie also einmal geliebt.

Freilich erschien sie uns bald als etwas verschlampt und sonderbar. Ich behielt sie vielleicht in verzerrter Erinnerung, sehr hager, mit vielen Falten im Gesicht, immer dunkel gekleidet – und von düsterem Wesen.

»Das kommt vom Kummer und von der Scheidung«, erklärte nun aber die Schwester. Sie warb um Verständnis für sie, »denn eine Scheidung tut weh!« Was wußte sie davon?

Es mochte immerhin sein. Uns Jungens war es herzlich egal.

Bruder Friedebald dachte sowieso an anderes. Gerade eben hatte Hitler die allgemeine Wehrpflicht eingeführt, ganz gegen die Abmachungen des Versailler Vertrages, der nur ein kleines Berufsheer für Deutschland erlaubt hatte. Und Friedebald war bereits sechzehn Jahre alt, im August wurde er siebzehn. Da war es nicht mehr lange hin und er mußte auch die Uniform anziehen. Und vorher sollte er auch noch ein halbes Jahr zum Arbeitsdienst. Er meinte, das wären sehr unschöne Perspektiven.

Vorläufig ging er noch in Weimar zur Schule und wohnte bei seinem Deutschlehrer, zog aber später zur Familie Oehler um, die mit Friedrich Nietzsche verwandt war.

Friedebald fand sich jedoch in sein Geschick, tröstete sich, indem er Zuflucht im Entschluß suchte, alles so schnell wie möglich hinter sich zu bringen. Er wollte sich freiwillig melden und gleich nach dem Wehrdienst studieren oder zur Bühne; als Statist hatte er bereits manchmal im Weimarer Theater mitgewirkt, in Tannhäusers Venusgrotte.

Regenzeit – und eine schöne Freundin

Es wurde zunächst ein kalter April – Frau Hesse war auf Heizung nicht eingerichtet. Die Tessiner Regenzeit kam, es schüttete tagelang aus niedrig hängenden Wolken, in Strähnen so dicht wie aus einer voll aufgedrehten Dusche, das Wasser rann von den Bäumen, troff aus den Zweigen, tropfte von den Blättern. Wir lagen in der Stube, frösteltеn, hüllten uns in Decken und lasen Abenteuerromane aus der Leihbücherei. Diese segensreiche Einrichtung war unsere Rettung vor Langeweile. Die Bücherei lag an der Straßenecke, wo die Treppe in die Seeuferstraße einmündete. Das wurde unser täglicher Gang unter dem schwarzen Schirm.

Aber der Regen verzog sich. Und mit der Sonne kam Frau Walthari. Was war das für eine schöne, elegante Frau, weitgereist, in vielen Ländern zu Hause! Nun hielt sie sich also auch einmal in Ascona auf. Die Schwester Fifi machte ihre Bekanntschaft, man freundete sich rasch miteinander an, und wir Buben verehrten sie schwärmerisch. Sie duftete so verlockend und hatte goldrote, kurze, aber dichte Haare. Ich schnüffelte gern an ihrer schmalen Hand und hätte noch lieber ihren roten Schopf gestreichelt, die wohlriechende Macchia, das war aber sicher Sünde, wenn auch die schönste. Ich wagte es jedoch kaum in Gedanken, geschweige denn in Wirklichkeit.

Frau Walthari war ein flüchtiger Stern, ein Komet, vielleicht war sie auf dem Absprung aus Deutschland. Sie äußerte sich verächtlich über den Lumpen, der den deutschen Reichskanzler spielte, Tölpel war noch ein viel zu schmeichelhafter Ausdruck. Das war kein Bauer, auch kein Proletarier, das war ein fieser Bourgeois – Abschaum. Frau Walthari haßte diesen Mann, ihre Augen funkelten böse, und sie verzog die schönen Lippen in abgrundtiefer Verachtung. Aber ihr Funkeln sah schön aus, ich erlaubte ihr den Angriff auf unser Staatsoberhaupt, was ich Frau Suter nicht verziehen hatte. Nicht nur, daß Frau Walthari eben aus einer ganz anderen, viel vornehmeren Welt kam, es ging mir ja auch in Ascona unvergleichlich viel besser, ich hatte ein befriedetes Herz, ich litt nicht unter Heimweh, ich war mit Bruder und Schwester zusammen und genoß den Ort und die Zeit. Ich war von Wohlbehagen und Freude umgeben.

Meine Seele flog ...

Abends schallte das Glockenspiel der Kirche über den See zu uns hinauf über den Gartenwald aus Palmen, Zedern und Araukarien ... ein eigenartiges Anschlagen in einem Rhythmus, der zu einer Melodie wurde. Das fand ich soviel schöner als das ausschwingende, diffuse Läuten daheim, in Bad Kösen. Das Glockenspiel Asconas war klar, jeder Ton kam akzentuiert, es gehörte zum Tal und zum See, zu den umliegenden Bergen und zu den Mimosen, die überschwenglich zu blühen begannen, goldgelb im lichten Grün ihrer sensiblen Blätter.

Eines Tages war Frau Walthari verschwunden, so plötzlich, wie sie erschienen war.

Und wir Kruse-Kinder zogen um. Wir verließen des Dichters Hermann Hesse geschiedene Frau. Wir suchten uns eine moderne Wohnung, wir fanden sie hinter dem Castell, wo die Aufschwemmung des Saleggi beginnt. Sie lag im zweiten Stock eines neuerbauten Hauses, ein Balkon draußen verband die Zimmer miteinander. Friedebald und ich schliefen in einem Raum zusammen, fast auf dem Fußboden, wir hatten Matratzen ohne Füße. Die Schwester bewohnte den zweiten Raum, der nicht nur ihr Schlafgemach, sondern auch die Küche und gemeinsame Wohnstube war. Dort brachte sie ihren Brüdern das Geschirrspülen mit Persil bei, was so herrlich mühelos war, weil wir nicht abtrocknen mußten, wir ließen das Wasser einfach ablaufen. Dort wurde ich zum bildenden Künstler, ich modellierte unter Fifis Anleitung kleine Reliefs: plastisch hervortretende Schalen, die ich mit gerundeten Orangen aus Ton füllte. Fifi goß meine Werke in Gips, und ich bemalte sie danach mit Ölfarbe, auf einer Isolierschicht braunen Schellacks, blau, grün und orange. Ich liebte diese Arbeit, die vielmehr ein Spiel war. Die Reliefs hingen an der Wand und leuchteten bunt.

Im Nachbarhaus, im dunklen Zimmer – aber es war gut, daß es dunkel war, denn so blieb es kühl – gab Signorina Perucchi uns Unterricht in Italienisch. Ich lernte »vado in strada« und »vorrei un bicchiere di latte«. Ich fand, das sei eine schöne, eine sehr wohlklingende Sprache, und sie war ja auch herausgewachsen aus dem Latein, das ich beim Rektor Haubold der Kösener Volksschule in Privatstunden zu lernen begonnen hatte. Aber die Grammatik war dennoch mühevoll, die Vokabeln desgleichen. Es war überhaupt bedauerlich, daß alles Lernen so unendlich mühsam war und so lange dauerte.

Ob ich schmächtiger Junge eigentlich in die Schule mußte, damals, nach der Mutter Willen, ist mir heute noch unklar. Im Zweifelsfall mußte ich wohl nicht. Ich begleitete aber den Bruder Friedebald eine Weile, vielleicht einige Wochen zu einer

Veranstaltung, die Unterricht genannt wurde. Der Bruder sollte sich ja in Weimar auf sein Abitur vorbereiten, auch verspätet, aber nun doch aus eigenem Willen, und so konnte er die Zeit in Ascona nicht so vertrödeln, wie ich es wohl durfte. Es gab eine Privatschule auf dem Saleggi. Ich erinnere mich dunkel an den Namen von Doktor Matzig. Sehr ähnlich muß der Leiter geheißen haben. Das Schulgebäude war ein hochmoderner, grauweißer Würfel mit flachem Dach und großen Fenstern. Es lag frei auf einer Wiese, die aus dem Geschiebe und Geröll des Maggiaflusses in Jahrmillionen entstanden war. Doktor Matzig war so, wie man sich einen Intellektuellen vorstellen kann, hager und auf dem Haupt spärlich behaart, aber – wie der Bruder meinte – desto reichlicher auf der Brust. Seine Stirn war hoch und glatt, er trug eine Brille, seine Lippen waren aufgeworfen. Er verwandte sie in jedem freien Augenblick dazu, sich an seiner sehr kindlich-jungen Frau festzusaugen. Die beiden standen in allen Pausen eng zusammen, und wir ergötzten uns an ihren Verdrehungen.

Viel mehr Erinnerungen an diese Schule habe ich nicht, nur noch an sehr helle, hohe Räume, an große Tische und Fensterglaswände, die sehr geeignet waren zum Hinausschauen auf die Wiese, wo Herr und Frau Matzig aneinander verglühten. An die Klassenkameraden erinnere ich mich ebenfalls kaum, es waren wohl auch gleich wieder Ferien oder ich wurde vom Unterricht suspendiert, was hier ja nicht schwer war und keines ärztlichen Attestes bedurfte. Nur ein rundlicher Knabe, weich gepolstert und weich von Wesen und Sinnesart, prägte sich mir unklar ein. Er war der Sohn des berühmten Schriftstellers Emil Ludwig. Von seiner Mutter habe ich nie etwas erfahren, aber sein Vater, ein glänzender Stilist und Routinier der Sprache, hatte eine Napoleon- und eine Bismarck-Biographie geschrieben, die der Mutter Eindruck machten und die auch ich in ihrem Bücherregal stehen gesehen hatte. Noch mehr aber liebte die Mutter Emil Ludwigs geschmeidig-leichte Verserzählung »Tom und Sylvester«, die so melodisch mit einem »Andante con moto« beginnt:

Vielleicht! Wenn sich der Leser, matt und bleich,
Auf Drängen seiner lippenroten Damen,
Die gern einmal in eine Wildnis kamen,
Entschließt zum Ausflug in mein Waldesreich,
Vielleicht wird er die Liebesfahrt goutieren.

Ja, die Mutter hatte seine gereimte Liebesfahrt goutiert und die folgenden Verse an anderer Stelle – prophetische Verse, wie sich erst später herausstellte – wohl überlesen:

Und fehlt mir einzugreifen jede Macht,
Flieh lieber ich mein Vaterland bei Nacht,
Da ich zu schwach, zu einsam, es zu ändern.

Das hatte der Dichter schon 1928 veröffentlicht, fünf Jahre also vor Hitlers Machtergreifung. Und nun war er aus seinem Vaterland geflohen, bei Tag und bei Nacht, da er sich zu schwach fühlte, das Unheil Deutschlands abzuwenden. Auf dem Monte Verità beklagte er jetzt sein Emigrantenschicksal, die Abtrennung von seiner Sprache und Kultur, von seiner wirtschaftlichen Basis womöglich auch und ertränkte seinen Kummer in Alkohol.

Deshalb ging sein Sohn zu Doktor Matzig in die Schule. Vielleicht schlief der Vater gleichzeitig seinen Rausch aus, am Morgen. Denn nachts – so schwirrten jedenfalls die Gerüchte – zechte er mit seinem Kollegen Erich Maria Remarque und stellte mit ihm die Spielautomaten auf den Kopf, buchstäblich, das heißt in der Realität, nicht nur sinngemäß. So angelten sie sich die Gewinne heraus.

Monte Verità

Der »Monte Verità« war damals schon ein Hotel. Es lag auf dem Gipfel des Berges, den die Vegetarier und Utopisten »Berg der Wahrheit« genannt hatten. Schon 1869 hatte sich der russische Anarchist Michail Bakunin in Locarno niedergelassen und die »Herrschaftslose Gesellschaft« verkündet. Später plante

Alfredo Pioda, Nationalrat aus Locarno, auf dem Hügel ein theosophisches Kloster, während 1902 die »Vertreter des dritten Weges zwischen Kapitalismus und Kommunismus« dort eine zunächst urkommunistische, dann individualistische und vegetarische Cooperative gründeten, aus der schließlich die Sonnen-Kuranstalt und das Sanatorium Monte Verità wurde. Diese Gesellschaft von intellektuellen und künstlerischen Schwarmgeistern war ja auch für meinen Vater Anfang dieses Jahrhunderts der Anlaß gewesen, die Mutter mit ihren beiden ersten Kindern nach Ascona zu schicken.

Baron Eduard von der Heydt, Bankier Kaiser Wilhelms II., einer der bedeutendsten Sammler moderner Kunst, hatte 1926 den Monte Verità übernommen und Park und Gebäude mit den Werken zeitgenössischer und außereuropäischer Kunst ausgestattet. So zechten Emil Ludwig und Erich Maria Remarque unter Bildern, die damals noch viel Kopfschütteln, Verwunderung und Ablehnung provozierten und in Deutschland wenig später als »entartet« verfemt wurden. Hier hingen Gemälde von Picasso, so fremdartig und eigenwillig in der Behandlung menschlicher Formen, und anderer, in Deutschland bald unerwünschter Künstler. Dicht bei Locarno, in Minusio, war andererseits Stefan George 1933 gestorben, der Schmied »hoher Verse«, die er mit der Hand schrieb, auch wenn sie in Bücher gedruckt wurden. Und seit 1933 war Ascona das Ziel vieler Emigranten geworden – unter ihnen die expressionistische Schriftstellerin Else Lasker-Schüler und ihr österreichischer Kollege Albert Ehrenstein.

Sicher, die Kruses gehörten nicht zu ihnen, sie hatten auch nicht die Absicht, in Ascona zu bleiben, obwohl die Mutter hier ein kleines Grundstück besaß, das als Wiese verwilderte. Sie konnten und wollten in Deutschland bleiben. Aber sie standen den Emigranten auch nicht ablehnend gegenüber und begriffen deren Tragik wohl – freilich auch nicht mehr. Nie kam es auch zwischen uns Kindern in der Schule zu Streit oder zu Hänseleien.

Friedebald verliebte sich in ein überschlankes Wesen mit braunen Haaren, das lässig schritt und noch lässiger ihre linke Hand vom abgewinkelten, waagrecht gehaltenen Unterarm herabhängen ließ. Mausi hieß dieses berückende Geschöpf. Friedebald fand sie reizend, es brachte ihm aber keine Gegenliebe ein.

Mit mir kleinem Bruder mußte er daher verwirrt und unruhig in den Frühsommernächten durch die warmen, dunklen Wiesen streifen, über die zu Tausenden blinkende Glühwürmchen schwebten, aus den Gräsern aufstiegen, leuchtende Grafiken darüber zeichneten, aufstrahlend und verlöschend. Es war wie tanzende Sterne. Es duftete betäubend, und die Zikaden schrillten. Und der Bruder litt. Doch litt er nicht gänzlich zu Tode getroffen, er blieb – mit seinen kräftigen Beinen – immer auf dem Boden der Realität. Selten hob er so ab wie ich.

Ich begann wieder zu dichten. Gewiß nicht so, wie es die Mutter sich wünschte. Ich schrieb schwülstige Geschichten, darunter die eines römischen Legionärs, der einem germanischen Legionär in unlösbarer Freundschaft verbunden war. Als diese beiden Soldaten, vom grausamen Schicksal dazu gezwungen, in greulichen Sümpfen gegeneinander kämpfen mußten, hauchten sie ihr treues Leben aus, beide: »Vale, amicus!« seufzend.

Ich, der Dichter, war tief ergriffen, als ich es schrieb, und der Bruder Friedebald, für so treue Gefühle gerade empfänglich, äußerte Anerkennung. Doktor Matzig gar, nicht minder treu liebend, gab mir den Rat, meine Elaborate der Jugendzeitschrift »Der gute Kamerad« zur Veröffentlichung anzubieten. Sie kamen freilich zurück. Es bekümmerte mich noch nicht stark.

Und die Schwester? Ging sie denn durch die Wiesen der Glühwürmchen ganz ohne Bewegung?

Zunächst einmal ging sie mit mir schmächtigem Max ins Sonnenbad. Es lag auf der Anhöhe des Monte Verità und gehörte wohl auch zu dem Hotel – vor allem war es nahe bei den

Tennisplätzen. Ich wußte freilich nicht, daß dies für die Schwester Sinn machte. Diese sogenannten Sonnenbäder, die Sonnebadeanstalten, für die man Eintritt bezahlte, waren damals eigentlich eher zum Sich-die-Sonne-Abgewöhnen. Haushohe Holzwände teilten sie voneinander ab, man war dort wie in Kisten und konnte sich nur – Männlein und Weiblein züchtig getrennt – auf dem Rasen lagern oder herumwandeln und die ausgewitterten Bretter betrachten. Von oben beschien einen das eingekastelte Himmelslicht, der Wonnespender.

Dorthin nahm mich die Schwester mit, zu den »Frauen«, es waren aber sonst keine Damen da, wir waren völlig allein. Der Schwester Körper war ein wenig mollig, weich und weiß, das paßte zu ihren rötlichen Haaren, sie hatte ja auch so viele Sommersprossen –, und ich schaute zur Seite, genierte mich und langweilte mich nicht wenig. Daß dieses Sonnenbaden gesund sein sollte, ging mir nicht in meinen noch unerfahrenen Kopf.

Wir hörten nur Vogelgezwitscher, vielleicht einmal das Brummen eines Autos von unten, von der Straße am See – und das scharfe Knallen der Tennisbälle.

Der Tennislehrer hieß Monsieur Maurer, Monsieur und durchaus nicht Herr, er kam aus der französischen Schweiz und sprach auch vor allem Französisch. Die Schwester war kaum begabt zum Tennis, doch versuchte sie es damals ihm zuliebe und verstauchte sich gleich den Fuß. Allzu eifrig, trat sie unglücklich auf, hatte vielleicht ihre Augen ganz woanders gehabt, war aber nicht unglücklich, denn Monsieur Maurer, der über vielerlei Können verfügte und auch in Massage ausgebildet war, behandelte ihr den geschwollenen Fuß in unserer Wohnküche, aus lauter Güte und ohne Honorar, wozu die beiden durchaus allein sein mußten.

Ich war voll Verständnis, ohne etwas zu verstehen, weshalb mir Monsieur Maurer, als wir uns später trennten, nach manchen Ausflügen und Besuchen kleiner Restaurantgärten, ein Briefmarkenalbum zum Geschenk machte und die Widmung hineinschrieb: »À mon ami de bataille.« Was soviel heißen sollte wie: »Meinem Kampfgefährten, meinem Kameraden in der Schlacht.«

Ich fühlte mich durch diese Widmung zwar geschmeichelt und fand sie irgendwie interessant, doch hatte ich nie empfunden, in eine Schlacht verstrickt gewesen zu sein und daß die Schlacht sogar um meine Schwester getobt hatte. Siegreich war sie ja wohl ausgegangen.

Der Schwester Fuß verheilte ohne bleibende Schäden.

Max bei der verwunschenen Mühle
im Valle Maggia

Es war ein Frühsommer der Pracht und der Hitze. Wir ent-
deckten eine verschwiegene Mühle auf dem Weg ins Valle
Maggia, im dichtesten Kastanienwald. Da war nie ein anderer
Mensch. Das Wasser brauste klar und kalt über das verfallene
Mühlrad, und ein wenig weiter im Dickicht stürzte ein Wasser-
fall noch kälter von einem Felsen. Er hatte eine Schüssel im
Stein ausgewaschen, so entstand ein winziger See. Hier ver-
brachten wir lange Tage vom Morgen bis zum Abend. Es war
das vollkommene Paradies, der Wildgarten des Glücks und des
Lichts, das durch grüne Blätter gefiltert wurde und vielfältige
Schattenornamente bildete. Es war auch eine Idylle des Vogel-
gezwitschers und Wasserrauschens. Wir badeten unter dem
Fall, der auf uns trommelte, so daß wir es kaum aushielten, uns
aber erfrischte. Wir picknickten, wir wanderten auch zur Maggia hinüber und beobachteten in ihrem niedrigen, silbernen
Gewässer die Forellen, die still über den Kieseln standen und
plötzlich aufblitzend davonzuckten.

Ich befand mich in vollkommener Harmonie. Nichts be-
drohte diese Empfindung, denn wie brüchig der Boden der
Zeit war, das war mir nicht bewußt. Und wenn es uns von je-
mandem gesagt worden wäre, hätte ich es kaum aufgenommen. Meine Seele wäre unberührt geblieben.

Locarno war die nächste, größere und lebendige Stadt. Wir
mieden sie eigentlich, vielleicht nicht bewußt, aber wir hatten
dort nichts zu tun. Nur einmal fuhren wir mit der Seilbahn zur
Kirche »Madonna del Sasso« hinauf, fotografierten, setzten
uns unter ihre Säulen und schauten auf den unter uns liegenden
See, in die üppig-dunstige Landschaft.

In Locarno wurde auch ein Tonfilm gezeigt, der nach meiner
Erinnerung »Bengasi« hieß, eine grausam-spannende Geschichte. Sie spielte in der Wüste unter Legionären. Es kam
darin eine Folterszene vor, wobei Streichhölzer, zwischen Fingernagel und Kuppe gesteckt, abgebrannt wurden. Ich kann

die Wüste noch sehen, die Tropenhelme, die Kamele, die Pferde, und das Fort in dekorativen Sanddünen, alles in durchleuchtetem Schwarz-Weiß. Natürlich ging es um eine schöne Frau, aber sie haftete nicht in meinem Gedächtnis, im Gedächtnis blieb mir dagegen die Hand mit den ausgestreckten fünf Fingern, die alle flammten wie Kerzen. Die Schwester hatte uns diesen Film verboten, er sei zu grausam, zu aufregend, nichts für Kinder, aber wir logen ihr etwas vor und wanderten heimlich in glühender Mittagshitze zu Fuß nach Locarno hinüber, um die erste Nachmittagsvorstellung zu sehen. Aufgewühlt kehrten wir heim und mußten unsere Erregung verbergen. Es fiel mir sehr schwer, nicht davon zu sprechen, denn ich fieberte. Vielleicht merkte es die Schwester ja trotzdem und schwieg, weil doch nichts mehr zu ändern war und sie uns sonst hätte strafen müssen.

Kunst war jedenfalls etwas anderes als Kino. Das wurde mir auch an Beispielen klargemacht. Fifi nahm mich in ein Konzert mit, in das kleine, feine Theater San Materno. Die halbägyptische Tänzerin Charlotte Bara hatte es für sich erbauen lassen. Für uns sang dort ein würdiger Künstler, möglich, daß er Karl Freund hieß. Er trug ausnehmend schöne Lieder mit wohltönender, dunkler Stimme vor, es gefiel mir durchaus. Er stand auf der Bühne im Frack mit hängenden Schößen, was mir neu war. Eine Pianistin begleitete ihn.

Ganz unbekannt war mir eine solche Darbietung sonst aber nicht. Ich hatte daheim ja den Vater schon singen hören, da hatte sich die Schwester Maria über die Tasten gebeugt. Freilich trug der Vater dabei keinen Frack. Aber so ähnlich war es doch auch hier. Der Sänger rang die Hände wie betend und öffnete sie wieder, breitete sie aus, hob sie empor, während er von Freude und Leid erzählte, in berühmten Tönen. Das alles nahm ich mit gesammeltem Ernst auf. Als der Sangeskünstler sich aber dann ausdrucksvoll auf die Fußspitzen hob und die Augen zum Himmel aufschlug, als er die Geschichte von dem König erzählte, der seinen Floh »gar nicht wenig liebte«, ihm Kleider anmessen ließ und ihn zum Minister machte, da war es um die Fassung des Buben geschehen. Ich lachte ungehemmt, ich konnte mich nicht fassen, nicht beruhigen. Es war der Schwester neben mir äußerst peinlich. Sie legte mir ihre Hand auf den Mund, was alles nur noch schlimmer machte. Ich kicherte und gackerte, versuchte es dann selbst mit dem Taschentuch, das ich mir zwischen die Lippen stopfte ... Vergeblich. Auch ließ sich der Sänger ja überhaupt nicht von mir stören, obwohl ihn doch kaum noch einer richtig verstand. Nein, der Meister des Wohllautes hatte sichtlich Mühe, den Ernst des Vortrages beizubehalten, er lachte fast selber, er fühlte sich sichtlich animiert durch so viel Mitgehen und Zustimmung seines halbwüchsigen Zuhörers – schließlich lachten alle, der ganze Saal. Und der Künstler bedankte sich zum Schluß durch eine besondere Verbeugung nur zu mir hin, dem die Tränen des Vergnügens die Wangen hinunterkollerten. Er kratzte sich noch einmal und tat so, als habe er einen Floh auf seiner Hose erwischt, den er nun zwischen den Fingernägeln zerknackte.

Eine erhebende Kunst war dieser Gesang. Vielleicht war Sänger einmal ein Beruf für mich? Singen vor vielen Leuten, dafür Beifall bekommen, das war möglicherweise lustiger, als ganz allein viele Papierseiten vollzuschreiben mit Geschichten, die dann doch nur an mich zurückgeschickt wurden.

Singend ging ich aber damals doch nicht durch die Welt, ich lernte es auch später nie aus vollem Herzen und aus empfindsamer Seele, wie es wohl sein muß, um die Leute zu rühren. Aber fröhlich war ich, die Welt erschien mir sehr heiter, ganz sonnendurchflutet.

Dem großen Bruder durfte ich helfen beim Schneider, Friedebald wollte sich eine Hose kürzen lassen, um den Reiz seiner schwellenden Beine besser zur Geltung zu bringen. Die Hose war sowieso schon sehr kurz, wir alle bevorzugten die knappsten Hosen und zeigten Schenkel bis weit hinauf. Vielleicht hoffte der Bruder, mit kürzeren Hosen größeren Eindruck auf seine Mausi mit dem schlaff herabhängenden Händchen zu machen; auf das Wesen mit dem süßen Gesicht einer jungen Madonna unter gescheiteltem Braunhaar.

Der Schneider sprach kein Wort Deutsch, das war das Fatale. Allein mit den Fingern, die Bewegungen der Schere nachahmend, kam der Bruder nicht ganz zurecht. Da sprang ich ein, nicht im melodiösen Italienisch, so weit war ich bei Signorina Perucchi noch nicht gekommen, wohl aber mit den wenigen französischen Brocken, die ich in Arosas Kinderheim aufgeschnappt hatte: »Le pantalon de mon frère«, radebrechte ich und: »Couper!« Und noch eindringlicher: »Un peu plus court.«

Der Schneider, ein ältlicher, kleiner Mann mit Embonpoint, verstand freundlicherweise. Er war ein Tessiner mit französischer Bildung, nur die deutsche Sprache lehnte er völlig ab. Aber die Hose kürzte er gut, Friedebald war zufrieden und lobte mich gönnerhaft, seinen kleinen Bruder, der darauf strahlte und sich großartig vorkam.

Sonst hatten die Schenkel des Bruders aber keinen Effekt. Das Mädchen bemerkte sie vielleicht nicht einmal. Dem Bruder blieb wieder nur der Spaziergang in die sommerheißen, nächtlichen Wiesen der schwirrenden Glühwürmchen mit ihrem taumelnden Sternentanz. Da schimpfte er auf »die Weiber«, was ihm wohltat.

Ausflüge

Vielleicht um ihn abzulenken, unternahm die Schwester mit uns Brüdern einen Ausflug ins faschistische Italien. Wir fuhren die kurvige Straße am Westufer des Lago Maggiore entlang im offenen Auto, unter Palmen und tropischer Vegetation: Ronco, Brissago, Canobbio, Intra, Pallanza. Fifis Haare wirbelten unter dem Käppchen hervor. Die Grenzbeamten trugen prächtige, schwarze Uniformen und hatten weiße Schulterriemen quer über die Brust. Auf den Straßen von Stresa trabten die

76

Bersaglieri mit Federn auf grünen Hüten. Hier, in einem der weißen Paläste, die so wohlhabend in den üppigen Parks lagen, hatte vor wenigen Wochen Italien unter seinem Duce Benito Mussolini eine Front mit Frankreich und England gegen Hitlerdeutschland gebildet. In der Konferenz von Stresa verbündeten sich die drei Länder gegen Hitlers willkürliche Aufkündigung von Verträgen. Gerade hatte dieser erklärt, Deutschland sei von allen Rüstungsbeschränkungen des Versailler Vertrages befreit. Da hatte die offizielle, von Goebbels gleichgeschaltete Presse in Deutschland gejubelt:»Der Führer zerreißt die Fesseln des Schanddiktates!« Und der Deutsche konnte wieder stolz in die Welt blicken, stolz und gleichberechtigt – vielleicht sogar mehr als das. Die Saarländer hatten es ja schon getan, indem sie sich im Januar 1935 in geheimer Wahl für die Heimkehr ins Reich entschieden hatten.

Warum nun also dieser Dreibund?

Wir wollten ja niemals etwas anderes, als die Aggressoren abschrecken. Wir waren doch rings umgeben von Feinden – so sagte man es uns: Was auch geschah, es diente alles nur dem Frieden, denn niemand wollte den Frieden leidenschaftlicher als unser Führer, der selbst Soldat gewesen, verwundet worden war und die Schrecken des Krieges kannte. Die einfachsten Leute, die Arbeiter, konnten jetzt mit dem »Kraft-durch-Freude-Schiff« nach Madeira fahren. Wann hatte es so etwas schon gegeben? Und das erste Autobahnteilstück von Frankfurt nach Darmstadt war im Mai dem Verkehr übergeben worden, das mußte man doch anerkennen! Das Heer der Arbeitslosen war von den Straßen verschwunden.

Von der Konferenz war nichts mehr zu erblicken, keine Fahnen, keine Transparente – aber Italien war uns nun feindlich gesinnt, mochte es auch noch so faschistisch sein. Die Achse Rom – Berlin war noch in weiter Ferne.

Von der Feindschaft merkten wir freilich nichts, die Palmen standen hier so dekorativ am Ufer wie im Schweizer Ascona. Die Schwester setzte mit uns zur prächtigen Isola Bella hinüber. Da gab es Barockfiguren im Barockpark, und weiße

Pfauen – zwar schmutzig vom Staub – standen wie Geschmeide und zierlich auf den Geländern und schrien unmelodiös. Der See zeichnete die Berge nach und war eine silberne Pracht, in der auch das Himmelsblau schwamm. Alles hatte die Schönheit von Preziosen und ihren Glanz. Und im Palazzo hatte der große Kaiser Napoleon eine seiner Nächte verbracht, in denen er nur drei Stunden schlief und mehreren Sekretären gleichzeitig diktierte. Wir kehrten nach Ascona zurück, als der Abend kam, und waren zufrieden, nein – mehr als das.

Aber zu den schönsten Eindrücken zählte der Römerweg, der von Ascona nach Ronco führte, und zwar hoch über dem See, auf wild bewachsenem Hang. Er stieg schmale Treppen steil hinauf und lief geradeaus, ein schmaler Pfad, immer in der vollkommensten Üppigkeit, zwischen Pflanzengrün, Büschen, Farnen, Kräutern, immer im Duft, immer im Insektensummen, immer mit dem betörendsten Ausblick schroff hinab auf den See, der zum klarsten Spiegel geworden war. Das erzeugte ein schier uferloses Gefühl der Weite und Freiheit. Wir blickten, sonnendurchglüht, voraus auf das graue, isoliert stehende Kirchlein von Ronco, das auf dem senkrecht abstürzenden Felsen thronte, wir schauten zurück auf das Maggiadelta, auf dem das Städtchen Ascona lag.

Und wir fuhren ins Valle Maggia hinauf, auf die kahlen Berge. Dort lebten die Bauern in großer Bescheidenheit, wenn nicht in Armut. Ihre Häuser waren wie Hütten, grau und aus Stein, aus Granitplatten geschichtet, auch die Dächer. Die Bäuerinnen brieten uns Spiegeleier in schwarzen Eisenpfannen über offenem Feuer. Sie ließen die Butter so lange brutzeln, bis sie dunkelbraun wurde, erst dann schlugen sie die Eier hinein. Da wurde das Eiweiß um das Dotter herum zu einer Kruste. So sollte es sein. Kaum jemals hat mir etwas so geschmeckt – mit Ausnahme des »Risotto milanese«, den ich in der kleinen Pension am See, neben dem Castell bekam: körniger Reis, buttergelb von Safran, mit Steinpilzen. Es müssen aber getrocknete,

Friedebald rudert auf dem
Lago Maggiore zur Isola dei Pescatori,
Nachbarinsel der Isola Bella

eingeweichte Steinpilze sein, keine frischen. Später, als ich meine Freundinnen mit meinen Kochkünsten verblüffen wollte, kochte ich den Reis gleich in dem Wasser, in dem ich die getrockneten Pilze aufgeweicht hatte. Es war dunkelbraun geworden, und der Reis schmeckte unübertrefflich. Das ist ein Himmelsgericht, das mich von den Toten auferwecken kann.

Freundschaft und Ausklang

Einmal, im Frühsommer, kam ein Bub in die Schule von Doktor Matzig. Er war etwas jünger noch als ich. André Molinari hieß er, seine Mutter fuhr den ersten Mercedes mit Heckmotor, braun wie ein Maikäfer. Ihr gehörte das »Hotel Ascona«, das auf halber Höhe über dem Städtchen lag, ein Bau, der sich mit weißer Fassade über den Hügel breitete, wie mit offenen Armen. André wurde mein Freund, wir lasen zusammen das Buch vom »Kampf der Tertia« und verstreuten daraufhin auf den Autostraßen die Papphülsen leerer Klopapierrollen, auf die wir »Seid gut zu den Tieren!« geschrieben hatten, in mehreren Sprachen: »Voi dovete esser buoni con gli animali!« Die Leute lachten oder schimpften, und André Molinaris Mutter wußte dann auch nicht, ob sie lachen oder schimpfen sollte, als wir die Gäste ihres Hotels durch eine Figur erschreckten, die wir aus Bettüchern bildeten und im halbdunklen Treppenhaus am Seil herabbaumeln ließen. Ein Kissen war der Kopf. Es sah gespenstisch aus, ein Erhängter im Nachthemd.

In Ascona suchte der Maler Gusto Gräser sein Tao, das heilende Geheimnis, oder hatte er es bereits gefunden? Der alte Carlo Vesper badete jeden Morgen nackt in seinem eigenen, kalten Bergbach, auch im Winter, er aß nur selbstgebackenes Brot, lebte ausschließlich vegetarisch, trug, wenn er unter Menschen ging, Sandalen und speckige Bundhosen, und über seine Schultern fiel ihm lang herabwallendes Silberhaar. Man nannte ihn einen Naturisten.

Die Schwester besuchte mit uns einen expressionistischen Künstler, der still im Kastanienwald wohnte und feurige Bilder malte, die mir wenig gefielen. Er schimpfte auf Deutschland, sah eine konventionelle, realistische Kunst entstehen, gefördert von dem »Anstreicher, von dem verkrachten Architekten, der Deutschland verderben würde. Nun, jedes Volk hat die Regierung, die es verdient!«

Er hatte einen bekannten Namen, dieser Maler, aber er bedeutete mir nichts, auch die Schwester konnte sich mit seinen Bildern nicht recht befreunden, das beruhigte mich. Seine politische Überzeugung – nun ja, hier in Ascona hatte ich ja schon viel erfahren. Daß dieser Maler und Jakob Schaffner sich ganz gewaltig in die Haare gekriegt hätten, das war mir klar, und es verunsicherte mich schon, daß Menschen so gegensätzlicher Meinung sein konnten, zumal ich selbst noch keine eigene hatte.

Die Schwester meinte, als wir sein Haus und seinen wuchernden Märchengarten unter schattigen Kastanien verließen: »Das ist ein Edelkommunist!« Zum ersten Mal hörte ich dieses Wort. Es kam damals in Mode. Es klassifizierte und ordnete nachsichtig ein und beruhigte gleichzeitig. Ein Edelkommunist war ein guter Mensch mit achtbaren Motiven, der nur leider eine falsche Überzeugung hatte. Das ließ sich verstehen.

Bevor der Sommer auf seinen Gipfel kam mit unerträglicher Hitze und Schwüle, verließen wir drei Kruses Ascona. Aus welchem Grund? Er blieb mir so dunkel wie der unseres Kommens. Sicher war jedenfalls, daß Friedebald wieder in seine Schule mußte, nach Weimar, wollte er das Abitur noch schaffen. Bei Doktor Matzig, angesichts so verschlungener Liebe, wurde er gewiß nicht ausreichend gefördert. Bei mir lagen die Dinge noch nicht ganz so tragisch. Ich war bisher fast wie ein Schmetterling durch Klassenzimmer getaumelt. Da spielte es für die nächste Zukunft auch keine Rolle. Ein Dichter würde ich so oder so werden, ich hatte es ja eben mit Legionären, die in Sümpfen versanken, wieder bewiesen.

Zum Abschied fuhren wir noch einmal zum Roccolo empor. Es war ja fast ein heiliger Ort, geweiht jedenfalls, die »Wiege der Käthe-Kruse-Puppen«. Das Roccolo war jenes granitgraue Vogelstellerhäuschen, in dem die Mutter mit ihren beiden ersten Babys gelebt hatte, damals, als sie noch malte und dichtete und die erste Puppe nähte. Jetzt stand das Häuschen im Grundstück des Schriftstellers Werner von der Schulenburg. Er besaß darunter eine prächtige Villa. Für mich war es ganz selbstverständlich, daß Dichter so großartige Villen besaßen, es kam ganz von allein und war der Lohn ihres Schaffens.

Wir Buben kletterten über die niedrige Mauer, dort wuchs der Bambus, wir umkreisten das quadratische Türmchen, wir

Friedebald und Max auf der Mauer der
Villa Schulenburg in Ascona

fragten die Schwester: »Erinnerst du dich noch?« Aber sie erinnerte sich an nichts mehr, nicht an ihre Säuglingszeit und nicht daran, daß sie der unwissende Anlaß für die erste Puppe gewesen war. »Nein, nein«, meinte sie, »aber es ist doch komisch, jetzt hier zu stehen, wo man vor so vielen Jahren gelebt hat, und daß man heute nichts mehr davon weiß.«

Bruder Friedebald schnitt Bambusstangen und befreite sie von den Blättern. »Los, du Traumtänzer«, rief er und warf mir eine Stange zu. »Wer sie länger auf einem Finger balancieren kann, ist Sieger.«

Wir versuchten es auf der Mauer des Dichters.

Vom Kirchturm erklang Asconas Glockenspiel. Die melodischen Töne, metallisch und klar, waren für mich zum Synonym vollkommenen Glücks geworden.

Vorderhindelang

Kehrte ich nun in ein geregeltes Leben zurück? Nicht nur zurück ins Haus der Mutter nach Bad Kösen, sondern zurück auch zur Arbeit, zum Lernen? Fast zwei Jahre hatte ich nun gefaulenzt und mein Leben vertrödelt. Ich hatte in Arosa in der Horizontalen gelegen und gelesen, hatte von der Mutter überschwengliche Briefe bekommen und Skilaufen gelernt. Ich war an einem Tagebuch gescheitert und hatte gefühlvolle Geschichten geschrieben. Dann war ich unter Palmen spaziert und hatte über den Lago Maggiore geschaut, ich war mit dem älteren Bruder Friedebald durch nächtliche Wiesen voller Glühwürmchen gewandert und hatte von Emigrantenschicksalen gehört.

Meine Schulbildung aber war ein Desaster. Als Siebenjähriger lernte ich beim Hauslehrer Lesen und Schreiben, als Neunjähriger schritt ich für Deutsch, Rechnen und Geschichte in die Volksschule, von allen anderen Fächern befreit und erwarb ab dem zehnten Jahr beim Rektor Grundkenntnisse in Latein. Mit zwölf kam ich nach Arosa ins Kinderheim und pausierte gänzlich, mit dreizehn war ich in Ascona, im wesentlichen auch ohne Schule, denn bei Doktor Matzig kam ich eher zu anderen Einsichten, vielleicht war es ja ein Beitrag zu menschlicher Reife, das mag sein, aber mein bescheidenes Wissen wurde nicht vermehrt.

Und nun kehrte ich also nach Bad Kösen zurück. Zunächst waren ja Sommerferien, glücklicherweise. Aber es wäre nun eigentlich trotzdem höchste Zeit für mich gewesen, Versäumtes nachzuholen und zu lernen, was in den völlig undisziplinierten und schweifenden, aber ausgeruhten Kopf nur hineinging.

Dachte die Mutter auch so?

Nein, noch immer erschien ich ihr nicht gekräftigt genug. Auch konnte ich in Kösen ja nicht mehr in die Volksschule gehen, dazu war ich nun zu alt, und eine höhere Schule gab es nicht – wobei sich die Frage gestellt hätte, wie denn dieser Junge, der mit knapper Not Schreiben und Lesen gelernt hatte, mit grauenhafter Orthographie, überhaupt in eine höhere Schule hätte aufgenommen werden können. Ich mußte also auf jeden Fall aus dem Haus, wohin auch immer. Fieberanfälle hatte ich zwar keine mehr, aber zart war ich immer noch. Auch die Vorderzähne mußten noch immer mit Klammern zurückgedrängt werden. Gesund erschien meiner Mutter ihr Jüngster also nicht und keinesfalls belastbar. Sie suchte wieder ein Kinderheim! Es blieb ihr vielleicht gar keine andere Wahl.

Sie fand es in Vorderhindelang, im Allgäu. Das Dorf bestand nur aus wenigen Häusern und erstreckte sich vor der eigentlichen Gemeinde Hindelang in einem langen Tal unter dem Oberjoch, umgeben von mäßig hohen Bergen. Jedenfalls erschienen sie mir nur mäßig im Vergleich zu den Zwei- und Dreitausendern Arosas, die ich gemalt hatte, von der Jungfrau ganz zu schweigen. Ich sah sie mit Abneigung, ja, ich haßte sie vom ersten Augenblick an. Bis hoch hinauf waren sie grün, da wuchsen sogar Bäume – es konnte keine Rede von einer hochalpinen Baumgrenze sein.

Ich war traurig, irritiert und wieder aus meinem seelischen Gleichmaß aufgestört. Meinen Kummer darüber, daß ich wieder von zu Hause fort mußte, übertrug ich auf die Landschaft, zu der ich keine Beziehung fand.

Das Heim nannte sich einfach Kinderheim Vorderhindelang, nach dem Ort. Es wurde von Georg und Elfriede Ehlert geleitet, die wir Onkel Georg und Tante Elfriede nennen sollten, abgekürzt: O-Gé und Ta-Frie. Es waren liebe Leute, die nichts dafür konnten, daß ich sie nicht mochte, wie ich alles nicht mochte, was daran »schuld« war, daß ich nicht daheim bleiben durfte.

Das Haus war eigentlich schön, ein moderner, funktioneller, langgestreckter Bau, der sich mit einer großen Rundterrasse drei Stockwerke hoch auf dem Hügel erhob und umgeben war von Wiesen voller Margeriten, Glockenblumen und Wiesenkräutern, die eine satte Weide bildeten. Schmetterlinge flatterten darüber. Ringsum stand sonst kaum ein Haus. Die Räume waren lichtdurchflutet, die Schlafzimmer der Kinder alle gleich: schmale Kammern mit je zwei Betten an den Wänden und einem Schrank, mit dem Blick auf die Berge – überall waltete Zweckmäßigkeit, Ordnung. Neben dem geräumigen Eßzimmer mit seinen Fensterwänden, durch die wir ganz unmittelbar vom Gebirge umgeben waren, gab es einen kleineren Klassenraum mit schwarzer Tafel.

Im Nebengebäude mit künstlerisch schief herabgezogenem Schindeldach, das wie eine Mütze darauf saß, befand sich ein anderes, größeres Klassenzimmer mit einem einzigen runden Tisch, um den unsere Stühle standen. Dort hatte auch der Lehrer, Herr Pflüger, seine kleine Kammer. Der Schulunterricht – und das war es wohl, was die Mutter für dieses Heim eingenommen hatte – der Unterricht war staatlich anerkannt. So hieß es im Prospekt, und weiter: »Bei der geringen Schülerzahl ist es möglich, die Fähigkeiten des einzelnen Kindes zu wecken und zu fördern, so daß wir auch bei schwer lernenden Kindern gute Erfolge hatten.«

Ja, hier würden die Fähigkeiten ihres Herzensmaxels gewiß geweckt und gefördert werden. Und ein schwer lernendes Kind war er vielleicht nicht einmal – man hatte es ja noch nie erprobt.

Nur jeweils fünfzehn bis zwanzig Kinder wurden gleichzeitig ins Heim aufgenommen. Das war kein Massenbetrieb.

Aber sonderbar – mir ist so gut wie keine Schulstunde in Erinnerung. Ich suche in meinem Gedächtnis vergeblich nach Aufsätzen und Rechenaufgaben, nach Sprachstudien und Geschichtslektionen. Wohl ist da ein Bild: Ich sitze in der Klasse und schaue zu, wie Herr Pflüger geometrische Formen an die Tafel zeichnet. Ich sitze schief da, auf meine krumme Art, und stütze mein Kinn auf den Arm. Und ich sehe Herrn Pflügers übergroße Warze, die rechts auf seiner Nase sitzt, die prächtigste schwarze Warze, die mir je vorgekommen ist. Sie gleicht auffallend einer Brustwarze unserer Hündin Bömby – oder einer Schmeißfliege. Daher hatte Herr Pflüger seinen Spitznamen. Er hieß unter uns Kindern »die Fliege«. So fiel es ihm schwer, Autorität zu entfalten, und er spürte das. Oft schaute er uns traurig an, tiefste Melancholie in den dunklen Augen. Ja, seine Augen schwammen in Tränenflüssigkeit. Dabei sann er sicher doch nur einer mathematischen Aufgabe nach.

Herr Pflüger hatte aber wirklich Kummer, Herzenskummer, doch wußten wir zunächst nichts davon und hätten es wohl auch kaum verstanden.

Soviel zunächst.

Ich meine rückblickend, daß er sich viel Mühe mit uns gegeben hat, Mühe, die wir ihm nicht vergalten. Es war ja doch eine sehr schwierige Aufgabe, so unterschiedliche Kinder zu unterrichten, verschieden im Alter und nach der Vorbildung. Wir waren Volksschüler und Gymnasiasten, kamen aus humanistischen oder naturwissenschaftlichen Lehranstalten, aus der Volksschule oder waren sogar ohne rechte Grundlage. Jedes Kind hatte seinen eigenen, gesonderten Lehrstoff, vielleicht sogar seine eigenen Bücher.

Wie auch immer – ich lernte nichts, ich wurde nicht belastet und auch nicht gefördert. Ich ging in das Schulhaus – vielleicht, ich muß es wohl annehmen, aber ich blieb ein Träumer, in mir befangen und leicht zu verletzen.

Daß im September, zwei Tage vor der Mutter zweiundfünfzigstem Geburtstag, die »Nürnberger Gesetze« erlassen worden waren, nahm ich kaum zur Kenntnis. Ich war weitab von jeglicher Politik und von jeder Diskussion um mindere oder wertvollere Rassen. Die Nürnberger Gesetze, »zum Schutze des deutschen Blutes und der deutschen Ehre«, machten aus den intelligentesten und einfühlsamsten unserer Mitmenschen Frei-

Max als Vierzehnjähriger auf der Terrasse
des Kinderheims in Vorderhindelang

wild. Juden konnten nicht mehr Reichsbürger und nicht mehr Gemeindebürger sein, nur Staatsangehörige blieben sie, die Eheschließung mit Angehörigen »deutschen Blutes« wurde ihnen verboten, eine solche Ehe, etwa im Ausland geschlossen, galt als Rassenverrat.

Spätestens jetzt hätte ein Aufschrei der Empörung durch Deutschland gehen müssen, aber die Wahrheit ist, daß Deutschland schwieg. Der Antisemitismus und der Neid auf die Juden waren überall vorhanden, mindestens latent, und wenn kein richtiger Antisemitismus, so doch wenigstens der Zweifel, ob »die Juden« nicht tatsächlich die Ursache von Deutschlands Unglück waren. Dabei fragt man sich heute, was das denn 1935 überhaupt noch für ein Unglück war?

Irgendwann in diesem Herbst befahl Mussolini den Angriff auf Abessinien, die Zeitungen waren voll mit Nachrichten und Berichten, Hitler sympathisierte offen mit Italien und erwarb sich dadurch die Gunst des Duce, er erkaufte sie sich durch Lieferungen von Waffen und Munition.

Rudolf Heß, der Stellvertreter Hitlers, der eigenbrötlerische, fanatische Mann, wohnte zeitweise in Hindelang. Im Herbst spazierte er einsam über die vernebelten Wiesen. Wir Heimkinder redeten darüber, manche wollten ihn gesehen haben, im Lodenmantel. Wir staunten, daß wir einem Großen, dem zweiten Mann nach dem Führer, so nahe waren.

Weihnacht im Heim

Nachhaltiger freilich wirkte das Weihnachtsfest auf mich. Die Mutter wollte mich besuchen und mit meinen Geschwistern in der Bauernpension wohnen, die unterhalb des Kinderheims in der Wiese lag, ein sehr bescheidenes Domizil. Die Krusefamilie würde es ganz ausfüllen, mit allen Zimmern, deren Betten mit hoch aufgetürmten Plumeaus selbst schon den Raum ausfüllten.

Ich verwandelte mich in einen Hirten des Weihnachtsspiels, das vom Heim aufgeführt wurde. Ich schmächtiger Max lernte meine Verse mit Leidenschaft, ich lernte sogar das Singen, obwohl ich doch sonst beim Singen am liebsten im Erdboden versunken wäre vor Scham. Hier sang ich laut, mit noch ungebrochener Knabenstimme. Ich lernte:

Lustige Hirten, freudige Knaben,
Die soviel Lust am Singen haben,
Heißa, juchhei, nun laßt uns singen,
Lustige Weisen sollen erklingen ...

oder ganz ähnlich. Es war ein beliebtes Krippenspiel.

Nun verkörperte ich also einen Hirten, dessen Name mir entfallen ist, und es bestand für mich kein Zweifel, daß meine schauspielerischen Fähigkeiten die aller anderen Mitspieler weit überragten, was vielleicht kein Wunder gewesen wäre, bei so ausschweifender theatralischer Vergangenheit wie die meine: mit eigenem Stück und selbstinszenierter Vorführung zwischen roten Samtvorhängen in Kösen, auch wenn das alles schon Jahre zurücklag.

Zudem hatten wir früher daheim mit verteilten Rollen dramatische Lesungen veranstaltet, die Mutter und die Schwestern, die dabei im dramatischen Finale ihr Theaterleben recht wirkungsvoll auszuhauchen hatten, manchmal auch ich, als griechischer Held. Oder die Mutter hatte packend klassische Balladen deklamiert.

So vorgebildet stand ich mit Knotenstock und Schlapphut im Aufenthaltsraum, dessen Tür sich zusammenklappen ließ, hinter mir breitete sich das Panorama der Allgäuer Alpen aus. Sie waren, schon verschneit, durch die Fenster klar zu erblicken. Und vor mir, auf dem Fußboden verteilt – hockend, lümmelnd, auf Knien, Popos und Mänteln –, saßen die Hindelanger Bauernkinder. Sie staunten mich an, der ich Verse sprach und lauthals sang, und riefen mich, wenn sie mich später im Dorf sahen, mit dem Namen des Hirten, den ich verkörperte. Das machte mich so stolz wie heute einen Fernseh-Seriendarsteller, wenn er auf der Straße erkannt wird.

Vielleicht sah auch die Mutter das Weihnachtsspiel im Heim, mit den Geschwistern, ich erinnere mich nicht mehr daran. Wenn sie es aber gesehen hat, dann mochte sie sich wohl eher ein Lachen verkniffen haben.

Von dem Weihnachtsfest in der Pension ist mir das Prasseln der Scheite im Bauernofen in Erinnerung geblieben. Ich rieche den Duft des Holzes, mit dem die Zimmer getäfelt waren. Auch der Baum ist da, kleiner als daheim, denn die Stube war niedrig, aber mit Äpfeln und Lametta behangen. Nun konnte die Mutter wieder die Kerzen in meinen Augen verlöschen sehen, wie sie es gerne tat.

Den größten Eindruck aber machten mir großformatige Hochglanzfotos, die der Mutter von einer Verehrerin zugeschickt worden waren. Diese Dame war eine leidenschaftliche Puppensammlerin und hatte ihr ganzes Wohnzimmer mit Puppen dekoriert. Sie war vor allem aber die Gattin eines Fleischermeisters aus Immenstadt im Allgäu, also nicht weit von hier, weshalb sie auch so sehr hoffte, die Mutter möge sie besuchen. Ihr, der Gemahlin des Metzgermeisters, oblag es, die Schaufenster der Schlachterei zu gestalten, und dabei war sie auf die originelle Idee gekommen, der Mutter Puppen aus Schweineschmalz nachzuformen, mit beachtlichem Geschick, mit Bordüren auf den ausgestellten Röcken, mit Schühchen und Henkelkörbchen. So standen weiße Schmalz-Kruse-Puppen innerhalb einer Winterlandschaft mit Butzenscheibenhäuschen, deren spitze Giebel ebenfalls weiß waren, aus Schweineschmalz, winterlich verschneit und sehr romantisch. Zur Beleuchtung hingen elektrische Weihnachtskerzen in Girlanden über Püppchen und Häuschen und entfalteten ihren ganzen Zauber.

Es wurde bei uns viel gelacht über diese Bilder, die von Hand zu Hand gingen, nur die Mutter hörte unseren Spott nicht gern, denn: »Man darf sich nicht über den schlechten Geschmack anderer Leute lustig machen. Sie können ja nichts dafür.«

»Aber das ist doch Kitsch!« erklärte der Bruder Jochen respektlos.

»Ach nein, mein Jockerle«, meinte die Mutter. »Das ist kein Kitsch, das ist nur schlechter Geschmack. Kitsch, weißt du, das hat dein Vaterle so definiert: ›Kitsch ist: große Gefühle banal ausgedrückt‹.«

Der Vater hatte dies tatsächlich früher einmal so formuliert, ohne damit den Kitsch in seiner ganzen Spannweite und Vielfalt umschrieben zu haben. Aber für die Mutter wurde diese Definition zum Dogma, weil sie von ihm kam. Ich probierte es auch einige Male in meinem Leben damit und fühlte mich dann intelligent und gescheit. Die Söhne schmücken sich oft mit den Früchten der Väter.

Besuch des Vaters

Wo der Vater war, an diesem Weihnachtsfest, ich weiß es nicht. Vermutlich hielt er sich mit der ältesten Schwester Maria in Berlin auf oder auf der Insel Hiddensee. Und doch hat er mich im Winter einmal besucht, er kam allein. Es mochte der Januar oder Februar 1936 gewesen sein. Da stand der Vater plötzlich im Kinderheim, unangemeldet: ein ehrfurchtgebietender Greis mit langem Bart und kantigem Gesicht, zweiundachtzig Jahre alt.

Sofort bekam ich Heimurlaub. Ich nahm den Schlitten, der Vater setzte sich vor mich und rodelte mit mir die Fahrstraße hinab. »Immer langsam mit die alten Pferde«, brummelte er, ein wenig unsicher. Und als wir unten angelangt waren, streckte er mir seine knochige Hand mit der faltigen Lederhaut entgegen und meinte: »Nu hilf mal Bräseken uff«, frei nach der ständigen Rede der gleichnamigen Romanfigur des plattdeutschen Dichters Fritz Reuter. Ich tat's, und er klopfte sich den Schnee von den Hosenbeinen. »Det hätt' ick ooch nie jedacht, det ick uff meene alten Tage noch Kopp und Kragen riskieren muß! Schön war et ja, aber wir wollen es doch lieba nich wieda tun, hörste?«

Ich hörte es und mochte den Berliner Dialekt des Vaters, den wir Herzblatt nannten.

Er stapfte dann neben mir nach Hindelang, auf dem Wiesenweg, der tief verschneit war. Er wollte zurück in seinen Gasthof. Er stellte mir unterwegs zahllose Fragen, die mir alle unangenehm waren: Ob ick denn lernte und ooch nu endlich fleißig sei? Er hätte det ja nie verstanden, det meene Mutter mir so jarnischt hätte lernen lassen. Det konnte ja nich jut gehen, hatte er immer jedacht. Aber vielleicht wär ja nu endlich bei mir det jewisse Knöppchen uffjejangn und ick setzte mir uff den Hosenboden un machte allet wieda jut. »Weeste, meen kleener Max, deene Mutter hat mit dir immer ihren eegenen Kopp gehabt, da hatte ick nischt zu saachen. Und wenn man so sehr in die Jahre kommt, wie icke ... Ja weeste, meen Kleener, da läßte halt die Frauen alleene machen. Es hat ja doch keen Zweck mehr. Also lernst de nu oder lernst de nischt?«

»Ja, Herzblatt«, flüsterte ich und guckte auf den Boden.

»Aha!« machte der Vater ahnungsvoll. Er steckte sich einen Stumpen an und pustete mir den Qualm entgegen. »Aha! Na, det heest ja nu allet oder nischt. Und so wird's ja wohl ooch sein. Wat soll denn nu aus dir werden?«

Ich zuckte die Achseln und bohrte meine Fußspitze in den Schnee.

Der Vater pustete wieder. Dann schwieg er lange. Und schließlich meinte er lakonisch: »Deene Mutter meint ja, du wirst een Dichter? Nu, denn mach man!«

Ich fand es sehr »rührend« – dies ein Ausdruck der Mutter –, daß er mich besucht hatte. Es schaffte mir auch Ansehen bei den anderen Kindern. So einen uralten, gottähnlichen Vater hatten sie nicht vorzuweisen, nicht einer. Aber im Grunde war ich doch ganz froh, daß er am nächsten Tage schon wieder abreiste. Zu peinlich, zu unbequem waren mir seine Fragen und seine Ermahnungen. Ich wollte meine Ruhe haben.

Meine Ruhe wurde mir gründlich geraubt, denn Christl kam
– vierzehnjährig wie ich.

Am 9. Januar stand sie in der Tür und saß am Abend mit uns
am Tisch, am großen, runden, saß da mit grauem Flanellho-
senrock, hatte entzückende, nackte Mädchenknie, sehr dunkle,
fast schwarze Haare, sehr dunkle, fast schwarze Augen ...
Ich vergaß das Essen, saß nur stumm da und starrte sie an.
Es war die vollkommene Verzauberung, nicht zu vergleichen
mit irgendeiner früheren, und womöglich hat sie sich niemals
wieder so vollkommen wiederholt. Es war ein Schlag ans Herz
– und ich ging zu Boden.

Ich weiß nicht, wie ich das Abendessen hinter mich brachte,
wie die Nacht.

Am nächsten Morgen schon wählte mich Onkel Georg aus,
Christl zur Poststation zu begleiten. Ihre Skier, die mit dem
Bus gekommen waren, mußten abgeholt werden. Ich lief rot
an vor Scham und Glück. Ich stolperte neben dem zierlichen
Mädchen den Hang hinab, in derben, schwarzen Lederstiefeln,
den ausgefurchten Weg, rutschte und taumelte über den holp-
rigen Schnee, über Unebenheiten und Löcher. Christl trug
wieder ihren grauen Hosenrock, der die Knie freiließ, und eine
Strickjacke, einen Lumberjack, der in der Taille eng geschlossen war. Ich fand sie hübscher, als ich je ein Mädchen gesehen
hatte.

Sie schwatzte mit mir über das Skilaufen, fragte, was für ein
Wachs ich benutze, und gab so zu erkennen, daß sie auch etwas
davon verstand.

Dann wollte sie wissen, ob ich einen Groschen verloren
hätte.

Warum?

Weil ich dauernd zu Boden schaute.

Ihre Ski standen an der Autobushaltestelle. Es waren schwere Bretter aus Hickory, dem härtesten Holz, keine leichte
Esche. Und ich, der ich mit schwächlichem Rücken jeder An-

strengung aus dem Weg ging, schleppte sie bis zum Kinderheim empor, den langen, mühsamen Weg, manchmal unter Tannen, die weiße Polster trugen, bergauf.

Damals schlief ich mit einem Günther zusammen im Zweibettzimmer. Dieser Junge war etwas größer, wohl auch reifer als ich. Ich bemerkte gleich, daß er sich ebenfalls in Christl verliebt hatte. Rivalitäten kündigten sich an.

Christl andererseits wohnte mit einem aufgeschossenen, ebenfalls dunkelhaarigen, sehr liebenswürdigen, ein wenig knochigen Mädchen zusammen, das ich zuvor gern gehabt hatte. Sie hieß Carla Hagen und kam aus Potsdam. Dort besaßen ihre Eltern ein großes Haus, über dessen Gartenmauer eine Trauerweide ihre Äste märchenhaft-schleierartig herabhängen ließ, ich sah es auf einer Fotografie. Jude war der Vater von Carla Hagen, ihre Mutter »Arierin«. Damals, so kurz nach dem Erlaß der Nürnberger Gesetze, wurde uns das etwas deutlicher. Carla war also Halbjüdin, wie man sagte. Später verließ sie Deutschland mit ihrem Vater, sie siedelte nach London über, rechtzeitig. Einige Jahre lang wechselten wir noch Briefe, dann verlor ich sie aus den Augen.

Als ich damals am Abend meine Bettdecke aufschlug, lag ein Stück Marzipan darunter, auf meinem Kopfkissen. Das konnte nur von Christl sein. Es war klar, das war ein Dank und ein Gruß. Stolz zeigte ich es Günther, der sich ärgerte – aber dann war der Ärger bei mir, denn Günther fand das entsprechende andere Stück aus dem gleichen Marzipanfisch, sogar das Herzstück, während mir sein Schwanz zugefallen war. Ich wollte mich in mein Bett verkriechen, da ging die Tür auf, und zwei Äpfel flogen herein, auf jedes Bett einer.

Als es still wurde im Haus, schlich ich mich zum Zimmer der Mädchen, drückte die Klinke nieder, trat ein, ging auf nackten Füßen zu Christls Bett. Sie schaute mich aus kaum wahrzunehmenden Augen an. Niemand machte Licht, auch Carla rührte sich nicht und sagte kein Wort.

Ich hielt Christl meinen Apfel entgegen, murmelte: »Danke, du sollst ihn selber essen.«

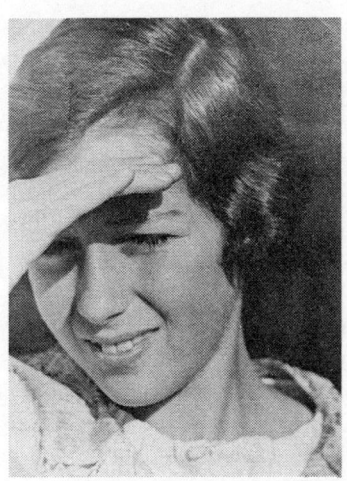

Christl, die Freundin
im Alter von 14 Jahren

Sie widersprach nicht. Als sei es die selbstverständlichste Sache der Welt, nahm sie ein zierliches Taschenmesser aus der Schublade, zerschnitt den Apfel, gab mir eine Hälfte und biß in die andere. Es krachte. Nichts hätte mir bedeutungsvoller erscheinen können. Das Blut schoß mir zu Kopf, und ich raste aus dem Zimmer. Bei mir angekommen, trat ich ans Fenster. Über dem Tal, über dem Berg stand der volle Mond. Sein Licht floß an den Hängen hinab.

Wir besuchten gemeinsam die Schulstunde von Herrn Pflüger. Immer schauten wir gebannt auf seine Nase, ob sich die Warze nicht irgendwie verändert hatte. Manchen Kindern erschien sie mal blau, mal rötlich, mal violett, andere wisperten, daß er sich in hellen Mondnächten, so wie gestern, von einer Hexe besprechen ließe. Das dunkle Haar, das ihrer Mitte entsproß, schnitt er oft ab, aber immer wieder wuchs es neu, wie eine Schweinsborste.

Christl zeichnete eine Karikatur des Unglücklichen in ihr Heft. Sie war recht ähnlich. Herr Pflüger trat hinter sie, sie wurde rot – wir erwarteten einen Wutausbruch. Doch Herr Pflüger schob nur die Unterlippe ein wenig vor, sagte nichts und gab uns Goethes Erlkönig zu lernen auf.

Am Sonntagnachmittag versammelte O-Gé seine Heimkinder im Eß- und Aufenthaltsraum. Er sang mit ihnen Volkslieder, das mochte ich. Vor allem war mir der »Meerstern, ich dich grüße, ooho Mahariihaa hilf!« irgendwie aus dem Herzen gesprochen. Auch den »Jäger aus Kurpfalz« hatte ich gern, aber am meisten vielleicht: »Ade nun zur guten Nacht, jetzt wihird der Schluß gehemacht, daß ich muhuß scheiheiden ...« Da ließ ich im Sommer den Klee blühen und im Winter den Schnee fallen – da kam ich dann wiehieder.

Leider ließ O-Gé es nicht mit den bekannten Volksliedern bewenden. Er saß auf dem Stuhl vor uns, ein Bein hochgezogen, trug Knickerbocker, Überfallhosen, sie galten damals als sehr männlich, besonders mit zopfmusterigen Wadenstrümpfen und Haferlschuhen. Wir waren im Halbkreis um ihn, teils auf Stühlen, teils auf dem Boden.

Ich kann mich nicht erinnern, daß O-Gé der Nazi-Partei angehörte oder irgend etwas mit ihrer Ideologie im Sinn hatte, ein Wandervogel war er seiner Art nach schon eher, und in seiner Seele jugendbewegt, also der Jugendbewegung anhängend, die im Oktober 1913 auf dem Hohen Meißner bei Fackelschein und loderndem Feuer gelobt hatte, aus eigner Bestimmung und vor eigener Verantwortung, mit innerer Wahrhaftigkeit das Leben zu gestalten und für diese innere Freiheit unter allen Umständen geschlossen einzutreten.

Onkel Georg konnte 1913 natürlich noch nicht mit auf dem Hohen Meißner gewesen sein, aber ich könnte ihn mir gut dort vorstellen, auf der windigen Höhe am brennenden Holzstoß. Ein »Wandervogel« hätte er sein können, vielleicht war er es gewesen. Hier war der flammende Holzstoß mein Herz – oder sagen wir bescheidener: das Holzscheit. O-Gé sang selbstgedichtete Schnaderhüpfer, besang jedes der Kinder:

> *Die Carla, die lange, die braune, die Schlange,*
> *Die hat einen Blick, ach da wird mir fast bange!*

Er sang:

> *Der Günther, der dicke, der runde, gesunde,*
> *Der spricht mit den Händen und ißt mit dem Munde.*

So weit, so gut. Ich sang das allgemeine »Holladrihia, Holladriho« einigermaßen munter mit, schon etwas ängstlich, unsicher, was wohl folgen mochte.

Und dann kam:

> *Im oberen Flur mußte Christl heut fegen,*
> *Da hat Maxels Herzchen in Scherben gelegen.*

Jetzt fühlte ich mich gekränkt, voller Scham, meine heiligsten Gefühle waren ans Licht gezerrt worden. Ich verbiß mir die Wut, sie schnürte meine Kehle, und nach dem Singen rannte ich aus der Stube. Im Gang erwischte mich Christl, sie schien ganz heiter, sah mich rätselvoll an und meinte: »Diese Singerei von Onkel Georg ist doch blöd, findest du nicht auch?«
Ich nickte. Aber ich liebte sie nur noch inniger.

Herr Pflüger nahm auf seine Weise Stellung zu meiner Verwirrung. Er bat mich zu sich ins Schulhaus. Er saß mir mit der Warze am großen, runden Tisch gegenüber und redete als Erzieher mit mir, der es gut mit mir meinte: »Du trittst jetzt in ein neues Stadium deines Lebens ein«, sagte er, zunächst selbst verlegen, doch sprach er sich frei. »Langsam wirst du erwachsen. Das ist nicht leicht, ich weiß es!« Und dann wollte er mich vor Irrtümern und Enttäuschungen bewahren, denn er merke doch, daß ich ganz besonders leicht aus der Bahn zu werfen sei. »Hänge dein Herz noch nicht an ein Mädchen«, meinte er und blickte mich dabei verhangen an. »Hänge dein Herz nicht an sie. Sonst wirst du Schmerzen leiden. Gib dir einen Ruck und schüttle alles ab. Es ist noch zu früh!«
Ach, was weiß denn der, dachte ich und pulte am Fingernagel.
Aber Herr Pflüger wollte, daß ich ihm mein Herz öffne, und behauptete, daß er nicht nur mein Lehrer geometrischer For-

men sei, sondern auch mein älterer Kamerad, der den Reiz, der vom Weibe ausging, aus eigener, wenn auch bitterer, Erfahrung kenne. »Jeder kann sehen, was mit dir los ist«, warb er weiter, »das bekümmert auch mich. Du schläfst nicht mehr richtig, du wirst blaß und hast Ringe unter den Augen.« Dann legte er seine Lehrerhand auf meine Knabenhand, die ich nicht wegzuziehen wagte: »Vergrab dich lieber in die Arbeit, Arbeit hilft über alles hinweg. Ja, das Herz blutet so leicht!« Dabei sah er grauer aus im Gesicht als ich, und seine Warze bemerkte ich nicht mehr. Die Mutter hätte sich genauso ausdrücken können.

»Ich weiß wirklich nicht, wovon Sie reden«, behauptete ich und wußte es nur zu gut.

Das war auch Herrn Pflüger klar. Er ließ es durch ein kurzes Lachen erkennen, halb ironisch, halb traurig. »Dann geh jetzt«, meinte er. »Aber vergiß nie, daß du immer zu mir kommen kannst, ich bin immer für dich da!«

Das war nun sicher sehr nett, doch ich honorierte es ihm nicht. Draußen war ich schnell. Und da standen die Kameraden und warteten auf mich. »Glotzt mich nicht so an!« rief ich ihnen, so wütend wie verlegen, zu.

Am gleichen Abend war eine Mondfinsternis. Um sie zu sehen, versammelten wir uns vor dem Heim. Es war bitterkalt. Zunächst leuchteten unsere Gesichter noch im Licht. Oben hing der ferne Trabant, rund und voll, eine Silberscheibe. Dann kroch ein Schatten heran, bedeckte ein Stück, kroch weiter – es wurde auch dunkler unten bei uns, und unsere Gesichter verschatteten. Dann war oben nur noch eine schmale Sichel zu sehen – schließlich nichts mehr, da war der Mond braungrau, ein Stück der Nacht, bis seine Scheibe wieder heller wurde und die Dunkelheit über sie hinauswanderte.

Den Kindern wurde kalt. Sie hatten genug gesehen. Nun wurde es langweilig. Nach und nach gingen sie ins Heim zurück. Nur Christl stand noch da und schaute an den Himmel, auf den strahlenden Erdbegleiter. Wir schwiegen beide. Aber mir schien, als ob ihre Schultern ein wenig zitterten. Sie trug ja nur einen dünnen Pullover. Da zog ich meine Jacke aus und legte sie ihr über. Sie schaute mich an. In ihren Augen spiegelte sich jetzt der Mond. Er schien mir nie schöner.

Dann änderte sich das Wetter, schlagartig. Die Nacht wurde tiefdunkel, diese oder eine andere. Ich lag im Bett und lauschte auf die Geräusche im Haus, ich lauschte nicht auf den Wind, der ums Haus heulte und an den Fenstern rüttelte, ich lauschte auf ein Knacken der Diele im Flur, auf ein leises Türenschlagen. Günther schlief bereits. Wie konnte er schlafen? Ich wußte die Antwort: weil er nicht wirklich liebte, das war es! Ein »Wohlbeleibter, die da nachts gut schlafen«, das war er.

Mich störten seine satten, ruhigen Atemzüge. Ich stand auf. Aus dem Dorf schlug es Mitternacht. Ich trat ans Fenster. Nun hörte ich, daß der Regen rauschte – der Regen! Ich machte die Tür auf und schlich im Pyjama auf den Gang. Da stand eine schmale Gestalt am Fenster. Ich wußte, wer es war. »Konntest du auch nicht schlafen?« fragte ich leise.

Christl nickte.

»Wie das regnet. Jetzt ist es aus mit Schnee und Skilauf.«

Sie nickte wieder. Vorsichtig bewegte sie den Griff, öffnete das Fenster, leise. Wenn uns nur niemand hörte! Ein Erwachsener etwa! Das wäre schlimm gewesen.

Der Wind fuhr uns in die Haare, doch er wehte hier sanft, denn er kam von der anderen Seite über das Haus. Wir lehnten uns hinaus und sahen, wie sich die Schneeflächen in schmutziges Grau verwandelten.

»Blödes Vorderhindelang, blödes Allgäu«, flüsterte ich. »In Arosa hätte es so etwas nie gegeben, Regen im Januar!«

»Aber ich wäre nicht in Arosa gewesen«, erwiderte sie flüsternd.

Wie wahr. Es schlug mich fast um. Und jäh erhellte sich der Horizont über den Bergen. Ferner Donner grollte: Wetterleuchten. Ein Gewitter im Winter.

Ich schob meinen Arm an Christl vorbei und faßte den offenen Fensterflügel. Nun stand sie zwischen mir und dem

Sturm. Sie erschien mir so zart, so zerbrechlich im seidenen Morgenrock, ihr Gesicht so bleich, ihre Haare so weich! Wie sie duftete. Ich wagte nichts zu sagen, spürte ihre Schulter an meinem Arm, sah ihre kleine, weiße Ohrmuschel nahe vor mir. Und mein Herz schlug! Das war alles. Aber es war fast schon zuviel.

Christl war es, die zuerst wieder sprach: »Riechst du es? Das ist der Frühling.«

Unten ging eine Tür. Wir flogen auseinander, in unsere Zimmer.

Dann, im rieselnden Regen machten wir einen Spaziergang. Es ging zu einer Ruine. Wir rannten neben den Wegen auf weichem Waldboden. Christl neben mir, ich stolperte über eine Wurzel, streifte im Fallen ihre herabhängende Hand mit den Lippen, lag schon zu ihren Füßen, dachte, jetzt hab' ich sie geküßt, aber sie hat es nicht gemerkt, sprang schnell auf und lief davon.

Bald entdeckte ich einen flachen, sehr dünnen Stein auf dem Boden, grauer Schiefer. Brüchig war er, das sah ich auf den ersten Blick, ich hob ihn auf, wog ihn in der Hand, dachte, wenn es mir gelingt, ihn auseinanderzubrechen, dann liebt sie mich. Der Stein brach gleich, hinterließ bröselnden Staub.

Und ich raste wieder davon, toll vor Freude.

Später saßen wir im Klassenzimmer und lernten den Erlkönig auswendig, unsere Schulaufgabe. Wir waren zu dritt: Günther, Christl und ich. Christl kritzelte etwas auf einen Zettel, sie hatte den Ellenbogen aufgestützt, den Kopf auf der Hand, die Haare hingen über ihre Stirn.

Ich mühte mich:

Wer reitet so spät durch Nacht und Wind . . .
Wer reitet so spät . . . wer reitet . . . reitet . . .
Ach, zum Teufel, mochte doch reiten, wer wollte.

Ich liebe dich, mich reizt deine schöne Gestalt,
Und bist du nicht willig, so brauch' ich Gewalt . . .

das war es, das konnte ich auswendig, ohne es zu lernen, das kam aus meinem Herzen, das hätte von mir gedichtet sein können. Auf einen kleinen Zettel, kaum größer als meine Hand, schrieb ich es und verbarg ihn zerknüllt darin.

Günther lernte. Er schien uns nicht zu bemerken, hatte seine Sache wohl verloren gegeben.

Ich flüsterte Christl zu: »Was schreibst du da?«

»Ach, nichts! – Aber du?«

Ich zuckte mit den Achseln und riß den Zettel entzwei, ließ nur drei Worte stehen. »Drei Worte.« Sie konnte es sich vielleicht denken. Sie wurde rot – und ich wurde rot, und wir schwiegen beide, schauten auf den Tisch. Bis ich fast unhörbar sagte: »Gib mir deinen Zettel!«

»Nein!« rief sie erschrocken und riß ihn ebenfalls in kleine Stücke. Die ließ sie vor sich liegen. Langsam schob ich meine Hand vor. Sie tat, als merkte sie es nicht. Ich fügte das Puzzle zusammen.

»Ich bin verliebt in Max«, stand da, mit Rissen dazwischen. Aber sie schrieb nur »verliebt«, nicht: »Ich liebe ...« Das dämpfte mein Glück. Ich schluckte.

Christl sah's. »Ach, das durftest du nicht«, meinte sie leise. Wortlos reichte ich ihr meinen Zettel, sie las ihn und verbarg ihn in ihren Händen. Wir schauten uns nicht an. Günther beachtete uns nicht.

Dann kam der Gong zum Abendessen. Christl schoß hoch, an uns beiden Jungens vorbei und aus der Tür.

Wir spielten Verstecken im Wald. Alles wurde bedeutsam. Wir tauschten unsere Jacken, damit die anderen, die uns suchen mußten, in die Irre geführt wurden. Sie wurden es.

Wir saßen hinter regenfeuchten Büschen, aber voneinander getrennt, tief auf dem Boden gekauert. Wir waren hinter einem Heustadel. Ich lehnte an der Holzwand, Christl saß vor mir auf einem Stein, einige Meter entfernt. Mich konnte kein anderer sehen, die Hütte verbarg mich, sie aber nicht. Ich streckte die Hand aus, lockte: »Komm zu mir!«

Sie schaute irgendwohin, nur nicht auf mich. »Komm doch du zu mir«, antwortete sie.

Wie konnte ich das, man hätte mich doch gesehen. »Bitte, komm«, bat ich drängender, »gib mir endlich einen ...«

»Was?«

Ich wagte es nicht zu sagen, machte nur »Ach« und bohrte mit der Schuhspitze ein Loch in den feuchten Grund.

»Du mußt ihn dir schon holen«, lockte sie.

Dann stand sie auf und ging langsam fort.

Als sie später die Klinke zum Schulzimmer niederdrückte, faßte ich ihre Hand. Wir waren allein. Sie schaute auf. Kurz und sehr flüchtig berührten sich unsere Lippen. Ein spröder Kuß. Gleich wendeten wir uns voneinander ab und liefen auseinander.

Christl mußte das Heim verlassen. Sie war nur für eine kurze Zeit gekommen, ich weiß nicht warum. Es waren vielleicht familiäre Gründe gewesen. Wir saßen auf meinem Bettrand und erzählten uns von unseren Eltern, von unserem Zuhause. Christl kam aus Hamburg-Altona. Ihr Nachname war melodisch, mit einem lateinischen Klang – Rhenius. Der Vater besaß ein großes, vornehmes Haus in einem großen, vornehmen Park.

»Was hat dein Vater für einen Beruf?« wollte ich wissen.

Sie guckte an die Wand. »Das mag ich nicht sagen«, antwortete sie.

Das war ja sonderbar! Verbrecherkönig würde er doch wohl nicht sein, oder? Später erfuhr ich es. Der Vater war Rechtsanwalt, Syndikus großer Reedereien. Es war ihr nur zu mühsam gewesen, mir das zu erklären.

Heimlich trafen wir uns im Schlafzimmer der Mädchen. Günther setzte sich auf Carlas Bett. Der Mond schien wieder durch das Fenster, silbernes Licht. Es lag auf Christls Gesicht. Ein Strahlen. Es brannte keine Lampe. Ich weiß nicht, was die anderen taten, jedenfalls – sie liebten sich nicht.

Da küßte ich Christl. Vielleicht küßte auch sie mich. Ihre Lippen waren rauh und weich zugleich.

Am nächsten Abend hatten wir Jungens uns wieder ins Zimmer der Mädchen geschlichen, wieder saß ich bei Christl. Ich las Tiergeschichten von Manfred Kyber vor. Meine Stimme zitterte vielleicht vor übergroßem Gefühl. Die Geschichten waren aber auch hübsch: »Ja, sagte das Krokodil zum Äffchen, kommen Sie runter, ich will Sie fressen!«

Das Äffchen dachte nicht daran. Christls Kopf lag auf ihrem Kissen. Sie hörte zu und lächelte.

Nach dem Vorlesen löschten wir das Licht. Man konnte nicht einmal von einem Bett zum anderen sehen, so dunkel war es. Christl rückte nah zu mir heran. Ich atmete den Duft ihrer Haare. Noch immer ungeschickt, berührten sich unsere Lippen. Sie schob mir ein Kissen in den Rücken. Vorsichtig wanderte meine Hand unter ihre Pyjamajacke an der Wirbelsäule empor und auf die Schulterblätter. Wie zart ihre Haut war. Da ließ ich die Hand liegen. Mehr wagte ich nicht. Wagte kaum, die Hand zu bewegen. Ich küßte ihre Haare und ihren Nacken.

Carla und Günther bemerkten nichts. Sie schliefen, auf dem Bett gegenüber. Sie atmeten ruhig. Günther schnarchte sogar leise.

Später weckte ich ihn. Wir schlichen aus der Stube der Mädchen, standen im dunklen Gang.

Da überwältigte mich der Gedanke: Jetzt ist alles vorbei ...

Am nächsten Morgen reiste Christl ab. Ich saß auf der Bank vor dem Haus und schaute ihr nach. Sie drehte sich um und winkte: eine kleine Hand.

Mir erschien die Welt trostlos und grau. Ich stand schnell auf und ging in mein Zimmer. Günther ließ mich allein. Er verstand wohl. Er war jetzt ein Freund.

Ich weiß kaum, wie ich die nächste Zeit verbrachte. Ich ging wie verloren umher. Mein Herz war schwer. Gleichzeitig aber war es leicht. Es war etwas Wunderbares geschehen, ich hatte geliebt, und ich wurde geliebt. Ich flog, und ich lag doch tief am Boden, denn Christl war nicht mehr da. Ich schrieb ihr auch nicht. Wohl besaß ich ihre Adresse und hütete sie. Doch jetzt gab es noch nichts zu sagen. Ich war ja wie benommen. Und man ließ mich. Onkel Georg zeigte schweigend Verständnis. Vielleicht war er auch durch viel größere Dinge in Anspruch genommen, von einer kleinen Tragödie, deren Beginn noch vor Weihnachten gelegen hatte, vor der Zeit der Kerzen und duftenden Tannenzweige im Heim. Eine »Tante« hatten wir, Hanna – auch Ta-Ha genannt. Sie saß oft in ihrem Kämmerchen, dann brannte auf ihrem honigfarbenen Schreibpult eine Kerze mit tröstlichem, flackernden Licht, und es roch nach Tannenzweigen. Eine innige Zeichnung der heiligen Mutter mit dem heiligen Kind in Rötel, von Ruth Schaumann, hing an der Wand, ein bißchen nahe am Kitsch, mir wurde erzählt, daß Ruth Schaumann blind oder taub oder stumm war, ich betrachtete ihre Werke deshalb immer mit scheuer Bewunderung.

Ta-Ha hatte Tränen in den Augen. Wir mochten sie besonders gern, sie war ein weiches, hübsches und wohlgeratenes Mädchen, sauber von Herz, Seele und Gewand, duftend nach Reinheit und Nivea – ja, rein und blond war Ta-Ha mit ihren streng gescheitelten Haaren. Und diese sanfte Reinheit bekam ein uneheliches Kind, das war schlimm und eigentlich eine Schande. Wer der Vater war, blieb lange verborgen, sie verschwieg es. »Sie schützt ihn«, hieß es. Daß es eine gar so große Schande war, konnte ich selbst ja nicht finden, hatte doch auch die Mutter zuerst zwei uneheliche Kinder gehabt, die nun meine hochanständigen Schwestern waren, und man sah weder ihnen noch der Mutter etwas an, die selbst ja auch unehelich geboren worden war, vor langer Zeit, im vorigen Jahrhundert. Da konnte ich an Ta-Ha nichts Böses entdecken. Vielleicht taten dies nicht einmal Ta-Frie und O-Gé, Elfriede und Georg Ehlert, unsere Heimleiter, aber einige Eltern mochten so eng denken, sie meinten womöglich, ihr Kind nicht einer »Tante« anvertrauen zu können, die so unmoralisch war.

Ta-Ha ward also gekündigt. Deshalb vor allem hatte sie feuchte Augen. Wir wollten alle, daß sie blieb. Aber sie schüttelte den Kopf:»Es geht nicht.«
Ob die Fliege – Herr Pflüger – der Vater des Kindes war? Es wurde getuschelt. Geheiratet haben sie damals nicht – in diesen Vorfrühlingstagen, aber beide waren plötzlich verschwunden, und ich verstand Herrn Pflügers warnende Worte in seiner Unterhaltung mit mir nun etwas besser.

Ins Deutsche Jungvolk

Ein neuer Lehrer kam, ohne Warze. Er war forsch, bewirkte aber beim Lernen doch auch nicht mehr. Er hieß Herr Bensing. Ich mochte ihn eigentlich recht gern, insofern ich damals überhaupt Sinn für andere, erwachsene Menschen gehabt hatte. Denn nur sehr langsam nahm ich wieder Teil am allgemeinen Leben. Mein Interesse kehrte zurück. Max Schmeling – mein Vornamensvetter! – schlug Joe Louis, den schwarzen Amerikaner, im Boxring k.o. Ich empfand Stolz. Wir Kinder schwatzten miteinander über diesen »deutschen« Sieg. Wir hatten einen Helden, es war, als hätten wir selber gesiegt.

Auch die Politik ließ uns nicht ruhen. Als der Schnee um das Kinderheim endgültig schmolz, als mehr und mehr Gras auf den Wiesen sichtbar wurde, noch graugrün und überfeucht, als die Sonne die Eiszapfen an den Dachrinnen zum Schmelzen brachte, die dabei länger und spitzer wurden und blitzend tropften, ließ Hitler deutsche Truppen ins entmilitarisierte Rheinland einmarschieren. Das verstieß gegen den Versailler Vertrag. Kurzzeitig roch es nach Krieg, Wer weiß, vielleicht wäre viel größeres Unheil vermieden worden, wenn die Alliierten damals eingegriffen hätten. Aber sie ließen »den Führer« gewähren. Das war am 7. März 1936. Der Frühling kam. Und die Deutschen empfanden es überwiegend als eine befreiende Tat, erfreut auch über die Aussicht, daß bald jeder einen Volkswagen bekommen konnte, der weniger kosten sollte als tausend Mark.

Herr Bensing drängte mich, ins Deutsche Jungvolk einzutreten, zu den Pimpfen, den kleinen Hitlerjungen. In die richtige Hitlerjugend rückten wir dann später automatisch nach. Ich war unschlüssig. Organisationen dieser Art waren mir lästig. Daß ich aus politischen Gründen Aversionen gehabt hätte, wäre gewiß zuviel gesagt gewesen. Doch Begeisterung beflügelte mich auch nicht, und ganz geheuer war mir die Sache nicht. Anderseits – es waren ja alle meine Schulkameraden im Jungvolk, wieso sollte ich da eine Ausnahme machen? Mit welchem Recht und mit welcher Begründung? Und war das alles nicht eigentlich mehr wie ein Pfadfinderspiel?

Ich unterschrieb schließlich den Aufnahmeantrag und teilte es der Mutter brieflich mit. Sie telegrafierte zurück: »Es war recht, daß Du unterschriebst, frohe Ostern.« Doch das Telegramm kam ohne die Kommas an. Ich hatte meine Unterschrift schon vergessen, nun verstand ich den Text nicht. Wieso war es recht, daß ich »frohe Ostern« unterschrieb? Wo hatte ich jemals frohe Ostern geschrieben? Sehr allmählich erst dämmerte mir der Zusammenhang.

Im Jungvolk ging man rücksichtsvoll mit mir um. Ich sehe mich im Frühsommer in einem Kreis von Buben um niedrige Latschenkiefern gelagert. Wir trugen schwarze, kurze Kordsamthosen und braune Hemden. Wir lauschten der begeisterten Schilderung unseres Scharführers von der Überlegenheit der deutschen Waffen. Ein Verkehrsflugzeug zog hoch über den sommerblauen Himmel. Jede unserer Flugabwehrkanonen, genannt Flak, wäre in der Lage gewesen, es von dort oben herabzuholen, so treffsicher waren sie alle. Wir brauchten keine Angst zu haben, vor keinem Feind der Welt. Und im übrigen wollte unser Führer ja den Frieden und nichts als den Frieden, er versicherte es immer wieder. Und daß die Flugabwehrkanonen eben keine Angriffswaffen waren, lag doch auf der Hand.

Die Latschen verströmten einen würzigen Geruch, und das

Flugzeug war am Himmel verschwunden. Alles Gerede von Krieg und Waffen war weit, weit weg. Doch so ganz weit war es wohl doch nicht, nur für mich war es weit. Im Juli begann der spanische Bürgerkrieg. Hitler stellte sich auf General Francos Seite, er schickte ihm die Legion Condor zur Unterstützung, deutsche Waffen, deutsche Soldaten, aber keine Reichswehr, nein, Hitler griff ja nicht selbst offiziell in den Krieg ein, er schickte nur »Freiwillige«.

Und ich lag in der Sonne auf der Terrasse. Auch in Vorderhindelang gab es Liege- und Ruhestunden. Ich las mit glühenden Backen »Die drei Musketiere«, doch schaute ich auch schon in Goethes »Faust«, ja, ich konnte den Anfang fast auswendig. Herr Bensing wunderte sich über so verschiedenartige Neigungen. Ich machte keine Unterschiede. Aber ich wußte sehr wohl, daß die Mutter sie machen würde.

Vielleicht war es der »Faust«, der mich veredelte? Man fand im Heim, ich hätte einen so guten Einfluß auf andere Kinder. Man gab mir einen neuen Zimmerkameraden, den man schwer erziehbar nannte. Ich fand ihn reizend, ich mochte ihn sehr, und er mochte mich. Willig ließ er sich von mir »günstig beeinflussen«, ohne daß wir beide etwas davon merkten. Aber es ist sehr wohl möglich, daß ich ihm Gedichte vortrug und daß er dafür empfänglich war. Zum Verwundern wäre das nicht gewesen, denn er kam aus literarischem Hause, er hieß Klaus Reclam und war verwandt mit dem berühmten Verleger, ein Neffe vielleicht. Und gerade der Reclam-Verlag hatte ja viele Dichter in billigen Ausgaben verlegt, darunter sogar Goethes »Faust«.

Für den »Faust« war Klaus noch zu klein, er war drei Jahre jünger als ich, ein zierlicher Knabe und wie ein Kobold. Wenn wir uns zum Waschen ausgezogen hatten, betrachteten wir uns wohl auch in ganzer, gottgewollter Nacktheit und betrachteten das, was uns einmal zu Männern machen sollte, in nicht allzuferner Zukunft, woran wir nicht zweifelten. Bei diesen betrachtenden Gesprächen blieb es, und die Mär von meinen veredelnden Einflüssen konnte sich halten. Möglicherweise war das Geheimnis, daß ich Klaus Reclam in keiner Weise zu veredeln versuchte, sondern mit ihm war, wie ich halt war – ähnlich wie er, und jedenfalls sehr herzlich. Nur daß ich vielleicht mehr Gedichte las.

So kam also der Sommer, und mit ihm näherten sich auch die großen Ferien. Es war ausgemacht, daß ich diese – über Berlin und die Olympischen Spiele fahrend – auf Hiddensee verbringen durfte, in unserem Haus, der Lietzenburg. Doch die Ferien begannen in Norddeutschland früher als bei uns im Allgäu. Deshalb reisten einige Ferienkinder aus Hamburg an, während ich noch im Heim war. Ich wurde kurzzeitig ausquartiert und logierte allein in Onkel Georgs kleiner Bibliothek. Ich lag auf einer Liege, die in die Bücherregale eingefügt worden war, und fühlte mich wohl. Ich durfte das Grammophon benutzen und spielte mir Mozarts Duett aus dem Don Giovanni: »Reich mir die Hand, mein Leben« vor, ununterbrochen, bis zu meiner Mitmenschen – nicht jedoch zu meiner – Erschöpfung, und bis man mich bat, mir doch um Gottes Willen einmal etwas anderes reichen zu lassen. Wie konnte ich das, da ich dabei an Christl dachte, jetzt wieder mehr als sonst schon, denn die Ferienkinder kamen ja aus Hamburg, und das war auch Christls Heimatstadt, sie hatten die gleiche Luft wie sie geatmet.

Ich mochte diese Kinder sehr, übrigens nicht nur um Christls willen, sie waren auch sonst liebenswert, sehr adrett gekleidet, sehr fröhlich und besonders herzlich zu mir. Meine Erinnerung an sie ist nicht mehr klar; aber von großer Freundschaft, von Eintracht weiß ich, und ich halte es nicht für unmöglich, daß ich mich wieder verliebt hätte in eines der Mädchen, wenn wir nur länger zusammengeblieben wären. Ich genoß die Sommerabende mit ihnen auf den Wiesen und Bergalmen bei Hindelang. Da gab es dunkle Tannen und klare Sterne und ein Übereinstimmen der jungen Seelen. Ich weiß noch, daß ich um dieser Kinder willen sogar höchst ungern heimgefahren bin, in die Ferien, daß ich mir ernsthaft überlegte, ob ich

nicht in Hindelang bleiben solle – und vieles in meinem Leben
wäre gewiß anders gekommen, wäre ich damals im Heim geblieben. Es hätte dann nach den Ferien keine Rückkehr hierher
gegeben, kein Heimweh, keine Flucht, die mein Leben gründlich veränderte. Doch ich blieb nicht. Zu groß waren die Ver-
lockungen, zu ereignisreich sollte schließlich auch die Zeit sein,
die vor mir lag.

Berlin im Fahnenmeer

Die Jugend der Welt kam nach Deutschland zu den Olympischen Spielen, eingeladen vom Führer, so schrieben es die Zeitungen. Und sie folgte der Einladung unseres Führers, diese
Jugend der Welt. Sie kam zu uns zu einem Fest der Freude und
des Friedens – gewaltig waren die neuen Bauten auf dem
Reichssportfeld, bewußt im klassisch-griechischen Stil gehalten, so erzählte man, und so kam es mir ja auch vor, denn die
olympische Idee kam auch aus Griechenland, mit dem Feuer,
wir sahen es im Kino in der Wochenschau, in Schwarzweiß,
aber mit feierlicher musikalischer Untermalung. Wir sahen die
jungen, die wohlgewachsenen Menschen, die das Feuer ent-
zündeten und die Fackeln trugen – bis nach Berlin, bis in die
Hauptstadt unseres Deutschland.
Ich wohnte in Berlin in der Seesener Straße 30, ganz dicht
am S-Bahnhof Halensee, in unserer Atelierwohnung. Sie war
vor allem Bruder Jochens Domizil ... Ich liebte diese drei
Zimmer mit den schrägen Wänden unter dem Dach, mit den
großen Fenstern im Dach, ich liebte die einfach gezimmerten,
schwarz gestrichenen Möbel, liebte alle Bilder an den Wänden,
die Zeitschriften der eleganten Welt, die der modebewußte
Bruder hielt – alles war hier wie eine Pforte zum Wunderbaren,
und das war es erst recht in diesem Jahr, wo die Mutter mit uns
im offenen Auto, der »Trudel«, grau von Farbe und schnittig,
durch die Reichshauptstadt fuhr, hinaus zum Olympiastadion

und unter einem Wald von Fahnen, Fahnen der ganzen Welt und in der ganzen Buntheit der Welt, zu Sträußen gebündelt auf den Straßenkreuzungen, und im Tageslicht, in der Sonne leuchtend, nachts von Scheinwerfern angestrahlt.

Die Mutter schien glücklich zu sein. Es ging aufwärts mit ihrer Firma. Ihre Kinder, das Jockerle und das Finerle – der Bruder und die Schwester – arbeiteten mit wachsendem Erfolg an den verstellbaren Schaufensterfiguren. Zu den Kindern waren inzwischen Erwachsene gekommen, eine Dame »Margarete«, deren Kopf die Schwester Fifi modelliert hatte. Der Bruder Jochen steckte ihr Kleider aus fließendem Stoff und fotografierte sie in raffiniertem Licht, so daß aus den kunsthandwerklichen Figuren modische Mannequins wurden. Im eleganten Seidenhaus Michels in Berlin hatte Jochen das Dekorieren und das Stecken von Kleidern aus nichts als aus Stoffen gelernt, auf Wunsch der Mutter. Immer verfolgte diese ja all ihre Pläne mit Vitalität und Intensität. Sie reiste immer noch, dekorierte, entwickelte neue Modelle, unterstützt nun von diesen beiden Kindern, dazu noch zeitweise von Michel, dem Physiker, der bei der Konstruktion der Metallskelette half.

Damals also war die Mutter voller Zukunftshoffnung. Das Fest der Olympischen Spiele war wie eine schöne Begleitmusik dazu, eine Bestätigung auch, daß der Führer es richtig machen würde und daß man ihn nun auch im Ausland anerkannte. Man fand, es sei schon erstaunlich, was dieser Mann zustande gebracht hatte, in so kurzer Zeit. Die ganze Welt huldigte ihm, und viele ausländische Olympiamannschaften grüßten ihn beim Einmarsch ins Stadion mit dem ausgestreckten Arm, dem Hitlergruß, den man flugs in olympischen Gruß umbenannte. So taten es die Franzosen, so hatten es die Briten schon in Garmisch-Partenkirchen zu den Winterspielen getan. Nein, er wollte keinen Krieg, er wollte überhaupt nichts Böses, das sah man jetzt wieder. Sie hielt meine Hand im Auto und blickte auf die Fahnen, die so festlich an uns vorüberglitten, und hoffte, daß auch ich glücklich sei und in Zukunft glücklich werden würde. Im Augenblick war ich es.

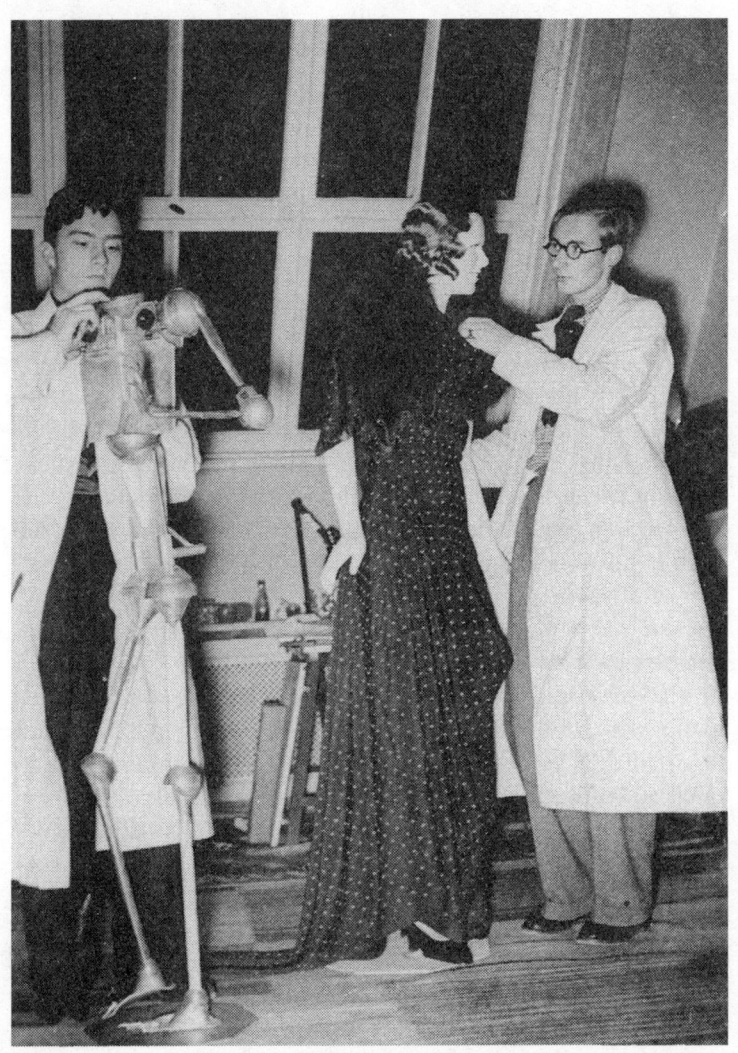

*Die Brüder Michel und Jochen bei der Arbeit
im Berliner Atelier*

Von Berlin fuhr ich nach Hiddensee, in die verwunschene Welt, auf die helle, kleine Insel. Anmutig ausgestreckt windet sie sich durch den Bodden, das Wasser der Ostsee nördlich Stralsund. Sie ähnelt einem Seepferdchen, das zierlich vor dem großen Rügen liegt. Man erreichte Hiddensee damals nur über Stralsund mit dem Dampfer, die Fahrt dauerte über zwei Stunden, es war also nicht gut möglich, in einem Tag hin und zurück zu reisen, wodurch die Tausende von Tagesausflüglern ferngehalten wurden, die sich heute über dieses zauberhafte Eiland ergießen, von seinem Charme nichts ahnend und ihn zerstörend. Hiddensee war damals wirklich noch eine stille Insel, nicht gerade verlassen, nicht ganz einsam, aber doch besucht nur von Menschen, die ihre Eigenart zu schätzen wußten. Vor allem waren es Künstler, Maler, Schriftsteller, Schauspieler, die nach Hiddensee kamen. Gerhart Hauptmann schrieb 1935, daß sich Hiddensee zum geistigsten aller deutschen Seebäder entwickelt habe, und so wurde es für mich heranwachsenden Knaben auch zu einem geistig-künstlerischen Erlebnis, dessen Einfluß ich nicht hoch genug einschätzen kann. Es war der einmalige Zusammenklang von makellos-reiner Landschaft und menschlicher Substanz, der auf mich einwirkte und den ich in mich aufnahm, so intensiv, wie ich es nur damals vermochte und wie es sich zu keiner Lebenszeit wiederholen läßt.

Kam ich am Stralsunder Bahnhof an, lief ich, ohne die rote Backsteingotik der alten Hansestadt zu beachten, gleich zur Anlegestelle und stieg auf das Schiff. Glücklich sog ich den Geruch von Tang und Salzwasser in mich ein. Das Licht blendete, das Wasser schmatzte am Schiffskörper – die Welt hatte ihr Gesicht verändert. Alles fiel von mir ab, nichts bedrückte, nichts bedrängte mich mehr. Ich wartete auf die Abfahrt. Dann bewegte sich der Dampfer langsam unter dem lebendigen Himmel, der grau war und weißblau. So war auch die See, grau und weit, und überall umkränzt von niedrigen Ufern mit ihren Baumreihen, die wie ausgeschnitten dastanden, transparent.

Vereinzelte Fischer angelten im Bodden, die See war ruhig, Kormorane standen schwarz auf Pfählen – mitten im Spiegel – und warfen ihr Bild nach unten. Das war die vollkommene Freiheit. Endlich tauchte die Silhouette der Insel auf: der Hügel, der Leuchtturm – und da war auch der Turmzacken unseres Hauses, da war die Lietzenburg. Am Bollwerk, wo der Dampfer anlegte, reckten vereinzelte Segelboote die schwarzen Linien ihrer Maste, Möwen kreisten, kreischten, stiegen, segelten. Kleine Wellen schlugen an die Mole.

Ich las einmal Hiddensee etwa so beschrieben: Die Wiesen waren sattgrün, die Hügel waren sattgrün, der Wind wehte ständig. Im Frühjahr leuchtete der Ginster. Schlüsselblumen wuchsen auf den Hügeln, bald kamen die Glockenheide, die Königskerzen und die Immortellen hinzu, mit ihrem würzigen Duft. Der Geruch des Salzwassers mischte sich mit dem des Thymian. Wacholder und Sanddorn trugen Beeren, Möwen und Uferschwalben segelten darüber, der Seeadler kreiste, wilde Schwäne strichen über die See, die Sprosser sangen in warmen Sommernächten so betörend wie anderswo die Nachtigallen, und die Kraniche verdunkelten den Himmel. Vor allem aber war es das Licht, das Hiddensee verzauberte: »Diese Klarheit, dieses stumme und mächtige Strömen«, wie Gerhart Hauptmann es ausdrückte. Einmal stand alles in gleißender Sonne, gleich darauf breiteten sich Schatten aus, und plötzlich leuchteten einzelne Bilder auf: grasende Kühe oder die Wogen der See. Aber eigentlich könnte man sogar sagen: Hiddensees größter Zauber war seine großartige und uferlose Ereignislosigkeit, von der auch meine Seele ergriffen wurde, das schöne Gleichmaß der Tage.

Die Lietzenburg, so hieß unser Haus, war ein etwas konfus geplantes, immer wieder erweitertes und ausgebautes Jugendstilgebäude. Es besaß einen gewissen Ruhm, war ebenso backsteinrot wie die Bauten Stralsunds und war gekrönt von einem kleinen Türmchen. Von dort hatte ich den weitesten Blick über

Kaffeerunde mit Gästen der Pension
Haus Lietzenburg vor der Plastik »Persephone«
des Vaters Max Kruse

die geliebte Insel. Die Kühe standen winzig vor dem Dorf Vitte auf der Weide, schwarze Flecken im Grün. So hatte sie auch mein verstorbener Onkel Oskar gemalt. Darüber türmten sich meist Wolken, denn der Himmel war stets belebt, erzählte immer Geschichten, war oft auch in Aufruhr.

Die See zwischen Rügen und Hiddensee, der Bodden also, schimmerte, ganz klein sah man ostwärts die Küste von Rügen, und im Süden die winzigen Konturen der Stadt Stralsund mit ihren Türmen. An sehr klaren Tagen konnte man im Westen am Schnittpunkt von Himmel und Meer die Küste Dänemarks ahnen, als schwarzen Strich im Dunst.

Tag für Tag lief ich durch den knirschenden Sand zum Kaufmann Dittmann und erwarb in der winzigen Buchhandlung daneben die neueste Zeitung. Da fand ich die Berichte von den Olympischen Spielen in Berlin, die Berichte über den Medaillenregen, der auf unsere deutschen Sportler niederging. Ich empfand jede Medaille beinahe so, als hätte ich sie selbst errungen. Ich identifizierte mich mit unseren Athleten, obwohl ich doch sonst mit Sport wahrhaftig nichts im Sinn hatte. Aber es war wie ein Rausch.

Damals verbrachte auch der Bruder Friedebald, nun fast siebzehn Jahre alt, seine Ferien auf der Insel. Er kam von der Schule aus Weimar und erzählte mir von einer »Glazialkosmogonie«, das war eines Wieners, Hanns Hörbiger, »Welteislehre«, die derzeit viel von sich reden machte. Dieser Hanns Hörbiger war der Vater der beiden Schauspieler Attila und Paul Hörbiger. Ich verstand von seiner Lehre, bei der es vor allem um Eisstücke ging, die im Weltraum herumsausten, etwas ganz anderes, nämlich, daß die Erde keine Kugel sein sollte, die frei im All schwebte und sich um die Sonne drehte, sondern daß sie innen hohl sei. Wir lebten also auf der inneren Kruste, und Sonne, Mond und alle Sterne waren von der Erde umschlossen, wie in einem Ball. Unsere Welt wölbte sich ringsum nach oben auf und stieß hoch über uns gewissermaßen zusammen. Es war dies eine Schau, die mich sehr verwirrte, lange beschäftigte und die ich nicht zu glauben vermochte. Aber Friedebald fand es richtig, sich damit zu befassen. Ich weiß nicht, von wem sie an ihn herangetragen worden war, diese Hohlwelttheorie, ich vermute heute, daß er sie so nicht richtig interpretierte, jedenfalls finde ich sie in keinem Lexikon, aber gerade das Bild des Weltraums im Inneren der Erdkugel war es, was Friedebald mir begreiflich zu machen versuchte. Zum Beweis der verblüffenden Behauptung erklärte er: »Wenn ein Schiff am Horizont verschwindet, dann kannst du sehen, daß seine vorderen Segel nach oben steigen.« Was ich nicht nachprüfen konnte und glauben mochte, oder auch nicht. Ich glaubte es eigentlich nicht, und doch war es eine phantastische Vorstellung, sich unsere Erde als Hülle um das All zu denken. Nur – was war dann außen herum? Wir würden es nie erfahren, denn nie würde man die Erdkruste durchstoßen können.

War das Wetter nur einigermaßen erträglich, ging ich zum Strand, also fast täglich, über die Hügelkuppe. Der Weg führte durch den niedrigen Kiefernwald zur Steilküste. Der Ausblick war von atemberaubender Schönheit, ringsum duckten sich die vom Wind zerkämmten Nadelbäume, da standen die silbrigen Sanddornbüsche, noch vom vergangenen Herbst über und über mit bernsteingelben Früchten geschmückt, wuchernd – und Ginster. Schwarzdorn duckte sich unter Ebereschen und Holunder. Dazwischen blühten weiße Heckenrosen. Der sandige Hang fiel steil, fast senkrecht ab. Ich stand hoch über dem Meer im dichten Gebüsch, das duftete. Die See dehnte sich unter mir unendlich und hellgrau gegen den Himmel, der selbst kaum lichter war, aber er trug die Sonne wie ein Juwel, das seinerseits wieder eine glänzende Scheibe auf das Wasser warf. Über diesem Aussichtspunkt der herbschönen Einsamkeit kreisten im Herbst die Vogelschwärme, hier hörte ich die Kraniche schreien, hier sah ich ihren herzbewegenden Flug. Hiddensee war und ist das Drehkreuz der Vogelzüge, und zweimal im Jahr ist die Luft über der Insel ein einziges Flattern und Steigen, Rauschen und Schweben.

Es war auch in jener Zeit, daß meine Karl-May-Leidenschaft abgelöst wurde – oder schon abgelöst worden war – durch eine ebenso leidenschaftliche Schwärmerei für Richard Wagner. Ich kannte seine Musik von Schallplatten und aus dem Radio. Einmal war ich in Weimar auch im Tannhäuser gewesen, wo mein Bruder als Statist mitgewirkt hatte. Die Mutter versprach mir, daß ich mit ihr in Bayreuth den Parsifal hören durfte, auf der Rückfahrt ins Kinderheim. Meine Freude war groß.
Unverständlich blieben mir damals die Äußerungen einer älteren Dame, die mit uns im kleinen Boot nach Rügen hinübergesegelt war. Sie behauptete, die Hand über Bord haltend und im Wasser schleifen lassend: »Wagners Parsifal macht süchtig. Das ist Rauschmusik. Nein, du mußt die Matthäus-Passion von Bach hören, dann fühlst du dich erhoben und geheiligt!«
»Geheiligt!« Ich wollte mich nicht geheiligt fühlen, und

Bach war mir noch ein Notenbuch mit sieben Siegeln, unbegreiflich. Wagner war es, der jetzt die richtige Nahrung für meine pubertierende Seele war, nach der sie verlangte.

Die Olympischen Spiele und Parsifal

Doch zunächst standen mir noch einige Tage in Berlin bevor. Der Mutter war es gelungen, einige Eintrittskarten für die Olympischen Spiele zu bekommen. Beim Polo war ich, fühlte mich aber eher gelangweilt. Wohl gefielen mir die Pferde, doch sie waren meist so weit entfernt und jagten nur hin und her über das Spielfeld. Alles war längst nicht so festlich und aufregend, wie ich es mir vorgestellt hatte. Auch die Zuschauerbänke waren ernüchternd leer. In die Dietrich-Eckart-Bühne ging ich, die im Wald lag, einem griechischen Theater nachempfunden. Ich saß auf der Steinbank im offenen Rund, umgeben von brandenburgischen Kiefern, und sah ein Thingspiel, eine Form des nationalsozialistischen Theaters, die damals von der Propaganda favorisiert wurde, weil sie dem Gedanken der Gemeinschaft Ausdruck geben sollte und dem völkischen Geist huldigte. Das Stück hieß das »Frankenburger Würfelspiel«, es wurde dargestellt in altmodisch-historischen Kostümen, mit vielen langweiligen Chören in schwülstiger Sprache.

Am nachhaltigsten beeindruckte mich die Schlußfeier, das dunkle Stadion in der Nacht, die langsam hereinsank, der blauschwarze Himmel, Beethovens »Ode an die Freude« und die Tänzerin Palucca, die über das riesige Sportfeld wehte, die zierliche, so flinke Gestalt – dann der Lichterdom, der von den im weiten Umkreis installierten Scheinwerfern hoch über dem Stadion errichtet wurde, diese Kuppel aus Strahlen, die sich im Zenit vereinigten – das war erhebend, feierlich. Daß es Scheinwerfer zur Flugabwehr waren, wer dachte daran? Kaum einer ahnte, daß sie in wenigen Jahren schon den Himmel über Berlin ganz anders ableuchten würden.

Noch war Frieden. Und diese Feier schien eine machtvolle Dokumentation für ihn zu sein und die Versicherung dafür, daß er dauern würde. Dem Frieden diente es auch, so schrieb man, daß am 24. August 1936 der Wehrdienst auf zwei Jahre verlängert wurde. Es hieß, daß es nur für die Verteidigung geschah, denn Hitler wußte sehr wohl, daß die Deutschen keinen Krieg wollten.

Die Mutter hatte einen Doktor Müller kennengelernt, der wohnte in Bayreuth und war ein intimer Kenner der Musik Richard Wagners. Am Flügel führte er uns in den Parsifal ein. Ich weiß nicht, mit welchen Gefühlen die Mutter das auf sich nahm. Sie machte sich ja wenig aus Musik, hielt sich selbst für unmusikalisch und ließ die Klangwolken wohl eher meinetwegen, aus erzieherischem Pflichtgefühl, an sich vorüberrauschen. Wagner war ja vielleicht immerhin ein Schritt nach oben, in Richtung Parnaß. Sie lauschte aber artig und gesammelt, mit ernstem Gesicht, vielleicht jedoch mit erschrockenen Ohren. Herr Doktor Müller spielte mit Kraft und Könnerschaft im dunkel-holzgetäfelten Zimmer. Danach saß er mit uns auf seiner Terrasse, erläuterte die Handlung, den tiefen, christlichen Sinn und wie Wagner selbst die Erlösung gesucht habe. Die Mutter, die Nietzsches Zarathustra als eines der größten Sprachkunstwerke liebte und daraus zitierte, die außerdem eine familiäre Zuneigung zu dem großen Philosophen verspürte, da mein Vater die einzige, nach dem Leben modellierte Marmorbüste von ihm geschaffen hatte, ergriff in Gedanken Partei für Nietzsches Atheismus und gegen Wagners späte, schwülstige Religiosität.

Vor dem Haus wehte der Wind in den Laubbäumen.

Die Mutter wirkte erschöpft. Doch war ihr für mich kein Opfer zuviel. Sie hielt auch im dunklen Festspielhaus still, über vier lange Stunden. Da mußte sie die sehnend-sehrenden Klänge in sich aufnehmen, die – von Streichern dargeboten – noch ganz anders in der Seele vibrierten als von Doktor Müllers

Klavier. Und ich lauschte der singenden, sündhaften Kundry und liebte die singende, schöne Kundry und liebte auch all die reizenden Blumenmädchen in Klingsors Zaubergarten. Und heilig schwebte ich mit der Taube über dem heiligen Gral.

Ausbruch

Ich fand schwer in die Welt, kaum auf den Boden der Tatsachen zurück. Diese Musik, diese Aufführung war wie eine Droge für mich gewesen, die eine lange, sehr lange Verweildauer in meinem Blute hatte. Das alles waren aufwühlende Dinge gewesen, sie hatten den vierzehnjährigen Knaben über sein Alter hinaus berührt, ihn reifen lassen – und für Kinderheime gründlich verdorben. Ich reiste nicht nur mit fürchterlichem Heimweh, ich reiste mit Widerwillen nach Vorderhindelang zurück. Wohl konnte ich unseren Freunden in Nürnberg, bei denen ich übernachtete, von meiner Kunst des Skilaufens vorschwärmen. Sie sahen sich mit mir einen Bergfilm mit rasanten Skiläufern an, und ich behauptete kühn, genauso gut zu fahren. Das war damals gar so schwer freilich nicht und auch nicht so unwahrscheinlich wie heute, denn man fuhr allgemein noch nicht hervorragend. Doch reichte auch meine Liebe zum Skilaufen nicht dazu aus, in Hindelang bleiben zu wollen.

Die Mutter hatte mir, dem halb erwachsenen Kinde, beim Abschied in Bayreuth versprochen, daß ich jederzeit wieder heimfahren dürfe, wenn ich nicht im Kinderheim bleiben wolle. Sie dachte wohl, mir die Trennung zu erleichtern, indem sie alles in mein freies Ermessen stellte. Sie hoffte, ich würde, einmal im Heim, mich sicher wieder eingewöhnen.

Ich machte gar nicht erst den Versuch dazu. Noch unterwegs, auf der Reise, schrieb ich eine Postkarte, völlig aufgelöst: »Liebe Muh, ich bin gerade in Augsburg, und es wird furchtbar schwer für mich werden. Es ist alles so trostlos, und ich würde schon hier ausreißen, wenn es nicht so furchtbar feige wäre. Aber Du kannst Dich darauf vorbereiten, lange bleibe ich nicht.«

Die Mutter war auf der Leipziger Messe, die Postkarte ging in das Ringmesshaus, wo sie ihre Puppen ausstellte, es war Ende August. Die Hamburger Kinder, die mich vielleicht hätten trösten können, waren nicht mehr da. Mein kleiner Freund Klaus Reclam, auf den ich einen guten Einfluß ausüben sollte, wurde von mir mit seelischer Haltlosigkeit konfrontiert. Ich schwamm in Tränen. Onkel Georg und Tante Elfriede waren hilflos. Vielleicht half ein Telefongespräch mit der Mutter, das ich vom Büro des Kinderheimes führen konnte, spät abends, im Lichtkreis der Lampe, und allein. Also unbelauscht! Aber am Abend fühlte ich mich immer besonders verlassen. Noch einmal bekräftigte mir die überforderte Mutter, die vielleicht sogar ein schlechtes Gewissen hatte, weil sie mich so oft fortgab, daß ich jederzeit wieder abreisen dürfte. Da stand mein Entschluß fest. Ich nahm Klaus Reclam das Ehrenwort ab, mein Vorhaben nicht zu verraten. Zum Glück schliefen wir damals im Erdgeschoß. Am kommenden Morgen um fünf Uhr früh kletterte ich mit meinem Köfferchen aus dem Fenster. Die Wiesen waren noch nebelverhangen. Wie ich den Bus am Straßenrand erreichte, danach den Zug – ich weiß es nicht mehr. Irgendwie kam ich nach Sonthofen und von dort nach Immenstadt. Am frühen Vormittag saß ich im D-Zug, der mich heimbringen sollte, nach Kösen, zu Mutter.

Auf dieser Fahrt begegnete mir Doktor Yoshio Hayashi. Er war Hals-, Nasen- und Ohrenarzt in Tokio, kam also aus einem Land, das freundschaftliche Beziehungen zum nationalsozialistischen Deutschland anknüpfte. Er sprach ein gutes, wenn auch leicht gebrochenes Deutsch, bereiste Europa, meinte, daß er Deutschland liebe, fand Gefallen an dem Jungen, der ich war, plauderte lebhaft mit mir, ich gab ihm verständige Antworten. Wir mochten uns und tauschten zum Zeichen unserer Freundschaft unsere Brieftaschen. Doktor Hayashi war kürzlich in Ägypten gewesen und hatte dort eine als Souvenir erstanden: Osiris und Hathor in bunten Farben gemalt. Diese Brieftasche erhielt ich, während er von mir eine bekam, die Friedebald mir aus dunkelblauem Leder selbst gebastelt hatte, die Nähte mit dickem Band umnäht. Jahrelang begleitete mich das ägyptische Erzeugnis, wurde speckig und löste sich schließlich auf. Und jahrelang wechselte ich Briefe mit Doktor Hayashi, doch sahen wir uns niemals wieder. »Weimar ist am schönsten Stadt zu leben in Deutschland ich glaube«, schrieb er mir von seiner weiteren Reise.

Da war ich schon wieder in Kösen, und die Mutter mußte sehen, was sie mit mir anfangen konnte. Völlig verbummelt war ich, nach normalen Begriffen und im Hinblick auf die Schule – und noch schlimmeres Verbummeln drohte, da ich das Heim verlassen hatte. Vielleicht bereute die Mutter auch ihr so leichtsinnig gegebenes Versprechen. Was sollte sie nun mit mir tun?

Sie schrieb entschuldigende, um Verständnis werbende Briefe an die Heimleiter, Ehlers: »Eine Reisebekanntschaft, die er unterwegs mit einem japanischen Arzt hatte, sandte ihm gestern ein Foto von dieser Heimfahrt. Wenn Sie das traurige, fast gramvolle Gesichtchen sähen – wären Sie nicht mehr böse. Es war nichts als Heimweh, das er nicht mehr aushalten konnte ... Bitte bedenken Sie, daß er fast drei Jahre lang von zu Hause fern war und ein besonders gefühlvolles Kind ist. Ich hatte gehofft, ihn länger bei Ihnen lassen zu können. Aber nun muß ich ihn zunächst einmal daheim behalten. Ich suche nach einem netten Junglehrer oder gutem Privatunterricht.«
Ich lag einige Tage mit Fieber im Bett.

Am 9. September verkündete Hitler auf dem Nürnberger Parteitag seinen zweiten Vierjahresplan. War es auf diesem Parteitag, daß er sagte, er habe weniger Angst vor einem Attentat als davor, daß ihm eine junge Mutter ein Baby in das Auto legte? War es damals, daß er rief: »Manche Leute in Deutschland sagen: Der Führer: ja! Aber die Partei: nein! Und ich sage: Der Führer ist die Partei, und die Partei ist der Führer!«

Das Volk jubelte. Wir hätten gewarnt sein müssen. Denn die Partei und ihre »Übergriffe« lehnten doch viele Menschen ab, bekannten sich aber dennoch zu Adolf Hitler. Geschickt wurde die Mär aufgebaut, daß er von den schlimmen Dingen selbst nichts wüßte. Man war bereit, dem Mörder einen Bonus zu geben. Er hat ihn weidlich ausgenutzt.

Traudel Binding

Was mich anbetrifft, den Schüler, der keiner war, so sehe ich sie heute noch in der Mutter Zimmer sitzen, brav die Hände auf dem Schoß gefaltet, klein von Statur, ein junges Mädchen eigentlich noch, frisch von der Hochschule: Traudel Binding. Sie war, so hieß es, entfernt verwandt mit dem Dichter Rudolf Georg Binding, der »Wir fordern Reims zur Übergabe auf« geschrieben hatte und die »Moselfahrt aus Liebeskummer«, Bücher, die der Mutter gefielen. Vielleicht wünschte sie sich ähnliche einmal von mir. Jedenfalls mag der Dichtername die Mutter bestimmt haben, mit Traudel Binding den Anfang zu machen. Sie versuchte nun, mich durch Hauslehrer unterrichten zu lassen, falls das überhaupt noch möglich war. Und mindestens konnte ja der Schulrat beschwichtigt werden, wenn ich eine staatlich anerkannte Lehrerin hatte.

Sie war meine erste und einzige Hauslehrerin, jedenfalls in Hinblick auf ihr weibliches Geschlecht. Ihr folgten später nur noch Männer, deren zwei.

Jetzt saß sie also vor der Mutter, der berühmten Frau, und blickte auf mich und die Frau und sagte wohl nicht, was sie wirklich dachte. Ich nehme heute an, sie wird es ziemlich unglaublich gefunden haben, was sie von meiner Schulbildung erfuhr. Konnte sie aus mir noch einen regulären Schüler machen, reif für eine normale Schule? Sie versprach jedenfalls, sich alle Mühe zu geben.

Sie erklärte mir, daß ich mich anstrengen müßte und nochmals anstrengen. Aber auch: »Gemeinsam werden wir es schaffen, das willst du doch?«

»Ja«, antwortete ich und war so überzeugt nicht. Sie war mir jetzt schon lästig, mochte sie auch mit einem berühmten Dichter verwandt sein.

Was mich in jenem Augenblick einzig an ihr faszinierte, war ihr rehbrauner Lederhut mit überdimensionierter Krempe, die ein wenig herabhing. Der Hut war aus Dreiecken zusammengesetzt und verlieh ihr ein sonderbares, fast heiliges Aussehen. Auf manchen alten Bildern trugen Kardinäle ähnliche Kopfbedeckungen, die ihr Gesicht wie ein Heiligenschein umgaben. Traudel Bindings Wangen darunter waren rund und rosig, das ganze Mädchen war rund und rosig und taufrisch, aber für mich als Freundin natürlich viel zu alt. Und daß ich ihr dennoch eine gewisse Sympathie entgegenbrachte, lag nur daran, daß ihr Dasein mir nun das Daheimbleiben ermöglichte. Sie war das notwendige Übel – und ihr Unterricht dazu. Ich mußte nicht wieder in ein Heim. Nie wieder! Daher war ich ihr gut – mit Reserve.

Traudel Binding bezog ein kleines Zimmer unter dem Dach. Vermutlich wurden nun Schulbücher und Hefte angeschafft bei Herrn Donath, dem Buchhändler über der Brücke. Vermutlich saßen wir einige Stunden am Tage zusammen und lernten.

Aber der Winter kam, das Weihnachtsfest, der Schnee. Zum Heiligen Abend schickte ich an Christl, meine große Liebe aus Vorderhindelang, eine Puppe, die den Namen Mäcke trug, und ein Buch, das die Mutter verfaßt hatte. Ich schrieb ihr einen Brief, der eher kühl war, kühl aus Scheu. Ich wünschte ihr ein frohes Fest: »Gruß Max«, nicht einmal: »Herzlichen Gruß«, vielleicht aus Sorge vor einer Entdeckung meiner Gefühle. Die Mutter, Meisterin zärtlichster Unterschriften, hätte sich vielleicht doch Gedanken gemacht, und sich darüber gewundert, was ihr Hasenherz schon alles erlebt hatte.

Dieses Hasenherz reiste mit Traudel Binding zum Skilaufen.

Aber eigentlich war es wohl anders: sie reiste mit mir. Und nach dieser Reise war sie schon wieder nicht mehr bei uns. Wir fuhren meinetwegen, wegen meiner immer labilen Gesundheit, ins Erzgebirge, nach Oberwiesenthal. Das war nicht so weit, freilich auch nicht so schön, für zwei oder drei Wochen Aufenthalt aber recht geeignet. Ich war Traudel Binding in der Kunst des Skilaufens weit überlegen. Der Unterricht in den Fächern der Schule wurde eingestellt und ersetzt durch meine sportlichen Unterweisungen. Die Hänge waren flach, der Schnee nicht sehr hoch, aus den Tälern nebelte es, es war kalt, wir fuhren über niedergelegte Zäune und stapften mühsam wieder bergauf.

Aber die Skiübungen auf kahlen Wiesen waren es nicht, die mir Oberwiesenthal unvergeßlich machten, es war der Mann, bei dem wir wohnten. Er war Zahnarzt, kümmerte sich freilich nicht um meine Zähne mit der Klammer, seine Gemahlin vermietete uns lediglich die beiden Zimmer mit Frühstück. Das Haus lag außerhalb des Dorfes, umweht von Nebel und Wind. Es pfiff durch die Fensterritzen, doch war es dank brauner Holzvertäfelung recht behaglich.

Der Zahnarzt war ein stämmiger Mann mit voluminösem Brustkasten. Er kämmte seine langen Haare nach Art eines Künstlers nach hinten, ließ sie kammersängerhaft wallen. Das hatte durchaus seinen Sinn. Er erfuhr bald von meiner Wagner-Anbetung und daß ich in Bayreuth gewesen war, im Parsifal, neben der berühmten Mutter saß und: »Aus Mitleid wissend, der reine Tor«, gehört hatte, sehr aufnahmebereiten Herzens. Er erfuhr auch, daß ich in meiner Freizeit an einem Werk über Opernkomponisten arbeitete, beginnend mit Claudio Monteverdi. Ich hatte mir mein Wissen und allerlei Biographisches aus Prospekten und Lexika abgeschrieben, auf sehr dickes, rehbraunes, gehämmertes Büttenpapier, jeweils nur auf die linke Seite. Auf die rechte wurden Bilder der Komponisten geklebt, die ich aus Schallplattenkatalogen ausschnitt. So entstand ein in meinen Augen beachtliches Opus und wog so manche fehlende Schulprüfung, so manches mangelnde Zeugnis auf.

Das also hörte der Zahnarzt von mir, denn ich war stolz darauf und daher mitteilsam. Das brachte auch ihn zum Reden. Es erwies sich, daß er eine ebenso wunderbare wie erstaunliche Opernkarriere hinter sich gebracht hatte. Ein Sänger war er gewesen, ehe er das Zähnebohren begann, und zwar kein schlechter, sondern – er hob die Hände – einer der besten Heldentenöre Deutschlands. Auf der Bühne des Münchner Nationaltheaters hatte er agiert und Wohlklang verströmt, und das war doch eines der führenden Theater Europas, sogar Berlin überlegen. Ich nickte benommen. Es war beeindruckend, einem so bedeutenden Künstler gegenüberzusitzen. Wir befanden uns in seinem Wohnzimmer, der stattliche Mann atmete tief ein und wölbte den Brustkasten, er schleuderte die Haare zurück und sang einige Töne, die kleine Stube war davon erfüllt. Ich glaubte ihm. Und es war mir unverständlich, daß man nach so großartiger künstlerischer Laufbahn, nach diesen Erfolgen, Zahnarzt werden konnte, etwas so Profanes, denn er erzählte mir:»Ich habe alle Wagner-Partien gesungen: ›Nun sei bedankt, mein lieber Schwan‹ oder ›Morgendlich leuchtend, im rosigen Schein ...‹ Ja, den Lohengrin und den Walter von Stolzing, und: ›Winterstürme wichen dem Wonnemond ...‹« Dem ganzen »Ring« hatte er den Glanz seiner Stimme verliehen, und dazu auch noch den großen Opern von Verdi,»Holde Aida« genauso wie»O wie so trügerisch sind Weiberherzen ...« In Aida hatte er den Radames verkörpert und das Publikum zu Beifallsstürmen hingerissen. Mit Rosen und Tulpen war er überschüttet worden. Seine Mähne flog wieder.

»Ja«, wagte ich aber nun doch zu fragen,»warum haben Sie das denn aufgegeben?« Nichts erschien mir unverständlicher.

»Ja, warum?« murmelte er, meine Frage wiederholend und ihr nachsinnend. Seine Augen tauchten in meine, gerade wie in ein Zahnloch.»Warum? Das hat mich schon mancher gefragt. Weißt du, ich war zu erschüttert, zu sensibel. Ich habe mich zu sehr mit jeder Rolle identifiziert, ich brach vor Erregung zusammen, hinterher regelmäßig, und manchmal schon in den

Pausen. Die Nerven! – Ich fiel oft in Ohnmacht und lag dann in meiner Garderobe. Daran bin ich fast zugrunde gegangen. Ein Künstler, weißt du, darf nur scheinen, er darf nicht sein! Ich aber verkörperte jede Rolle mit aller Intensität und erlebte die Handlung wie wenn sie mein eigenes Schicksal wäre. Das war mein Fehler!«

Ich begriff. Diese künstlerische Erregung war mir durchaus verständlich, auch mich wühlte es ja bereits auf, wenn ich mir nur »Reich mir die Hand, mein Leben ...« anhörte, geschweige denn, daß ich die seelische Kraft gehabt hätte, es zu singen, auf einer Bühne!

Soweit der Zahnarzt aus Oberwiesenthal. Traudel Binding und ich verließen ihn wieder. Im Personenzug reisten wir heim, nach Kösen zurück, in einem der geräumigen Abteile, die es längst nicht mehr gibt, für Reisende mit Traglasten. Da beging Traudel Binding einen entscheidenden Fehler. Sie trug, da wir die Skikleidung in die Koffer gepackt hatten, wieder ihren rehbraunen Hut mit der breiten Krempe. Sie schlug mir vor: »Was meinst du? Wir vertragen uns doch so gut – du kannst du zu mir sagen.«

Ich war leicht geschmeichelt. Vom Bruderschaftskuß war zwar nicht die Rede, aber das war mir sehr recht, küssen mochte ich sie nicht. Im Grunde maß ich der Sache auch kaum große Bedeutung zu. Vielleicht versprach sich meine Hauslehrerin eine Förderung des Unterrichts, wenn die Schranke des »Sie« geöffnet wurde.

Nicht so die Mutter! Ich weiß nicht, was sie vermutete oder befürchtete. Sie sprach auch nicht mit mir darüber, aber vielleicht sah sie mich gefährdet. Sie wollte keine zu enge Bindung zwischen uns, keine Vertraulichkeit. So plötzlich, wie Traudel Binding gekommen war, so plötzlich verschwand sie auch wieder, ihr wurde gekündigt. Ich glaube, daß die Mutter ihr unrecht tat. Vielleicht war sie auch nur ein wenig eifersüchtig – jedenfalls: ich genoß wieder meine Freiheit, und zwar für Monate. Ich fragte nicht, ich nahm es hin und klebte an meiner Geschichte der Oper. Vollendet habe ich sie übrigens nie.

Und wir schrieben bald das Jahr 1937. Wie üblich saß ich in der Neujahrsnacht am Radio, hörte die Neunte Symphonie von Beethoven und war voller guter Vorsätze, leistete mir selbst, unverlangt, heilige Schwüre, zu lernen, zu arbeiten! Wann und wo? Es waren ja weder ein Lehrer noch eine Schule in Sicht. Daß wenige Tage vorher, nämlich einen Tag vor dem Heiligen Abend, im viele tausend Kilometer entfernten China, in Hangzhou, der Stadt, die schon Marco Polo als die schönste der Welt rühmte und die noch heute als Chinas Perle gilt, am Westsee gelegen, ein Mädchen geboren wurde, das fast dreißig Jahre später durch seinen Charme, seine Sensibilität, seine künstlerischen Begabungen und seine Lebensklugheit endlich Frieden in mein Herz brachte, ahnte ich nicht. Ich hätte einen so fernliegenden Gedanken wohl auch entrüstet von mir gewiesen. Hier, dieses eine Mal, ist der in der Wolle gefärbte Agnostiker, der ich bin, geneigt zu sagen: »Gottes Wege sind wunderbar.« Gottes Wege? Jedenfalls ist unser Leben eine Kette von Zufällen, wie ja auch unsere Existenz die Folge einer Kette unzählbarer Zufälle ist, durch die Millionen Jahre der Erdzeit – und sogar noch davor.

Inzwischen imponierte ich den Kösener Kindern durch mutige Schußfahrten auf den Skiern, steile Wiesen hinab, zwischen kahlen Obstbäumen, auf wäßrigem Schnee, vereistem Gras, Maulwurfshügeln.

Ich hatte erneut Schonzeit. Ein neuer Lehrer war noch nicht gefunden, und weiblich sollte er nicht wieder sein, das erschwerte die Suche womöglich. Aber ich bemerkte von der Mutter Bemühungen auch nichts, sie ließ mich nicht daran teilnehmen. Sie reiste wie immer durch Deutschland, verkaufte Puppen und dekorierte Schaufenster. War sie daheim, diktierte sie ihre seitenlangen Briefe, arbeitete in der Werkstätte, war übertrieben zärtlich zu mir, zu ihrem Herzensmaxel, wurde aber darüber hinaus ganz aufgesogen von der Firma.

Ich lebte mein ganz eigenes Leben, nicht am Rande, wohl aber doch nebenher. Ich lebte ganz in meiner eigenen, verträumten Welt. Ich las, las tagelang. Manchmal ritt ich auf un-

serem Esel aus, zum Vogelherd im Wald, auf den Galgenberg,
ritt auf Gras, unter Laubbäumen in raschelnden Blättern, unter
weitem Himmel. Ich ritt auf den Napoleonstein, von wo man
einen so weiten Blick hat auf die pastellfarbene Landschaft, bis
hinüber nach Naumburg mit den Domtürmen und hinab auf
Bad Kösen, auf die Dächer der Stadt. Der kleingewachsene
Kaiser Frankreichs in seiner zwiespältigen Größe war mir recht
gegenwärtig: Und soviel ich von ihm wußte – es war ja nicht
viel, kaum Umrisse –, so sehr beeindruckte er mich. Später
würde ich mehr von ihm wissen!
Später? Wann später, und wodurch? Ich lernte ja nichts.
Nun, eben einfach später und durch die Zeit. Ich war ja noch
jung und hatte unendlich viele Jahre vor mir, nicht nur Jahre,
sondern sogar Jahrzehnte. Was sollte ich mir Gedanken machen!

Den Vater sah ich nicht. Höchstens, daß er zu Weihnachten
nach Bad Kösen gekommen war, zu uns, zu seiner Familie unter dem großen Lichterbaum. Dann gab er wohl eines seiner
seltenen Gastspiele der Zugehörigkeit. Da nahm er teil am Fest
und am Mahl, meist schweigend, rauchte seine Zigarren, inzwischen dreiundachtzig Jahre alt. Er hatte vielleicht Schallplatten gehört, den Bariton Heinrich Schlusnus mit dem »hol-
den Abendstern« aus dem Tannhäuser, die warme, wohlklingende Stimme, die der Mutter »ganze Wonne« war. Ja, sie, die
sich sonst wenig aus Musik machte, von Heinrich Schlusnus
ließ sie sich anrühren und hörte seine Lieder, Schubert, Hugo
Wolf und Brahms, sogar Richard Strauss. Vielleicht hatte der
Vater auch selbst noch einmal gesungen, »Die Uhr« oder
»Tom der Reimer«, war dann aber eines Tages doch wieder ab-
gereist, still, der stille Mann mit dem großen Bart und dem
prüfenden Blick. Ich denke, wir waren ihm alle schon weit entrückt.

Als im Mai das Luftschiff »Hindenburg« in Lakehurst in Flammen aufging, ergriffen uns die dramatischen Bilder in der Berliner Illustrirten Zeitung. Es ging ein Aufschrei der Entrüstung durch die deutsche Presse, weil uns das feindliche Ausland das unbrennbare Heliumgas vorenthalten hatte. Und doch – das war vergessen, als sich Deutschland auf der Weltausstellung in Paris der UdSSR genau gegenüber präsentieren konnte. Man spottete, wie vergeblich die realistischen, revolutionären Bronzefiguren der Sowjetrussen gegen den stolzen deutschen Adler auf dem Turm des deutschen Pavillons anstürmten, zu erstarrter Bewegungslosigkeit verdammt. Man machte es zum Symbol dafür, das jeder Versuch, uns wieder in die Knie zu zwingen, an unserer unerschütterlichen Kraft und Ruhe abprallen würde.

Zu Pfingsten war die Mutter nach Paris gereist, sie erhielt einen bevorzugten Platz gleich beim Eingang für ihre verstellbaren Schaufensterfiguren und dekorierte dort eine Familie, eine blonde Frau mit drei Kindern, davon eines auf dem Schoß der Mutter. Sie fand Anerkennung und wurde mit dem Grand Prix ausgezeichnet. Wir daheim feierten das Ereignis in der Werkstätte, während sie in Paris auf ihre Art mit dem eher spröden Reichsbankpräsidenten Hjalmar Schacht zu flirten versuchte. In ihrem Buch »Das große Puppenspiel« hat sie davon erzählt.

Pension Haus Lietzenburg

Ich fuhr wieder nach Hiddensee, dort sah ich den Vater erneut, nun länger. Da knetete er noch an der Portraitbüste seines Bruders Oskar, meines Onkels, des großen Geschichtenerzählers und Landschaftsmalers. Er wollte sie für dessen Grabstein bei der Kirche von Kloster modellieren. Bedächtig klebte er kleine Kügelchen aus schwarzem Wachs auf den Kopf, strich sie glatt, entfernte sie wieder mit dem Modelliereisen, heftete ein neues Wachskügelchen an. Stunde um Stunde. Und sprach nichts.

Unser Haus Lietzenburg, die Jugendstilvilla, hatte die Mutter in eine Pension umwandeln müssen. Die laufenden Ausgaben wurden ihr zu hoch. So mußte mit dem Haus Geld verdient werden, um mindestens die Unkosten zu decken.

Die Schwester Fifi, von der Arbeit in der Werkstätte im Sommer entbunden, leitete diese Pension, sie hatte eine Köchin, die tüchtig war, aber »ein Besen«, hatte einen Hausdiener, der den Gästen die Koffer vom Dampfer abholte und, mit der blauen Schiebkarre am Schulterriemen, mühsam durch den mahlenden Sand stapfte.

Hiddensee – das waren auch die menschlich reichsten Zeiten meiner Jugend, vielleicht sogar meines Lebens. Tage vollkommenen Glücks, von Mai bis in den September hinein, sogar bis Anfang Oktober: Keine Schule, nur interessante Leute. Otto Gebühr war regelmäßig auf Hiddensee – wenn auch nicht als unser Gast –, der Schauspieler, der als Friedrich der Große zu Ruhm gekommen war, in Filmen, die den Krieg, alles Soldatische und Preußen verherrlichten. Mit ihnen stimmte der Propagandaminister Goebbels uns ein auf die Vabanquespiele seines Führers.

Wie stand man überhaupt damals – in Hiddensee – zu Hitler und zu seiner Partei? Es gab wohl keine einheitliche Meinung. Es gab Nazis auf der Insel und Gegner. Hitlers Leistungen beeindruckten schließlich alle. Es ging uns wieder gut. Deutschland war international geachtet – und gefürchtet.

Das änderte aber nichts daran, daß viel gespottet wurde. Witze über Hitler kursierten und wurden mit Lust kolportiert. Man nahm den Mann und seine Partei oft doch nicht so recht ernst. Auf Hiddensee wurde jede Meinung geduldet. Die kleinen menschlichen Komödien und Tragödien, wer mit wem? Und wann? Und wie oft? Das interessierte schließlich mehr.

Friedebald, mein optimistischer Bruder, war nun nicht mehr mit mir auf der Insel. Er hatte in Weimar, bei Nietzsches Verwandten, der Familie Oehler, wohnend, sein Abitur gemacht und war danach gleich freiwillig zum Arbeitsdienst eingerückt, um »es schnell hinter sich zu bringen«. Er wollte bald mit einem Architekturstudium beginnen. Nun präsentierte er in Wittenberg, wo Luther seine Thesen an die Kirchentür geschlagen hatte, den Spaten. Wir besuchten ihn alle zu seinem Geburtstag. Da kam er zum Festessen ins Hotel, es war alt und behäbig. Der Bruder trug seine graue Uniform und schien mir vor Kraft und Gesundheit zu strotzen, er war aber liebevoll und bescheiden. Er zeigte uns die Baracke am Waldrand, wo er malochen mußte, er führte uns zu der beeindruckenden Baumwurzel im Wald, die er allein rodete. Die Mutter rief: »Ach, mein Friederle, mein Friedebald, daß ich dich dazu geboren habe!« Sie stand aber seiner körperlichen Leistung doch eher verständnislos gegenüber, lachte sogar, was ihn kränkte.

Ich bewunderte den Bruder, aber mit Maßen. Als Statist auf der Bühne hatte er mir besser gefallen. Und das sagte ich ihm auch. Da meinte er, ihm ginge es nicht anders. Aber er müsse nun einmal seine Pflicht tun.

Auf Hiddensee fehlte er mir, der Gesprächspartner. Ein Gespiele war er nun schon lange nicht mehr, darüber waren er und ich hinausgewachsen. Bald würde er Soldat sein, auch das freiwillig, auch das, um es »schnell hinter sich zu bringen«. Er gehörte einer verlorenen Generation an, die um alles betrogen wurde, sogar um ihr Leben.

Anderseits gab es Menschen genug in unserer Pension, in diesem und in den folgenden Jahren. Da war der unmäßig, krankhaft fette Reeder aus Hamburg, der sich unglücklich in meine Schwester Fifi verliebte und bei aller Dicke nur guten Herzens war. Er ließ sich sogar willig fotografieren, so unschön er auch aussehen mochte. Er kam mehrere Sommer zu uns.

Da war Hemi, die Frau eines Arztes aus Oberschlesien. Sie wohnte nicht in der Lietzenburg, doch war sie mit uns eng befreundet, ein weiblich-mütterliches Wesen, hellhäutig, hellhaarig, mit rundem Gesicht. Sie haßte Hitler alle Zeit und war enttäuscht über jeden, der ihn nicht haßte. Sie hatte einen Schützling in Berlin, einen jungen Dichter, der arm war, »aber der größte, der lebt«. Er führte einen sonderbaren, künstlerisch veränderten Namen, den ich vergaß. Wir kannten ihn nicht, für sie aber stand er noch über Rilke oder Hofmannsthal, sie zitierte den Anfang eines seiner Gedichte:

Ich befrage meine Hände
Vor Beginn der Niederschrift,
Ob sich eine Seele fände,
Die sich in der meinen trifft.

Das fand sie tief über alle Maßen und bekam verklärte Augen, wenn sie es hersagte. Sie erlebte die Dichtung – ähnlich wie unsere Mutter – als etwas Heiliges. Traurig war sie freilich auch, weil es dem Dichter wirtschaftlich schlechtging. Sie unterstützte ihn nach Kräften und tat ihrer eigenen Seele Gutes damit.

Hemi bewohnte in der Nachbarpension, nahe der Gerhart-Hauptmann-Villa, ein Holzhäuschen, das sehr idyllisch im Wald unter Birken lag. Wir brachten ihr an ihrem Geburtstag ein Ständchen, bauten das Koffergrammophon in den taufeuchten Büschen auf, ließen Heinrich Schlusnus in der Morgendämmerung, als die Sprosser schon schwiegen, der Mond aber noch weiß über den Birken und Kiefern hing, Schuberts Ständchen singen: »Leise flehen meine Lieder durch die Nacht zu dir ...«

Ich weiß nicht, ob Hemi an Liebeskummer litt wegen ihres Dichters und weil sie allein – ohne ihren Mann – in den Urlaub reiste. Aber ich mochte sie sehr und fand es schön, daß sie da war.

In derselben Pension Thalheim malte der Maler Bindel duftige Aquarelle. Er stand Tag für Tag vor seinem Holzhäuschen, auf einem langen Tisch hatte er Papier aufgepinnt und fuhr mit dem großen Tapeziererpinsel über die Farben, alle Konturen Naß in Naß verwischend.

In den Vollmondnächten tanzte ein sonderbarer Heiliger splitternackt, wie Gott ihn geschaffen hatte, auf der feuchten Wiese vor dem Schlafzimmerfenster der Schwester Fifi. Er hielt sich für die Reinkarnation Christi, oder doch mindestens für den Verkünder seiner Wiederkehr. Man akzeptierte ihn freundlich. Er verteilte Broschüren, die mit »Der Meister spricht« betitelt waren, doch ihr Inhalt schien mir nicht meisterhaft, eher dunkel, was vielleicht aber nichts zu bedeuten hatte. Ich verstand die Tiefe wohl nur nicht.

Er war, wie er so im Mondlicht tanzte, eine bleiche, erotisch anregende Jünglingsgestalt, sehnig, hager, mit lang wallendem Haupthaar, leidenschaftlich hervortretenden Backenknochen und glühenden Augen. Die Schwester hat über ihn gelacht, doch war sie auch geschmeichelt.

Die Schwester Fifi und die Freundin Tatiana
in Hiddensee im Sommer 1936

Mich versuchte er als Jünger zu gewinnen. Er wanderte mit mir über die grünen Hügel, redete vom ewigen Heil und von erhabenen Dingen, machte mir aber wenig Eindruck, der ich die Taube über Parsifal schweben gesehen hatte. Ich fühlte mich eher unbehaglich, war seinem Redestrom auch nicht gewachsen. Die Schwester Fifi hatte ihn im Verdacht, bisexuell zu sein, sowohl hinter den Frauen her als auch hinter den Knaben, zu denen ich ja auch noch zählte, in diesem Sinne. Vielleicht sprach sie ein ernstes Wort mit ihm. Er unterließ jedenfalls seine Bekehrungsversuche.

Hiddensee war damals überhaupt ein Treffpunkt zahlreicher sonderbarer Heiliger und Weltverbesserer. Hier wurde vieles geglaubt und noch mehr behauptet. Es war das Licht der Insel, das die Schwärmer anlockte und sie süchtig machte nach Schwärmerei. Ich selbst erlebte die Lietzenburg als ein Gehäuse und eine Zuflucht für Künstler, Träumer, Eigenbrötler, Theaterleute, für Gelehrte und Musiker. In Hiddensees Wald traf ich den greisen Dichter Gerhart Hauptmann beim Spaziergang. Er hatte die Insel schon früh kennengelernt, in unserer Lietzenburg schrieb er seine berühmteste Novelle: »Der Ketzer von Soana« zu Ende, von unserem Onkel Oskar erwarb er das Land für sein eigenes Haus.

Und ich spürte, daß ein Mädchen in mich verliebt war. Sie war knapp zwölf Jahre alt. Ich heuchelte ebenfalls Liebe, wir küßten uns, ich empfand wenig dabei, spazierte mit ihr aber in den Wald und fand eine Dornenhecke, wo wir ungesehen bleiben konnten, ich küßte sie wieder, sie hatte lange, dicke Zöpfe. Ich brachte sie leicht dazu, sich auszuziehen und sich, nur mit den Zöpfen bekleidet, ins Gras zu legen, umgeben von der Dornenhecke. Sie hatte einen noch knabenhaften Körper, kaum sichtbare Brüstchen, die ich anstandshalber küßte, weil ich nun schon wußte, daß man das tat, und zwar gern. Ich war aber doch geniert, sie durfte sich gleich wieder ankleiden. Ich ging ihr fortan behutsam aus dem Weg, was ihr weh tat, weil sie es nicht verstand. Und ich fühlte mich unanständig.

War die Atmosphäre schwül auf Hiddensee? Kaum schwüler als anderswo. Mir erschien sie leicht, heiter, überwölbt von diesem Himmelslicht, das nirgends so klar war wie hier, nirgends so hell, so alle Dinge durchleuchtend. Wohl wurde geliebt und was man dafür hielt. Eine Zeitlang wohnte eine hübsche junge Frau in einem Vogelbauer – so nannten wir die vier schmalen Einzelzimmer mit weitem Blick über die Insel –, und es wurden Witze gerissen, wenn sich ihretwegen Eifersuchtsdramen abgespielt, wenn in ihrem Zimmer nachts die Dielen geknarrt hatten. Das taten sie leider. Oder wenn das Bild über ihrem Bett am Morgen schief hing. Schwester Fifi lernte in der Lietzenburg einen Graphologen kennen, Hubert, den sie später heiratete und ihm drei Kinder gebar – ihr ganzes Glück.

Ich erinnere mich an Jürgen Fehling, den ebenso berühmten wie körperlich massigen Regisseur, er war damals schon über fünfzig, wie er die reizende, kaum siebzehn Jahre alte Schauspielerin Joana Maria Gorvin auf seinen Schultern trug, ihre nackten Beinchen von seinem Hals vor seine Brust herabbaumelnd. Er hielt sie an den zarten Knöcheln. Einmal reiste sie vor ihm ab, mit dem Dampfer, da stand er am Bollwerk, schief auf seinen Stock gestützt, und winkte ihr so lange nach, wie die zierliche Gestalt zu sehen, ja, nur noch zu ahnen war, endlich nur noch ein Strich auf dem immer kleiner werdenden Schiff, das von Kloster nach Vitte einbog und eine lange Rauchfahne hinter sich über den Bodden schleppte. Er sah sehr einsam, sehr rührend aus, dieser alternde Mann, der seinem jungen Glück hinterherblickte.

Fritz Rémond, Schauspieler und Regisseur mit beachtlicher Figur und aus den Fugen geratenen Gesichtszügen, in jeder Beziehung ein raumgreifender Mann, führte dauernd lose Reden, vor allem schweinische. Er witzelte über sexuelle Dinge und sah offenbar nicht viel anderes, spottete aber auch ungeniert über den Führer und war unser gerngesehener Gast. Er bewohnte das schönste Balkonzimmer. Es bereitete ihm Vergnügen, mich durch die Frage, ob ich wieder lieb zu mir selber gewesen sei und mir Freude bereitet hätte, in Verlegenheit zu bringen, zumal ich noch gar nicht verstand, was er meinte. Nach dem Krieg wurde er Prinzipal des privaten Theaters im Zoo in Frankfurt. Er beschäftigte dort den jungen Boy Gobert, der später Intendant in Hamburg, Berlin und Wien wurde, und die temperamentvolle Krista Keller, eine vorzügliche Schauspielerin, die es durch Heirat zur Principessa di Cerami brachte.

Fritz Rémonds Frau erlangte für mich eine besondere Bedeutung: Sie war Chefsekretärin bei der Deutschen Grammophongesellschaft und besorgte mir Schallplatten zu herabgesetzten Preisen. Sie war ein stilles Wesen, das möglicherweise unter dem lauten Gatten litt, ihn aber freundlich erduldete und für ihn lebte. Vielleicht war es keine schlechte Ehe.

Viele Namen habe ich vergessen. Aber was sind Namen? – Das Leben und die Menschen waren alles. Sie suchten neben dem Wind vom Meer und dem Duft der Hügel den weiten Horizont und den freieren Geist. All diese verschiedenen Persönlichkeiten, irgendwie waren sie wohl auch »meine Schule«, nur in einem sowohl verwascheneren als auch umfassenderen Sinne, und nicht geeignet für einen Abschluß oder gar als Grundlage eines Studiums. An ein solches war bei mir aber wohl sowieso nicht mehr zu denken – auf immer.

Die Odenwaldschule – Diether Ockel

Dennoch war ich gereift, nicht nur älter geworden, sogar ein wenig gefestigt. Vielleicht war noch ein Versuch zu wagen, mit meinem Einverständnis, das ich wohl oder übel geben mußte. Der Mutter fiel die Odenwaldschule ein, auf der einige ihrer Kinder gute Zeiten erlebt hatten, bei Heppenheim an der Bergstraße gelegen und von Paul Geheeb in humanistischem Geiste gegründet. Nun war zwar Paul Geheeb ins Ausland gegangen, in die Schweiz, aber etwas von seinem Geist versuchten seine Nachfolger doch zu bewahren.

Max vom Bruder Jochen fotografiert

Ich sah ein, daß etwas mit mir geschehen mußte. Ich schickte mich ins Unvermeidliche, zumal es wieder nur »auf Probe« war. Genauso faßte ich es auch auf, und so mußte es wohl auch die Schule betrachten.

Ich reiste in die OSO, wie die Odenwaldschule abgekürzt hieß, bezog ein schmales Bett in einem schmalen Zimmer in einem der Häuser mit hohen, schwarzen Schindeldächern. Ich besuchte einige Schulstunden, von denen ich nicht viel verstand, saß in der Aula und hörte sonntägliche Schülerkonzerte, die mir gefielen, und lernte einen blonden Jungen kennen, der mein Freund wurde für viele Jahre, wenn wir uns auch nur selten sahen. Er hieß Diether Ockel. Sein Vater war Intendant des

Ulmer Theaters. Diether sprach mit mir den »Faust«, seitenlang. Und wir lasen ihn mit verteilten Rollen.

Wir saßen mit vielen anderen Schülern auf einer Waldlichtung am Holzfeuer, und Diether wies mich auf ein Mädchen hin, Inge, seine Freundin. Nur gerade jetzt hatten sie irgendwelche Schwierigkeiten miteinander, die Diether nicht sehr ernst nahm. Aber das alles durfte niemand wissen, denn sonst flogen sie beide von der Schule, Diether und das Mädchen. Ich fand so eine Strafe sehr hart, reich an Erfahrung wie ich doch schon war, doch ging Diethers Verliebtheit vielleicht schon über die Grenze hinaus, die damals selbst eine aufgeklärte Schule zog und ziehen mußte. Jedenfalls holte er verstohlen eine Fotografie von seinem Mädchen aus der Jackentasche, in der Badehose, und nur in dieser, sitzend, mit nacktem Oberkörper und rührend kleinen Brüsten.

Seine liebste Freizeitbeschäftigung war es, lange, unendlich lange unter der Dusche des Waschraums zu stehen, am Nachmittag, wenn es eigentlich nicht erlaubt war. Er überredete mich dazu. Heimlich schlichen wir hinunter, standen unter den Wasserschwällen, dampften, trieften und zogen prickelnd noch Reiz aus der Besorgnis, so nackt und naß, so schutzlos, entdeckt zu werden.

Diether vor allem genoß es. Er regte sogar an, seine Freundin zu dieser heimlichen Körperkultur mitzubringen, doch dazu war ich zu feige. Wir wären gewiß von der Schule geflogen. Ich schämte mich wohl auch, mich so entblößt vor einem Mädchen zu zeigen – und so entblößt ein Mädchen zu sehen, trotz Dornenhecke in Hiddensee – oder vielleicht gerade ihretwegen. Noch fehlte mir der Mut zu solchen Exzessen.

Als die Herbstferien kamen, verließ ich dieses schöne Landschulheim wieder. Mein Gastspiel war nur sehr kurz gewesen. So ganz hatte es mir trotz des duschenden Freundes doch nicht gefallen. Oder die Schule sah keine Möglichkeit mehr, mich noch zu fördern. Bei mir war wohl schon Hopfen und Malz verloren. Wahrscheinlich trafen alle Gründe zusammen. Mir fehlte es sowohl an Lerneifer als auch an Vorbildung.

Ich kehrte wieder nach Bad Kösen zurück – zur Mutter, die vielleicht nun doch am Verzweifeln war. Denn ohne Unterricht konnte ich nicht mehr bleiben, das ließ schon der Staat nicht zu. Und wieviel war auch bereits vertan an Zeit und an Gelegenheit! Ich war menschlich sicher ein frühreifer Knabe, aber eine Art Kaspar Hauser – oder ein Wolfskind – in bezug auf die Schule. Bald wurde ich sechzehn.

Doktor Alfred

Aber nun erschien Doktor Alfred, kein großer, aber ein kräftiger Mann. Er strömte eine Energie aus, die mich einschüchterte. Sein mondrunder Kopf saß fast übergangslos auf den Schultern. Er begann seine erzieherische Tätigkeit mit einem Gang in den Kurpark, unter das Gradierwerk, das schwarz über uns aufragte und seinen heilsamen Geruch nach Salz und Sole verströmte. Es war ein trüber Tag, die Wolken hingen tief, und trübe waren meine Aussichten, das sagte mir Doktor Alfred schonungslos: »Du mußt lernen, lernen und nochmals lernen. Du mußt dich auf den Hosenboden setzen! Das Herumlungern und Faulenzen ist jetzt vorbei.« So drückte er sich aus, vielleicht sogar in noch härteren Worten. Er brach einen Zweig vom Busch, streifte die Blätter ab und machte eine Gerte daraus. Die ließ er durch die Luft pfeifen, vielleicht aber weniger, um mir Schläge anzudrohen, sondern eher, um sich selber Mut zu machen. Mir wurde trotzdem weh ums Herz, ich war beklommen und kleinlaut, wußte nichts zu sagen, nickte nur hilflos und brummte maulig: »Jaja!«

Aber zu meiner freudigen Überraschung ließ sich dann alles doch recht kommod an. Gleich zu Beginn unseres Zusammenseins – das ich im nachhinein kaum Zusammenarbeit nennen möchte –, im schönsten, farbigsten und rundum sonnendurchfluteten Oktober, begab sich Doktor Alfred mit mir auf eine Wanderung über den »Rennsteig«, über diesen alten Grenzweg zwischen Thüringen und Franken. Es waren die Tage, in denen Mussolini wie ein Triumphator in Berlin gefeiert und mit frenetischem Jubel empfangen wurde, während andererseits der Herzog von Windsor Hitler seine vielbeachtete Aufwartung machte. Wir aber zogen zwischen hohen Bäumen über den Kamm des Thüringer Waldes, von der Saale bis zur Werra, wanderten etwa zwanzig bis dreißig Kilometer am Tag. Begannen den Marsch im schiefergedeckten Neustadt, sahen den Kickelhahn, auf dem Goethe »Wanderers Nachtlied« geschrieben hatte:

Über allen Gipfeln ist Ruh,
In allen Wipfeln spürst du
Kaum einen Hauch ...

sprachen überhaupt viel von Goethe, der sich hier als Minister um den Straßenbau gekümmert und »liederliche Wirtschaft bis nachts eins« getrieben hatte. Ich befragte meinen Lehrer, was ich darunter zu verstehen hätte, und er antwortete mürrisch: »Mit Weibern eben!«

Mein Doktor trug bequeme Überfallhosen aus grau-gesprenkeltem Stoff, er las und rezitierte mit mir im Wandern Goethes »Hermann und Dorothea«, da wir ja auf seinen Spuren wandelten, er betonte die Hexameter sorgsam und wies mich darauf hin, ein wie vortrefflicher Naturbeobachter dieser Dichter gewesen sei, der zum Beispiel, wenn es brannte und die Flammen loderten, vom Feuer schrieb: »sich selber den Zugwind erzeugend«.

Wir schritten über den schmalen Pfad, über weichen Waldboden, durch das schlichte, schwarzgrüne, vielfach geflickte Baumkleid, ließen uns auf dem Inselsberg vom Wind durchpusten und suchten den fernen Brocken und die Wartburg über die wogenden Waldgebirge. Unendlich friedlich, unendlich grün lagen die sanft gerundeten Hügel unter uns, ineinanderfließend und ihre Farbe mit dem vibrierenden Licht verdekkend. Wir kamen über die Wasserscheide zwischen Werra-Weser, Rhein-Main und Saale-Elbe, erfreuten uns an den verschiedenen Grüntönungen, an einer märchenhaften, unwirklichen

Welt, in der jederzeit Elfen und Zwerge zwischen die Baumstämme treten konnten, und durchstreiften die herrlichen Laubwälder bei der »Wilden Sau«.

Erleichtert und froh begrüßte ich jeweils die nächste Gelegenheit zum Einkehren oder Rasten: in Gastwirtschaften, Waldlichtungen, auf Bänken, hoch gelegenen Aussichtspunkten. Wir übernachteten in einfachen Gasthäusern oder in Privatquartieren, einmal, in einem düsteren Tal, bei einem Graubart, der Hunde schnitzte, die an Aschenbechern schnüffelten, und Elefanten, die Bücher stützten. Mir gefielen seine Kunstwerke, ich wählte sorgfältig aus und kaufte, von meinem Lehrer beraten, einige Stücke. Wir schickten sie im Paket nach Kösen, wo sich die Mutter gewiß über den noch recht unentwickelten Geschmack ihres Bildhauersohnes gewundert haben mag.

Aber was den Geschmack anlangt, kam ja in Deutschland auch sonst einiges ins Wanken. Im Sommer hatte Hitler selbst das Haus der Deutschen Kunst in München und die erste große Deutsche Kunstausstellung eröffnet. Da zeigten uns die Bildhauer Thorak und Arno Breker, wie der arische, heldenhafte Mann und die germanische Frau auszusehen hatten, und der Maler Ziegler übertraf sie womöglich noch an peinlichem Realismus. Der Bruder Jochen amüsierte sich darüber, daß man ihn den »Meister der gekräuselten Schamhaare« nannte, während die Schwester Fifi, in der Deutschen Wochenschau mit diesen Plastiken konfrontiert, sich verblüfft fragte, ob Männer wirklich so wild-muskulös wären. Dramatischer als es damals getan wurde, im künstlichen Spiel von wanderndem Licht und modellierenden Schatten, lassen sich Körper wohl kaum darstellen. Es gab auch einen pompösen Festzug, der die »Zweitausend Jahre Deutsche Kultur« glorifizieren sollte, auf die wir stolz sein konnten, denn kein anderes Volk der Erde hatte ähnlich große Leistungen vollbracht, für die ganze Menschheit. Benno von Arent, Hitlers Reichsbühnenbildner, ließ viele historische Kostüme und aufgeputzte Wagen vorbeifahren, die von Brauereipferden gezogen wurden. Auf ihnen durften rein arische, wunderbar nordische Mädchen ihre idealen Brüste zeigen.

Doch das war keineswegs alles. Damit wir auch wirklich begriffen, was deutsche Kunst war – und was andererseits eben nicht, sondern ihr Abschaum –, wurde ebenfalls in München die große Ausstellung »Entartete Kunst« gezeigt. Danach wanderte sie durch Deutschland.

Ob Doktor Alfred der Nazipartei angehörte, weiß ich nicht mehr. Meine Erinnerung ist, daß er Hitler aus katholischer Überzeugung ablehnte. Aber Politik hat für uns niemals eine Rolle gespielt, wie die Politik für mich überhaupt kaum eine Rolle spielte. Ich besuchte ja in Kösen auch niemals das Jungvolk, nahm nie an Heimabenden oder Marschübungen teil, war immer entschuldigt.

Die folgende Zeit verging dann irgendwie, wieder daheim in Bad Kösen und in der Stube, die nicht die hellste war, aber anheimelnd wie hier alles anheimelnd war, jeder Stuhl, jeder Tisch, jedes Bild. Sie verging, die trübste Jahreszeit, mit Schulstunden, mit einigen oder wenigen, doch dazu war Doktor Alfred ja schließlich gekommen, und ich nehme an, die ersten Wochen werden wir auch gearbeitet haben, im November und Dezember.

Dann war aber schon wieder Weihnachten, die selige Kruse-Weihnachtszeit, und der zweite Januar sah mich mit meinem neuen Hauslehrer bereits in einem Gasthof auf der Seiser Alm, in Südtirol.

Die Seiser Alm

Der Gasthof hieß Monte Piz, er hatte aber mit Bergen eigentlich gar nichts zu tun, im Gegenteil, er lag so tief im Einschnitt, daß er nur an wenigen Mittagsstunden von der Sonne gestreift wurde. Er war ein Holzhaus mit dünnen Wänden und eiskalten Stuben, kaum geheizt, die Schlafzimmer überhaupt nicht. Man erreichte ihn auf Skiern oder auch mit dem Schlitten von der oberen Seilbahnstation. Hoch standen die Schneewände ringsum, und es herrschte bitterster Frost, der uns schaudern machte. An Arbeit war unter solchen Umständen nicht zu denken, und es wurde auch nicht daran gedacht. Wo hätten wir auch lernen sollen, wenn nicht in der Gaststube, die meist voller Menschen war, Wintersportler, die sich draußen nicht aufhalten mochten. Ich wurde gleich krank, bekam eine schwere Bronchitis, quälenden Husten, eine Ärztin war dort, die wollte mich mit Heudampfbädern kurieren. Über die Waschschüssel mit dem kochenden Sud mußte ich meinen Kopf halten, unter dem Handtuch und unter der Bettdecke, recht wacklig auf der Matratze, schwitzen und tief atmen, was ich tat, ohne daß sich der Husten besserte.

Die Mutter wurde verständigt, es gäbe da einen anderen Gasthof auf der Höhe der Alm, inmitten weiter Hänge und mit Aussicht auf die Felsnadel des Schlern. Nein, es war doch schon eher ein Hotel, mit Balkonen, auf denen man den ganzen Tag, vom Morgen bis zum Abend, in der Sonne liegen konnte: Albergo Delai. Dorthin übersiedelten wir ins sonnigste Doppelzimmer und fühlten uns wohl. Die Ärztin, Bernhardine Blümel, zog mit uns um, sie war sehr herzlich, gefühlsbetont, war gern mit dem Sohn von Käthe Kruse zusammen, und ich war stolz darauf, daß sie gern mit mir zusammen war.

Doktor Alfred genoß die Tage ebenfalls und genoß die Sonne. Er wurde braun wie ein Afrikaner, aber wir arbeiteten nichts. Wo waren all seine Vorsätze und Ermahnungen? Ich hütete mich, ihn daran zu erinnern.

Doktor Schlesinger aus München wohnte im Hotel, ein Rechtsanwalt, der mir unumwunden erklärte, daß er Jude sei. Er war ein scharfer, witziger Kopf, nahm sich meiner an und fand in mir einen Partner, der ihm an Frechheit gewachsen war. Das gefiel ihm. Doktor Schlesinger küßte die Mädchen, die, bis auf die seidene Unterwäsche entblößt, vor dem Hotel im Liegestuhl lagen, unter die Achseln und meinte, dies müsse man tun, um zu erfahren, wie eine Frau schmeckt. Die Mäd-

Doktor Alfred und Max Kruse im Skiurlaub auf
der Seiser Alm, 1938

chen genossen es. Ich wußte nicht, was er meinte, machte es ihm auch nicht nach, obwohl sich manche wohl hätte küssen lassen. Aber ich wäre viel zu scheu dazu gewesen.

Eine Hilde war es, die Doktor Schlesinger besonders gern küßte, eine junge Frau von fünfundzwanzig Jahren. Sie war knusperbraun und sprühte vor Gesundheit, sie sprühte auch vor Lebens- und Liebeslust. Aus Seis am Schlern wanderte sie zu uns herauf auf die Alm, an Sonn- und Feiertagen, oder wenn sie sonst gerade Zeit dazu hatte. Sie hatte oft Zeit. Sie hieß mit Nachnamen Feichtner und führte in Seis, eine knappe Stunde zu Fuß unterhalb der Alm, mit Mutter und Schwester ein Hotel. Auf die Alm kam sie der Sonne, des Flirtens und des Skilaufs wegen.

Doktor Schlesinger haßte selbstverständlich die Nazis, und hier war er in Italien, da konnte er es unbesorgt tun und auch aussprechen, so eng war das Bündnis zwischen Hitler und Mussolini noch nicht. Die Krise um Österreich schwelte gerade. Vieles gab uns Stoff zu Anzüglichkeiten – aber wir machten uns nicht nur lustig. Doktor Schlesinger saß ja die Angst im Nacken. Ich weiß nicht, was aus ihm geworden ist. Bis in die ersten Kriegsjahre hinein wechselten wir gelegentlich noch Briefe, er schrieb mir geistreiche Episteln, nahm kein Blatt vor den Mund und war ohne Furcht, dann hörte ich nichts mehr von ihm, es endete alles.

Ein Nordlicht sahen wir über dem Schlern flammen, wie grün und blau aufgezogene Vorhänge, von großer Pracht. Es illuminierte den Himmel lange. Doktor Alfred und ich stiegen mit Bernhardine Blümel nachts auf einen Berg, nur um von seinem Gipfel den Vollmond zu betrachten.

Noch gab es keine Skilifte, aber die ersten Stahlkanten kaufte ich mir in Ortisei und stürzte am ersten Tage dauernd. Ich fuhr mit Bettlaken Ski, die ich mir hinter den Rücken band. Sie blähten sich wie Fallschirme.

Und dann kam Monika Eckhardt, nicht allein, sie war ganz frisch verheiratet mit einem deutschen Filmregisseur, der in

Rom mit ihr lebte. Sie war Modezeichnerin gewesen, bevor sie Herrn Eckhardts Frau wurde, zierlich schlank, knapp über zwanzig Jahre alt, eine graziöse Erscheinung, duftend und dunkelhaarig. Herr Eckhardt hörte mit uns abends Bruckners Vierte, die »Romantische Symphonie« in Doktor Alfreds und meiner Stube von Schallplatten, die ständig umgedreht oder gewechselt werden mußten. Draußen war es stockfinster, bei uns brannte nur eine halbhelle Lampe, wir lagen auf den Betten, und Herr Eckhardt war eifersüchtig, ich weiß nicht auf wen, er war aber ständig eifersüchtig und besorgt um die Liebe seiner reizenden Monika. Die Symphonie beginnt mit wunderbaren Waldhörnern, und so war mir zumute, ganz durchflutet vom Hörnerklang und von Monikas Düften berauscht.

Da Herr Eckhardt selber nicht Ski lief und Doktor Alfred es erst zu lernen begann, als mein Schüler, machte Monika mit mir eine Tour. Allein stiegen wir auf einen Gipfel, wo wir uns niedersetzten, um auszuruhen, Berge und Stille ringsum und ein sehr sanfter Wind in Monikas Haar.

Wir schwiegen, bis Monika zu mir sagte: »Du darfst mich küssen, Mäxchen«, und ich küßte sie und fühlte mich wohl, wenngleich es noch keine große Liebe war, wohl aber eine reizende Verliebtheit. Dann schwiegen wir abermals.

Bald reiste Monika wieder ab, nach Rom, mit ihrem Gatten. Daß sie einen tieferen Eindruck auf meinen Doktor Alfred gemacht hatte, ahnte ich nicht.

Er faßte sich ein Herz und begab sich mit mir und Bernhardine Blümel auf eine verwegene Tour, vielleicht, um den Aufruhr seiner Gefühle zu bändigen, den Goldknopf hinauf. Im Bergrestaurant gaben mich die beiden Erwachsenen aus Jux für den Enkel des deutschen Kaisers aus, und ich wurde entsprechend bedient und sehr höflich behandelt. So ausgelassen waren wir. Am Nachmittag fuhren wir auf der anderen Seite des Goldknopfes ins abgelegene Tal, ich mit den beiden blutigen Anfängern, denn weder Frau Blümel noch Doktor Alfred beherrschten ihre Skier auch nur einigermaßen. Es war eine Qual, eine Tortur, für alle. Wir kamen in den Wald, in die Nacht, in den Harsch, brachen immer wieder ein, die beiden stürzten dauernd, lagen mehr auf dem Boden, als daß sie auf den Brettern standen oder gar fuhren. Wir bekamen Angst, bestanden schließlich nur noch aus Angst. Es wurde dunkel und schnell Nacht. Wir erkannten nicht mehr, ob es aufwärts oder abwärts ging. Aber Gott war mit uns, wir sahen endlich das Licht von Häusern, so klein, so entfernt, mit welcher Erleichterung begrüßt! Da waren dann Campitello und später auch Canazei, und wir konnten einen Pferdeschlitten mieten. Es war bitterkalt, aber der Mond stand halb am Himmel und hatte einen hellen Hof. Die Tannen ragten tiefschwarz auf, der Schnee knirschte, das Pferd schnaubte, wir hörten seinen wattigen Hufschritt, das Lederzeug ächzte, wir fuhren auf schmaler, gewundener Straße zum Sella-Joch empor, waren überglücklich, dem Leben wiedergegeben zu sein und den Gasthof erreicht zu haben. Hier bekamen wir Zimmer, in der Nacht mußte ich erbrechen, war völlig überanstrengt, zitterte, fieberte, lag schweißnaß im Bett.

Da Bernhardine Blümel aber wieder heimreisen mußte und sich die Abfahrt allein nicht zutraute, ließ mich mein Doktor im Gasthof. Er begleitete sie ins Tal, mit der Seilbahn auf die Alm und danach zum Zug nach Ortisei. Ich blieb einen Tag allein und eine weitere Nacht, aß Haferschleim und kam wieder zu Kräften.

Am übernächsten Morgen, bei strahlender Sonne und in aller Herrgottsfrühe, schnallte ich meine Skier an und suchte mir den Weg über die lawinengefährdeten Hänge, um die roten Felsen des Sellajoches herum, eine Tagestour, ins Albergo Delai. Gottlob war der Himmel wolkenlos, die Welt um mich ein Fanal des Lichts, ich ging wieder bis an die Grenze meiner Kraft und empfand die Einsamkeit, die Unberührtheit der Natur ringsum. Nirgends war ein Mensch, geschweige denn eine Behausung, und ich empfand mich als so winzig, wie ich ja wirklich war.

Nach mehreren Stunden, als ich vom Sellajoch abgefahren

war und die Seiser Alm wieder erreicht hatte, mit ihr die Zivilisation, mich gerettet fühlte, kam ich zu einem einsam gelegenen Sporthotel, in dem die reichen, vornehmeren Gäste logierten. Hier konnte ich essen, mich ausruhen, hier gab es Tennisplätze, die im Winter zum Eislaufen benutzt wurden. Auf ihnen explodierte die Sonne. Und hier wurde gerade ein Film gedreht, dessen Star Anny Ondra war, die spätere Frau des Boxers Max Schmeling. Ich fotografierte die kleine, schmale Schauspielerin mit den weißen Beinen im schwarzen Röckchen, ehe ich mich auf den letzten Teil des Heimweges machte, der noch vor mir lag, von Hügel zu Hügel.

Doktor Alfred empfing mich, als habe er es nicht anders erwartet, als daß ich wohlbehalten heimkommen würde, aber gewiß war er erleichtert.

Und er empfand wohl, daß er die in ihn gesetzten Erwartungen kaum erfüllt hatte und daß es besser sei, der Mutter nicht persönlich Rechenschaft abzulegen. Heute meine ich, er hatte schon früh beschlossen, nie mehr mit seinem Schüler nach Kösen zurückzukehren, und handelte nach der Devise: »Nach mir die Sintflut!« Ich wüßte sonst nicht, warum dieses Lehrer-Schüler-Verhältnis sich so plötzlich löste, es löste sich jedenfalls. Doktor Alfred fuhr noch von der Seiser Alm, wo er mich ohne Erklärung allein ließ, direkt nach Rom und kehrte von dort nicht mehr zu mir zurück. Es ging im Hotel Delai die Rede, er sei auf Monika Eckhardts Spuren verschollen. Das war er freilich nicht gänzlich, denn später, während des Krieges trafen wir uns noch einmal, in Freundschaft, da war er Soldat, wir hatten andere Themen und sprachen nicht über diese Episode.

Österreich-Anschluß

Schon vorher ohne Unterricht, jetzt auch noch ohne Lehrer, blieb ich dennoch auf der Alm. Ich verlegte aber meinen Sitz des Wohllebens und der Untätigkeit hinab nach Seis am

Schlern, in das Hotel von Hilde Feichtner, die sich neben mir auf dem Balkon zum weiteren Bräunen sonnte, den schwellenden Busen im Büstenhalter, und sowieso schon braun wie Milchschokolade. Sie küßte mich und saß auf meinem Bettrand, im seidenen Morgenrock, der sich über den Beinen öffnete. So gab er meinen Blicken ihre Beine und die Seidenstrümpfe preis und die Haut – über dem Strumpfrand und unter den Spitzen der weißen Dessous – mit den dekorativen Strapsen. Da sagte mir Hilde:»Wie schade, daß du noch zu klein bist.« Ich ahnte es nur, doch ich wußte eigentlich immer noch nicht so recht, wozu ich zu klein war.

In Bozen kaufte ich ihr ein Korallenarmband, es war nur ein Souvenir, ein billiger Schmuck, wie es ihn zu Tausenden gibt, aber ich wußte nichts anderes und verfügte ja auch nicht über große Mittel. Sie nahm es heimlich entgegen, im Dunkeln und verborgen hinter ihrem kleinen Wagen, einem Fiat Topolino – dem beliebten Auto-Mäuschen der Italiener. Sie küßte mich zwar wieder, schien mir aber doch eher geniert zu sein, eine Preziose war das Armband ja wirklich nicht.

Inzwischen hatte Hitler auch den Oberbefehl über die Wehrmacht an sich gerissen, die »Affäre Blomberg« hatte die Gemüter erregt. Immer ging es bei Hitler um Homosexualität, wie er behauptete, wie auch damals bei der Liquidierung des Stabschefs Röhm. Ribbentrop war Reichsaußenminister geworden.

Am 12. April war ich immer noch in Seis, am 12. April marschierten die deutschen Truppen in Österreich ein, zwei Tage später fuhr Hilde mit mir nach Innsbruck. Dem Vater schrieb ich zum Geburtstag nach Berlin:»In Innsbruck war ich zwei Tage nach dem Einmarsch. Die Leute waren alle selig vor Freude, und die ganze Stadt schwamm in einem Fahnenmeer. Jeder deutsche Schutzmann wurde stürmisch begrüßt, viele Leute hatten Tränen in den Augen. Über der Stadt donnerten den ganzen Tag deutsche Flieger. Und dazu die hohen Berge und der blaue Himmel, es war ein unbeschreiblich schönes Bild. – Ich habe Dir eine Brieftasche gemacht ...«

So überschwenglich hatte ich den Tag erlebt. Grellweiß war die Nordkette, ein Gebirgs-Juwel, und Hitlers Sturzkampfbomber schossen im freien Fall auf die Stadt herab, sich dicht über den Dächern wieder fangend und in donnernder Schleife emporziehend.

Aus Österreich wurde die Deutsche Ostmark. Die Leute jubelten, auf dem Heldenplatz in Wien feierten sie Hitler, wie kaum einen Menschen vor ihm.

Und ich? Fuhr ich nun nach Hause, kehrte ich nach Kösen zurück, wartete dort ein neuer Lehrer auf mich? Weit gefehlt. Die Mutter reiste mit mir und der hübschen Schwester Hanne nach Oberitalien. Im Tal der Etsch reckte eine Monumentalplastik, ein nackter Mann auf dem Pferd, seinen linken Arm, das sollte der Duce Italiens, Mussolini, sein. Wir überquerten den Gardasee mit dem Dampfer. Da sah ich von oben auf ein Mädchen herab, es saß auf der Bank und trug ein Kopftuch. Ich vergaß sie nicht und dachte lange an sie, die ich nicht erreichen konnte, vielleicht gerade, weil ich sie nicht erreichen konnte, mit der ich niemals sprach und die ich nie von nahem betrachtete. Ich war viel zu schüchtern, als daß ich zu ihr hinabgegangen wäre. In Bozen stolperte ich auf der Straße über ein Geschöpfchen, das über seinem Engelsgesicht eine Krone trug, in Form eines goldblonden, dicken Zopfes. Lange streifte ich durch die Straßen, hoffend und betend, sie wiederzusehen.

Die Mutter, die Schwester und ich standen in der Lichtflut auf dem Balkon des Castells von Malcesine, steil über dem See. Wir besuchten die Mailänder Messe, die Mutter führte mich vor Gemälde von Raffael in der Galerie Brera, wir tranken Kaffee vor dem Dom, ich wanderte im Dämmer des Innenraums unter seinen Säulen, legte den Kopf in den Nacken und spürte zum ersten Mal, was Gotik ist, dieses Bauwunder des Mittelalters, das sich nie wiederholt hat. Die Mutter zeigte mir Venedig, wir fuhren in der Gondel auf dem Canal Grande, und ich war benommen, bezaubert. Wir schlenderten unter dem Schirm im Nieselregen über den Markusplatz, wo sich alles

Käthe Kruse und Sohn Max im Frühjahr 1938
vor der Markuskirche in Venedig

spiegelte, und die Schwester Hanne fütterte die Tauben. Wir wohnten dicht bei der Rialtobrücke, ich blieb dem Hotel Marconi mein Leben lang treu. Dann verließ uns Hanne, ich weiß nicht wohin.

Mit der Mutter reiste ich zurück über Zürich, wo mir Franz Carl Weber vom Spielwarenhaus das Buch »Der grüne Heinrich« von Gottfried Keller schenkte, mit seiner persönlichen Widmung, das war am 4. Mai 1938, das Datum steht in dem Band. Der »Grüne Heinrich« war in braunes Halbleder gebunden, und Franz Carl Weber war sehr väterlich, herzlich zu mir. Er meinte, für diese Dichtung sei ich nun reif genug, und zeigte mir das Haus, in dem Gottfried Keller als Stadtschreiber gearbeitet hatte. Er lud die Mutter und mich zu sich ein, in seine vornehme Villa über der Stadt, umgeben von einem Park. Seine Frau stammte aus dem Süden der Schweiz, glaube ich, sie hatte etwas von ihrem südlichen Charme an ihre Tochter vererbt. Das Mädchen war kleiner als ich und auch jünger, zierlich, mit einer niedlichen Nase. Sie zeigte mir ihr Zimmer und setzte sich mit hochgezogenen Füßen auf das Fensterbrett. Wir sahen auf den üppigsten Garten im Frühling, und vor mir waren ihre nackten Knie mit den zarten Scheiben, die ich zaghaft küßte. Da lachte sie und sah mich mit warmen Augen an, schlug die Zöpfe zurück und strich sich über das Haar. Dann gingen wir wieder hinab zu den Erwachsenen, denn wir wurden zum Essen gerufen.

Die Mutter fuhr mit mir nach Calw im Schwarzwald, dort hatte sie von einer Höheren Handelsschule erfahren – wäre diese wohl etwas für mich gewesen, eine Lösung meiner Probleme? Ich konnte es mir nicht vorstellen und der Direktor der Schule vermutlich noch weniger, nach dem, was ich an Voraussetzungen mitbrachte. Zwar wurde viel beredet, wir besichtigten Klassenräume und hochgiebelige Häuser, in denen ich hätte wohnen können, doch dabei blieb es dann auch, und die Mutter gab es möglicherweise sogar ganz auf, daß ich noch eine Schulbildung und einen Abschluß bekommen könnte. Sie reiste mit mir – vielleicht um ihre letzte Hoffnung ärmer – nach Stuttgart weiter. Wir wohnten im Hotel Zeller, weil sie mit den Zellers befreundet war. In vielen Städten hatte sie Hotels, zu deren Inhaber, Portiers, Zimmermädchen, Kellnern und Kellnerinnen sie herzliche Beziehungen pflegte. Sie kaufte mir in der nächstgelegenen Buchhandlung viele historische Romane, einen ganzen Stapel, damit ich mich daraus weiterbilde und nachhole, was alles versäumt worden war, allein, in Gottes Namen denn. Es waren Bücher über Könige und Kaiser, Biographien, eine recht willkürliche Zusammenstellung, natürlich, denn die Buchhandlung führte ja nicht die gesamte Geschichtsliteratur, lückenlos und geordnet, und was hätte diese mir auch genützt. Außerdem hätte sie ein Vermögen gekostet. Ich war zufrieden. Eine Handelsschule hätte ich nur sehr ungern besucht. Ich war froh, daß dieser Kelch so schmerzlos an mir vorbeigegangen war. In der Nacht, die Mutter war eingeladen, saß ich im Fenster unseres hochgelegenen Hotelzimmers, hatte das Licht gelöscht und schaute auf die dunklen Dächer draußen. Da dachte ich, daß vielleicht hier ein Mensch lebte – aber ich meinte ein Mädchen – und jetzt gerade schliefe, den Kopf und die Haare auf seinem Kissen, und nichts von mir wüßte. Und doch seien wir füreinander bestimmt und würden uns lieben, eines nicht mehr fernen Tages. Dann würde ich mich in Sehnsucht nach ihr verzehren und sie sich nach mir.

Ich hatte sogar recht. Ein Anfall von Hellsichtigkeit war dies freilich nicht, sondern ein Zufall. Ich glaube nicht an übersinnliche Erscheinungen und halte es ganz mit der Vernunft und dem Beweisbaren.

Die Mutter hatte Freunde in Heidelberg – da ergab sich für mich ganz unerwartet die Gelegenheit, zu Christl zu fahren. Sie war in Kassel in einem privaten Schulheim. Eilige Briefe wurden gewechselt, die Mutter erlaubte mir, zu ihr zu fahren, ein Treffpunkt in Kassel wurde vereinbart, Christl schlug das Bahnhofshotel vor. Dort sollte ich einen Brief von ihr mit näheren Angaben vorfinden. Ich glühte, bestand nur aus Sehnsucht und Ungeduld, reiste von Heidelberg nach Kassel, stand fiebernd im Gang des Zuges, weil ich es im Abteil nicht aushielt, sauste, meinen schweren Koffer schleppend, ins sogenannte Bahnhofshotel, das sich als eine Kaschemme entpuppte, wo es nach abgestandenem Bier roch, ein Gestank, der mir immer zuwider war. Ich bekam ein Briefchen ausgehändigt, klein wie eine Briefmarke, ich jagte die Treppe empor, in mein schäbiges Zimmer, riß das Kuvert auf – las und fiel aus allen Wolken: sie schrieb in zierlicher Schrift, daß sie ganz plötzlich habe abfahren müssen ... zu ihrem Vater ... und keine Zeit mehr gehabt, mich zu benachrichtigen ... und ich möge nicht böse sein. Und vielleicht ein andermal.

Ich war nicht böse, aber die Welt brach zusammen, und ich wußte kaum, wie ich die Zeit verbringen sollte, wie die Nacht bis zur Abfahrt des nächsten Zuges nach Kösen.

Die Schwester Fifi hatte ihr erstes Kind erwartet, von Hubert, dem Graphologen, den sie auf Hiddensee kennengelernt hatte, und brachte es in Kösen zur Welt. Das war meine erste richtige Nichte, und ich war stolz, nun ein echter Onkel zu sein, da ich bisher doch immer nur ein Halbonkel gewesen war, durch meine Halbschwester, aus der ersten Ehe des Vaters.

Überglücklich war Fifi, als sie ihr Baby im Arm hielt, die Gundula, und es war überhaupt ein Tag voller Sonne, damals im Naumburger Krankenhaus. Fifi war plötzlich Mutter und gänzlich Mutter, als sei sie nie etwas anderes gewesen und als habe sie niemals etwas anderes sein wollen.

Inselzauber

Nun mußte die Schwester Hanne die Leitung der »Pension Haus Lietzenburg« auf Hiddensee übernehmen und schritt mit mir sorgenvoll über die duftenden Hügel. Sie fragte sich und mich, ob sie der Aufgabe gewachsen sei und es den anspruchsvollen Gästen wohl recht machen könne. Die Köchin Else und der Hausdiener waren ihr geblieben.

Daß Hanne die Pension wunderbar leiten würde mit ihrer Tüchtigkeit und ihrem anmutigen Charme, war für mich sicher. Noch schrieb ich keine Gedichte, desto mehr machten mir meine erwachenden Gefühle zu schaffen, rissen an mir, beutelten mich, nahmen mir Verstand und Vernunft, wenn ich denn je welche besessen hatte. Eine Cousine kam zu uns nach Hiddensee, ein Mädchen, das mir gefiel, und es gefiel mir trotz allem durchaus nicht jede. Sie mußte im Badezimmer wohnen, weil die Pension überfüllt war. Sie hatte einen guten und festen, deutlichen Busen. Ich schlich vor die Badezimmertür und preßte das Auge ans Schlüsselloch, konnte aber nichts sehen und war allein auf meine Phantasie angewiesen. Das Mädchen duftete – schien mir – nach Erde und Sommerwiese. Besonders die Erde stand hoch im Kurs, denn die Mutter hatte oft eine Anekdote erzählt: Als der Vater um sie warb, verglich er sie mit dem Duft feuchter Frühlingserde. Darüber war sie zunächst gekränkt: keine Rosen? Keine Veilchen? Bis er ihr das Treffende und Schmeichelhafte dieses Vergleichs klarmachte, denn die Frühlingserde enthält ja alle Düfte der Welt als Möglichkeit und ist ihre Verheißung.

Mit der Erde hatte es auch Frau Müthel, die Gattin des berühmten Berliner Regisseurs Lothar Müthel. Sie wohnte bei uns. Ich habe sie als eine vehemente, mütterliche Frau in Erinnerung. Ihr machte es das größte Vergnügen, unseren Hund Jeremy, einen tigerähnlich gescheckten Mischling, Abkömmling unserer Bömby mit einem gräßlichen Promenadenköter, auf den Rücken zu drehen und an seinen Pfoten zu schnüffeln. »Ach, wie das riecht«, meinte sie. »Es gibt keinen besseren Geruch.« Ich schnupperte bei Jeremy ebenfalls zwischen den auseinandergezogenen Zehen. Er ließ es sich ruhig gefallen. Ich fand den Geruch auch würzig, der Hund roch dort wirklich nach den Wiesen und Kräutern der Insel, die er vollkommen frei durchstreifte.

Sie war nicht die einzige bekannte Frau vom Theater, die in der Lietzenburg wohnte. Hilde Körber, die große, schweigsame Schauspielerin, war bei uns mit ihrer jüngsten Tochter Susanne, einem Mädchen mit Zöpfen, so niedlich anzusehen. Wir verliebten uns ein wenig ineinander. Wenn sie mich sah, flog sie auf mich zu, umarmte mich und preßte sich an mich. Ihr Köpfchen reichte mir höchstens bis zum Kinn, und ihr Haar war seidig. Die Mutter lebte gerade in Scheidung von Veit Harlan, und litt sehr darunter. Er hatte sie wegen der jungen Kristina Söderbaum verlassen, die in seinen Filmen »Die goldene Stadt« und »Jud Süß« ins Moor beziehungsweise ins Wasser gehen mußte, weshalb sie die »Reichswasserleiche« genannt wurde. Veit Harlan erwarb sich makabren Ruhm mit Nazipropaganda-, sogar Hetzfilmen, von denen »Jud Süß« gewiß der übelste war und am nachhaltigsten wirkte, vielleicht gerade deshalb, weil er so gekonnt inszeniert war und daher so überzeugte. Hilde Körber war sehr blaß, sehr verhärmt, sie lachte aber trotzdem über ihre Tochter, mochte uns beide, und ich mochte das Mädchen. Es war eine Schwärmerei, die vorüberging, wie dieser Sommer.

Die Schwester Hanne war befreundet mit der jungen Schauspielerin Ursula Herking, die erfolgreich in komischen Filmrollen debütierte. Hochschwanger war sie, als sie zu uns kam, und so – ihre zeitweise Unförmigkeit mit Humor kommentierend und jede Unterhaltung mit trockenem, manchmal bissigen Berliner Witz würzend – spielte sie mit uns das beliebte Boccia. Nach dem Krieg kam Ursula Herking zu Ruhm, als erstes weibliches Mitglied der Münchner Lach- und Schießgesellschaft, neben Dieter Hildebrandt ein Star des deutschen Kabaretts.

Boccia war das Spiel der Lietzenburg. Ein Urlaub bei uns war nicht ohne Boccia denkbar. Von zwei Parteien mußten je sechs schwarze und sechs gelbe Holzkugeln so nah wie möglich an die zuerst ausgeworfene rote Zielkugel herangebracht werden, gerollt, geschoben, oder auch geworfen, bedächtig oder heftig. Man konnte auch andere, nahe liegende Kugeln wegschmettern, wenn man sie traf. Boccia war sehr beliebt, es förderte die Kommunikation unter den Gästen, den ganzen Tag konnte man das Klacken der Holzkugeln hören. Der Reiz des Spiels bei uns bestand darin, daß es nicht auf einer glatten, präparierten Bahn gespielt wurde, sondern auf dem Rasen, in Sandkuhlen und in jedem anderen Gelände, um das Haus herum und auf den Hügeln davor. Man mußte also die Unebenheiten des Bodens so genau wie möglich abschätzen und einberechnen. Ein zusätzlicher Reiz lag darin, die rote Kugel entweder ganz nah, oder sehr weit weg zu plazieren. Es gab wahre

Die Schwester Hanne auf der Fahrt nach Paris
zur Weltausstellung 1937

Der Bruder Jochen beim Fotografieren
auf Hiddensee

Meister, die das Spiel in der charakteristischen Haltung beherrschten, weit vorgebeugt, lange und aufmerksam ausschauend, zielend, prüfend und überlegend, die linke Hand aufgestützt, die rechte weit ausschwingend, auch dann noch, wenn die Kugel bereits rollte.

Der Bruder Jochen saß mit seinen Freunden Day und Paulchen – jung und elegant alle drei – in der sonnendurchfluteten Frühstücksveranda. Im weißen Strohsessel mit der hohen Rückenlehne las er die Briefe seiner Freundin Rita aus Berlin vor. Sie war Mannequin und duftete ebenfalls süß, wie Jochen bemerkte, wenn auch nicht nach Frühlingserde, sondern nach Pariser Parfum. Sie erschien mir schön und etwas mollig, nach den Fotos, die Jochen herumzeigte, und sie überschüttete ihn brieflich mit Küssen, das mochte er sehr. Jochen war damals – und blieb es – ein außerordentlich hübscher Bursche, sehr schlank, mit eleganten, langen Beinen, wohlausgebildetem Thorax und einem meist strahlenden Gesicht – nein, er war nicht immer strahlend, dieser Bruder, aber in Hiddensee war er es, voller Witz und Heiterkeit.

Ja, Jochens Thorax war wohlgebildet, der meine war es nicht mehr. In Kösen war ich einmal gegen einen Zaunpfosten gerannt, der am Straßenrand eingerammt worden war, ein runder, eisenharter Pfosten. Er hatte sich mit voller Wucht und furchtbarem Schmerz in die Mitte meiner Rippen gebohrt, die noch nicht stabil waren. Den Schlag spüre ich – in Gedanken – noch heute. Ich war wie benommen und taumelte. Es bildete sich zunächst nur ein blauer Fleck, aber das war nicht das Schlimmste. Schlimm war, daß sich von diesem Tag an die Rippen nach innen bogen, so daß ich eine Trichterbrust bekam, deren ich mich sehr schämte. Sie machte mich über die Maßen scheu – noch zu den Hemmungen wegen meiner vorstehenden Zähne. Ich trug deshalb Badeanzüge mit Oberteil, was mich dem Spott der Gleichaltrigen erst recht aussetzte. Sie kannten ja auch den Grund nicht, weil ich ihn verbarg, statt mich zu ihm zu bekennen. Ich bekam Vitaminpräparate gegen

Rachitis und mußte unter Anleitung meiner Schwester Maria, die das studiert hatte, auf dem Steilhang über dem Meer, auf den Wiesen um die Lietzenburg und in würziger Waldluft Gymnastik machen. Sie schlug das Tamburin dazu mit dem Schlegel. Doch die Gymnastik fruchtete nichts, und die Verunstaltung blieb. Der große Philosoph Kant, so tröstete man mich, sei mit einem ähnlichen Leiden behaftet gewesen, einer, Hühnerbrust, und trotzdem alt geworden. Ja, aber er war Philosoph gewesen und hatte es sicher mit stoischer Geduld getragen, das tat ich nicht, damals noch nicht. Später lernte ich eher, mich mit dem Unabänderlichen abzufinden.

Ich bewunderte Jochen, weil er so makellos »gebaut« war, wie die Mutter es ausdrückte. Michelangelos David in Florenz war bestimmt nicht hübscher als er. Ich bewunderte ihn aber auch sonst, weil er so witzig war, und außerdem war er immer reizend zu mir.

Ihm verdankt unsere Nichte Renate, Tochter des Bruders Michel, zwar nicht ihre Geburt, wohl aber ihr Geburtsdatum, den 1. April. Es war 1940, da schickte Jochen unsere Mutter, die wir damals Käthchen zu nennen begannen, in Bad Kösen heftig in den April. Er rief sie von der Puppenwerkstätte aus an, mit verstellter Stimme und in schönstem Sächsisch. Er behauptete, Telefonmonteur zu sein und die Leitung prüfen zu müssen. Sie möge doch den Hörer ablegen, ans Fenster gehen und nach ihren Hunden rufen.

»Aber sie sind doch gar nicht draußen!«

»Das macht nischt! GehnSe nur und rufenSe ...«

Käthchen ging brav ans Fenster, öffnete es, lehnte sich hinaus und rief laut: »Bömby! Jeremy!«

Dann kam sie zurück ans Telefon. »War es recht?«

Jochen war nicht zufrieden. »Laudr, bidde!«

Die Mutter tat's, noch lauter: »Jeremy! Bömby! Jeremy! Bömbilie!«

»War es jetzt gut?«

»Nuja, ganz scheen. Hier ham mehr een kleen Defegt! Nu rufen Se doch bidde noch mal de Vöjel ...«

»Wie denn, die Vögel? Was für Vögel?«

»Nu ja, die Bieberle ...«

Käthchen ging brav wieder ans Fenster und rief mit zärtlichster Stimme: »Pieperle, kommt alle! Piep! Piep! Piep!«

Danach ans Telefon. Da hielt es der Bruder nicht mehr aus: »April, April!«

»Blöder Kerl«, rief die Mutter, die immer noch nicht verstand, und knallte den Hörer auf die Gabel.

Über diesen Scherz mußte Irm, die Schwägerin, dicht vor der Niederkunft stehend, so lachen, daß die Wehen einsetzten und sie gleich ins Krankenhaus mußte, wo sie noch am gleichen Tag von Renate entbunden wurde.

Es war wohl in diesem Sommer, daß meine Halbschwester Annemarie, von uns Mieze genannt, in einem der kleinen Waldhäuschen neben der Lietzenburg wohnte, Künstlerin, Malerin. Sie hatte in zweiter Ehe einen Lehrer der Odenwaldschule geheiratet, der nach dem Kriege in Marburg Professor wurde und ein bekannter Hölderlin-Forscher war, Werner Kirchner. Mit ihm lebte sie in Bad Homburg und hatte ein spätes, sehr geliebtes Kind bekommen, das in Umkehrung ihres eigenen Namens Marianne heißen sollte, sich aber in reiferen Jahren Julia nannte. Diesen Säugling hatte Mieze bei sich und schmückte den Wald rings um ihr Häuschen mit dessen Höschen, Hemdchen und Windeln, auf Leinen gehängt, von Kiefer zu Kiefer und vom Türstock zu den Kiefern. Es sah aus, als hätte Mieze ständig über alle Toppen geflaggt. Mich interessierte dieses Baby damals nicht, die Halbnichte mochte ich später desto lieber. Ich las damals ein Buch über Marco Polo, einen Roman in etwas schwülstiger Sprache, der mir großen Eindruck machte, zumal ich Venedig ja nun kannte. Ich begann das Werk zu dramatisieren, wollte es für ein Marionettentheater bearbeiten und entwarf eine Bühne, bei der man den Boden Zentimeter für Zentimeter nach unten versenken konnte, denn ich wollte meine Dekorationen und Figurinen beliebig verschwinden lassen können. Das stellte ich mir äußerst effektvoll vor, und damit erschöpfte sich das Schauspiel im wesentlichen.

Auf einem Esel konnte ich reiten, das hatte ich in Kösen mit der grauen Zwergeselin Rosinchen – oder Asina – praktiziert. Nun mietete ich mir im Gutshof von Kloster auf Hiddensee ein Pferd, einen gutmütigen, dicken Ackergaul. Er wurde mit einem Sattel versehen, und ich konnte aufsitzen. Ich mußte nur aufpassen, daß das Tier nicht in eines der zahlreichen Karnikkellöcher trat und sich das Bein brach. So, hoch zu Roß, streifte ich über die Insel, eitel, wenn ich Leuten begegnete, nachdenklich und versonnen, wenn ich allein ritt.

Von diesem Pferd führt eine direkte Verbindung zu Odo, der mein letzter Hauslehrer wurde. Er kam nämlich aus Devin bei Stralsund, wo er die Kinder aus einem großen Gutshof unterrichtete – und die hatten viele, sehr rassige Pferde. Ich besuchte sie einmal, um Odo kennenzulernen, und durfte mit Frau Krukow ausreiten, im Galopp über die Stoppelfelder. Mir verging Hören und Sehen.

Odo war eigentlich kein richtiger Lehrer, er war ein angehender Schriftsteller oder er hielt sich dafür. Das mochte die Mutter auch für ihn eingenommen haben: ein musischer Mensch für ihren Herzensschatz, ein Dichter für ihren Dichter in spe ...

Odo gefiel mir gleich, er war so ganz anders, als man sich einen Lehrer vorstellt, schwungvoll, noch keine dreißig Jahre alt, salopp gekleidet, er trug weite Hosen, die um seine überlangen, sehr dünnen Beine flatterten, und ebenso weite Jacken. Er hatte weit auseinanderstehende Augen und ausdrucksvoll starke Backenknochen, dazu schütteres, dünnes Blondhaar. Er war voller Geschichten, die er bereitwillig erzählte. Meist waren es Aufschneidereien, die seine enormen Fähigkeiten auf allen Gebieten und seine glänzende, ruhmvolle Zukunft zum Thema hatten, so daß ihm mein Vater auf seine trockene, knurrige Art einmal sagte: »Männeken, Sie sind der reenste Märchenerzähler!«

Odo kam zu mir, als sich der Sommer neigte. Bald versi-

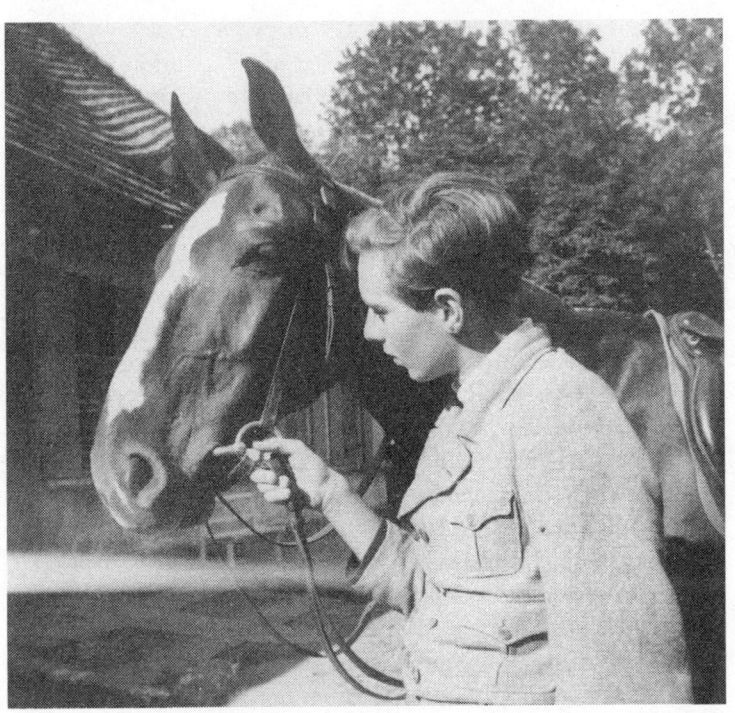

*Der sechzehnjährige Max Kruse auf dem Gutshof
der Familie Krukow in Devin bei Stralsund*

cherten wir einander – ich in der Telefonzelle auf Hiddensee, er noch bei Krukows in Devin – unsere tiefempfundene Freundschaft. Ich fühlte es auch so. Ich war ehrlich enthusiasmiert, und das war vielleicht keine schlechte Mitgift für den verzweifelten, späten Versuch, aus mir noch einen Menschen mit Kenntnissen zu machen, mochten sie auch noch so lückenhaft sein.

Odo war nur noch kurze Zeit auf Hiddensee, im Herbst brachen wir unsere Zelte dort ab, überwintern wollten wir nicht auf der Insel. Odo zog mit mir nach Berlin. Die Mutter mietete uns eine bombastische, möblierte Bürger-Wohnung in der Spichernstraße 20, vor allem das Wohnzimmer war beachtlich, mit Klavier und gedrechselten Plüschmöbeln. Odo nahm ganz selbstverständlich von diesem Wohnzimmer Besitz, ich wurde in ein winziges Schlafkämmerchen verbannt, dessen Fenster zum dunstigen Hof führte. Ich fand das in Ordnung und fühlte mich dennoch wohl. Das Leben mit Odo gefiel mir, das in Berlin noch mehr. Es war turbulent, Odo erfüllte den Plüschraum mit seinen Phantasien und hatte mit Unterricht eigentlich nichts im Sinn. Aber nicht so sehr aus Faulheit, sondern aus Genialität. Mein Gott, Schule – was ist das schon? Er pflegte dafür unsere Freundschaft und hütete sich, sie Belastungen auszusetzen. Er verschonte mich weitgehend mit lästiger Arbeit. Ich begann wieder, Tagebuch zu schreiben, und fragte mich mit den ersten Sätzen, ob ich es wohl ein Leben lang tun würde. Rasch ließ ich es wieder – leider. Ich entwarf einen Film für die Schauspieler Heinz Rühmann und Hans Moser, in dem ein Mann aus dem Mittelalter in die Neuzeit versetzt wurde. Das war doch interessanter, als mathematische Formeln zu lernen. Odo unternahm es, mit mir Hörspiele zu schreiben, zunächst für den Schulfunk, später konnte man ja weiter sehen, nach oben gibt es nie Grenzen, die Berliner Staatstheater standen uns offen. Vorläufig waren es Spiele über deutsche Könige und Kaiser, gekrönt mußten die Häupter schon sein. Wir verfaßten auch eine Ballade über Maria Stuart im dunklen Kerker. Während ich umständlich und langatmig die Szenerie beschrieb, kam Odo gleich dramatisch zur Sache:

Ein dunkler Gang, und dahinter ein Tor,
Und zwei mit Gold bestochene Wächter davor ...

Ich begriff, wie weit er mir überlegen war.

Es war dies das Jahr der künstlich herbeigeführten Krise um die Sudetendeutschen, Konrad Henlein war ihr Führer im Sinne Adolf Hitlers, sie wollten »heim ins Reich«. Auf dem Reichsparteitag am 12. September 1938 drohte Hitler offen mit einer Intervention, am 15. September war der englische Premier Chamberlain auf dem Obersalzberg beim »Führer und Reichskanzler«, dann redete Hitler im Sportpalast, geiferte, forderte. Daladier, Chamberlain, Mussolini und Hitler trafen sich in München, die Krise wurde beigelegt, ein geplanter Staatsstreich der Reichswehr unter Generaloberst Halder wurde deswegen abgesagt, es gab eine deutsch-englische Friedenserklärung, Hitler versicherte: »Wir wollen keine Tschechen«, und die Tschechoslowakei mußte das Sudetenland an das Deutsche Reich abtreten,

Es gab am 9. und 10. November aber auch Pogrome und die sogenannte »Reichskristallnacht«, in der die Synagogen in Flammen aufgingen. Ich sechzehnjähriger Junge war der Goebbelsschen Propaganda ausgesetzt und gestehe, daß ich das Ausmaß der Schändlichkeit nicht erkannte.

Als es Winter wurde, waren wir wieder in Kösen. Die Berliner Wohnung wurde aufgegeben. Aber das änderte nichts daran, daß Odo immer neue Projekte mit mir entwarf, Filmdrehbücher, darunter auch eines über Meerschweinchen, die sich auf einer Zollstation so wahnwitzig vermehrten, daß die Beamten dieser Flut nicht mehr Herr wurden und nicht mehr treten konnten. »Schwein ist Schwein« hieß das Elaborat. Odo hatte den Stoff in einer Zeitschrift gefunden. Auf ein Studium an der Deutschen Filmakademie wollte er mich vorbereiten; daß ich Regisseur oder Drehbuchautor werden konnte, war für uns eine ausgemachte Sache, es war vielleicht die letzte Chance, die mir das Schicksal bot – aber was für eine.

So war Odo auch eigentlich nicht nur mein Lehrer, sondern eher mein »Mentor«. Er jedenfalls nannte sich so, und in dieser Art sah es die Mutter wohl auch, froh, wieder eine Lösung gefunden zu haben. Sie glaubte fest an meine Begabung. Ich würde meinen Weg schon machen. Und ich war glücklich. Ich notierte: »Odo zeigt mir ein Ziel: Filmakademie und Regisseur ... Endlich!« Ich begrüßte es begeistert und fuhr fort: »Odo scheint mich zu lieben ... ich mag ihn ganz gerne, aber lieben? Nein! Ich glaube überhaupt nicht, daß Lieben der richtige Ausdruck ist von Mann zu Mann.«

Aber ich litt auch und hielt es in meinem Tagebuch fest: »Christl schreibt nicht, ich bin verzweifelt. Ich habe ihr den ›Träumer‹ von Otto Gmelin zu Weihnachten geschickt.« Und trotzdem fragte ich mich auch besorgt, ob sie nicht vielleicht sehr häßlich sei, das wäre doch schlimm gewesen: »Wir haben uns nun drei Jahre nicht gesehen! Was waren wir kleine, dumme Kinder!« Und fuhr gleich darauf selbstkritisch fort: »Und was bin ich jetzt?«

Ich stellte fest, daß die Liebe mich am Arbeiten hinderte, und erkannte ahnungsvoll: »Wenn ich sie (nämlich Christl) nicht bald einmal wiedersehe und zurückerobere, gibt es ein Unglück!«

»Zurückerobere ...«, als ob ich sie jemals erobert gehabt hätte.

Einen Gigli-Film – vielleicht Ave Maria – fand ich »zum Kotzen« und bemerkte: »Odo und ich meinen, daß wir die großen Reformatoren des Films werden müßten. Aber Mutti wünscht offenbar, daß ich einen Beruf in einem Museum ergreife.«

Ja, die Mutter fand, daß ich eine ausgesprochene Begabung für das Ordnen und Sortieren hätte, die ihr fehlte. Auf ihrem Schreibtisch herrschte leicht das Chaos.

Im Winter 1939 reiste Odo mit mir zum Skilaufen nach Nauders in Tirol, und ich schrieb in mein Schmierheft: »Es treibt mich zu schreiben, und ich weiß doch nichts. Ich sitze vor dem Papier wie ein leerer Topf.« Oder: »Die Unvollkommensten verlangen von mir Vollkommenheit.«

Wir verbrachten das Frühjahr darauf in dem Austragshäusel eines Südtiroler Obstbauern in Schenna oberhalb von Meran, wo ich mich bemühte, künstlerisch zu fotografieren, und mir eine Dunkelkammer im Keller einrichtete, umgeben von Wänden aus Granitgestein. Ich fand, es war ein wundervoller Raum.

Ich erlebte erregte Diskussionen von Südtiroler Bauern mit, die nach einem Abkommen zwischen Mussolini und Hitler für eine Rückkehr nach Deutschland »optierten«, das heißt, sich dafür entschieden, ihren Besitz in Südtirol gegen einen in Deutschland oder Österreich zu tauschen. Das wollte auch unser Bauer, einer der wohlhabendsten hier, denn er dachte national und mochte kein Italiener werden. Sein Hof lag auf der Höhe, hinreißend schön, mit weiter Aussicht über Meran und das Tal, die Bäume standen in voller Blüte, so üppig, wie ich es nie wieder erlebt habe. Undenkbar für mich, ein solches Paradies aufzugeben.

Odo schritt mit ausgreifenden Schritten über die Wiesen und ließ mich ein wenig Französisch memorieren nach dem populären Ullstein-Lehrgang: »1000 Worte Französisch«. Ich lernte: »Je ne parle pas assez bien français pour me faire comprendre«, lernte es auswendig und wendete es später in vielen Lebenslagen an. Es paßte immer und half fast immer. Ich glaubte, meine vier Vorderzähne hätten endlich ihre ansehnliche, gerade Position gefunden, die Spange wurde entfernt – wenige Wochen später standen sie wieder genauso schief wie früher. Jahrelange Qual war umsonst gewesen. Ich resignierte und meinte, ich hätte keine andere Wahl, als mich mit dieser Verunstaltung abzufinden.

Im Frühsommer endete aber auch dieses Intermezzo mit Odo. Warum? Nicht alles kann man schreiben, solange noch Menschen leben, die in die Ereignisse verwoben sind und Kummer deswegen empfinden. Jedenfalls, ich verließ Schenna. Jahre später sah ich Odo noch einmal, auf der flimmernden Leinwand, da spielte er in dem Film »Maria Stuart«, die von Zarah Leander so pompös wie melodramatisch verkörpert wurde, einen überaus hageren englischen Lord, der sich seinen mageren Körper im Dampfbad von Walkknechten massieren ließ. Sein Kopf mit den schütteren Haaren wirkte so witzig, pfiffig und bedeutend, wie damals, als er mein Mentor war. Ich konnte mir das Lachen nicht verkneifen und dachte an unsere Maria-Stuart-Verse.

Auf der Rückkehr von Schenna traf ich die Mutter in Innsbruck. Sie trug diesen neuerlichen Mißerfolg mit Fassung. Meine Schulzeit, wenn man dies alles denn so nennen konnte, war unwiderruflich vorbei – so schien es. Die Mutter wandelte mit mir nachts durch den Schloßpark, da waren die Bäume von unten angestrahlt und leuchteten grün, Büsche, Grotten, Kuppeln und Dome. Ich sah es mit Verzauberung. Ich kaufte mir chinesische Gedichte in einer Nachdichtung von Klabund und war betrunken von diesen Versen, und plötzlich dichtete ich selber, meine ersten Strophen – in der Badewanne des Hotels. Etwas feucht, das Schreiben mit nassen Fingern.

> *Eine Birke stand im Wind*
> *Bog sich lind ...*

Die Mutter sah vielleicht ihre Träume heranreifen, sie bewunderte zunächst meine bescheidenen, sehr leichtfüßigen Verse, fand es später aber doch bedauerlich, daß ich immer nur über die Liebe reimte. Das kränkte mich.

Der letzte Friedenssommer

Die Liebe war wirklich mein einziges Thema, auch wieder daheim in Kösen. Sie beutelte mich, ich dachte nichts anderes, ich empfand nichts anderes. Doch es war eine ganz platonische Liebe, eine Liebe wie von Dante zu seiner Beatrice. Sie hatte sich entzündet an einem winzigen Bildchen, das mir Christl geschickt hatte, kaum so groß wie ein Paßfoto. Es zeigte das Mädchen mit Kopftuch neben einem Pferd – es warf mich einfach um. Die Glut stieg in mir hoch, wenn ich nur an sie dachte, und ich dachte immer an sie, träumte, dichtete, phantasierte. Ich überschüttete sie mit hochtrabenden, verwirrten und wirren Briefen, auf die sie mit Anstand und Kühle antwortete. Ich beleidigte sie mit Worten, trennte mich von ihr, legte mich ihr gleich wieder zu Füßen, alles auf dem Papier. Brieflich schickte ich ihr Gedichte, ich meinte, ohne sie nicht mehr leben zu können und hatte sie doch so lange nicht mehr gesehen, die in Hamburg wohnte und auch keine Anstalten machte, das meinetwegen zu ändern.

Die Mutter zahlte das Porto. Und ich verkaufte meine sechzig Karl-May-Bände für eine Mark das Stück an einen befreundeten Buchhändler. Sie hatten ihre Schuldigkeit getan, ich war darüber hinausgewachsen. Nun begann ich, Rilke zu lesen. Seine Verse zogen süß in meinen Sinn, fast bin ich versucht zu sagen: in mein Blut.

Hubert, der Vater der Nichte Gundula und Fifis Mann, sorgte sich inzwischen um meine Entwicklung in der realen Welt, er ließ mir Schwimmunterricht geben und Tanzstunden vom Tanzpaar im Hotel Mutiger Ritter. Da hing ich an der Leine im schmutzigen Saale-Wasser und machte meine Froschbewegungen – da nahm mich die Tanzpartnerin in den Arm, und daheim, dort, wo an Weihnachten der große Baum seine geschmückten Äste ausbreitete, übte ich die gezirkelten Schritte und akzentuierten Bewegungen des Tangos.

Im Herbst wurde Fifi, junge Mutter nun auch eines Sohnes, Mitglied einer Kulturgruppe. Da trat sie im Hotel Kurpark auf erhöhter Bühne in wackelnden Dekorationen als »Ahnfrau« auf – im Drama von Franz Grillparzer. Sie ist mir unvergeßlich, wie sie als weiße, gespenstisch wehende Gestalt im Dämmerlicht aus der Papptür trat und ersterbend säuselte:

Öffne dich, du stille Klause,
Denn die Ahnfrau kehrt nach Hause.

Aber die Idylle konnte nicht dauern. Die Zeichen, die wir hätten sehen sollen, wir haben sie nicht gesehen. Oder – wenn wir sie auch sahen, wir hätten doch nicht anders leben können. Wir waren gefangen in unserer Welt, die scheinbar keine schlechte Welt war – und so gefangen wie wir waren Millionen andere, alle um uns herum, so weit wir blicken konnten. Was geschah, stand in den Zeitungen. England gab Polen eine Garantieerklärung ab, Frankreich tat es ihm nach. Hitler kündigte das Flottenabkommen mit Großbritannien, er kündigte den Deutsch-Polnischen Vertrag. Er marschierte in der Tschecho-

Friedebald Kruse, etwa achtzehn Jahre alt

slowakei ein und proklamierte das Protektorat Böhmen und Mähren. Plötzlich gab es mit dem Erbfeind, mit der Sowjetunion, einen Nichtangriffspakt. Wir erfuhren es beim Frühstück aus dem Radio und verstanden die Welt nicht mehr. Im Mai war ein Militärbündnis mit Italien abgeschlossen worden, der Stahlpakt. All das berührte uns, aber es berührte uns nicht unmittelbar. Man vertraute der so oft bewiesenen Fähigkeit des »Führers«, die Dinge schließlich doch ohne Blutvergießen zu regeln. Wir wußten nicht, daß uns der größte Verbrecher der Weltgeschichte regierte.

Der Bruder Friedebald war sein Soldat. Der Bruder Jochen

konnte noch in Berlin fotografieren. Der Bruder Michel arbeitete als Doktor der Physik in der Großindustrie.

Keiner, nicht die Mutter, nicht die Schwestern, ahnte das kommende Verhängnis. Es gab unter uns nur einen Nationalsozialisten: den frischgebackenen Mann von Fifi, den Graphologen und Vater ihrer Kinder. Man hielt ihm gegenüber nicht zurück mit abweichenden Meinungen, wenn man sie denn hatte, mit Zweifeln oder Kritik. Er widersprach wohl, vertrat seine eigene Anschauung, aber er hat nie jemanden verraten, auch nicht später, als die militärische Lage dramatisch wurde und man leicht als Hochverräter hätte verurteilt werden können, und sei es auch nur, weil man heimlich die Nachrichten des britischen Rundfunks hörte, wie wir es im Krieg dann taten, mit ängstlich gedrosselter Lautstärke.

Der Krieg beginnt

Am 1. September 1939 befahl Hitler den Angriff auf Polen. Der Zweite Weltkrieg hatte begonnen. Unsere Welt stürzte zusammen. Nicht sofort, noch siegten unsere Truppen ja und trugen die Zerstörung in andere Länder. Unser Zuhause blieb unberührt. Aber das, was Deutschland gewesen war, unsere Heimat, unser Geborgensein, auch das menschliche, es wurde nach und nach zertrümmert. Der Zusammenbruch dauerte sechs Jahre. Dann war alles dahin.

Von dieser Zeit ist schon oft berichtet worden, und sie wird noch oft beschrieben werden, man hat versucht, sie zu deuten, und wird es weiter tun, wieder und immer wieder. Wir, im kleinen Bad Kösen, lebten wie auf einer Insel. Lange Zeit, sehr lange Zeit waren alles nur abstrakte Nachrichten, Sondermeldungen des Oberkommandos der Wehrmacht, waren alles nur ferne Ereignisse für uns. Sie erzeugten Hoffnungen auf ein rasches Ende, die zunehmend angefressen wurden von Zweifeln. Zuerst wollten wir gewiß den Sieg. Es wäre die Unwahrheit, das zu leugnen. Und die Niederlage Deutschlands konnten wir schon gar nicht wünschen, das war unmöglich. Wir glaubten, daß es dann keine lebenswerte Zukunft mehr geben könnte, sie würde schrecklich sein, das lehrten die Erfahrungen des Hungers, der Inflation, der Arbeitslosigkeit nach dem Ersten Weltkrieg. All das, noch viel Schlimmeres, erwartete uns. Wir gaben uns niemals Illusionen hin, wer an diesem Krieg die Schuld trug, und waren gewiß, daß wir dafür zu büßen haben würden. Dazu kam eine panische Angst vor dem Bolschewismus, die von der Goebbelsschen Propaganda geschickt geschürt wurde. Unsere Freunde unter den russischen Emigranten, die aus der Sowjetunion geflohen waren, bestärkten uns darin. Doch je länger der Krieg dauerte, je mehr wir einbezogen wurden und unser Freundes- und Bekanntenkreis, die ganze Bevölkerung, je mehr wurden auch wir in Konflikte gestürzt. Was sollten wir hoffen? Was würde der verlorene Krieg bringen? Oder andererseits, was konnte ein Sieg Hitlers für Europa, für die Menschheit bedeuten? Wir vermochten es uns nicht vorzustellen.

Wenn ich es mit einem Bild zu erklären versuche: Wir lebten in Bad Kösen wie in einem Refugium. Um uns bröckelte das Land ab. Das Plateau unseres Lebens hielt, den Abstürzen ringsum zum Trotz. Vielleicht war diese Idylle gerade deshalb so vollkommen, weil sie so gefährdet war. Im nachhinein erscheint mir die Zeit wie ein Märchen. Um uns tobte das Grauen. In unserem Schloß aber herrschte Frieden. Unser »Schloß«, das war das graue Haus, unsere »Villa«, bescheiden genug – unser Schloß war auch die Puppenwerkstätte. Der Park um unser Schloß war Bad Kösen, war lange Zeit Deutschland überhaupt, war Naumburg, war Weimar. Denn dort lebten unsere Freunde in ähnlichen Refugien.

Ich erzähle nicht die Geschichte des Krieges. Ich erzähle, wie ich den Krieg überlebte. Ich gebrauche noch einmal das Wort Idylle. Sie leuchtete gerade vor dem Hintergrund von Tod und Schrecken.

Mit dem Kriegsausbruch traten der Mutter Sorgen um meine Schule und Ausbildung gänzlich in den Hintergrund. Bald achtzehn Jahre alt, unterlag ich wohl auch keiner gesetzlichen Schulpflicht mehr. Recht ungesichert stand ich dem Leben gegenüber. Meine Hände waren so leer wie mein Kopf. Daß mein Kopf noch gefüllt werden könnte mit normaler Schulkost, erschien aussichtslos. Vielleicht halfen meine Hände?

Mit einem Kösener Tischlermeister wurde ein Abkommen getroffen. Ich ging zu ihm, nicht als Lehrling, sondern als eine Art Volontär. Vielleicht bezahlte ihm die Mutter sogar etwas. Am Morgen um sechs, in tiefster Finsternis, machte ich mich auf den Weg über die Brücke. Unten rauschte der Fluß über das Wehr, hoch oben funkelten die Sterne. Ich fühlte mich herzlich schlecht, Tischler wollte ich nicht werden, und ich haßte es, so früh aufstehen zu müssen.

Ich kletterte die Außentreppe zur Werkstatt empor, lernte das Glätten, das Hobeln von Brettern, das Verzinken von Holzverbindungen, versuchte mich an Schubladen.

Der Kampf um Warschau tobte. Unser wortkarger Meister machte schon damals keinen Hehl aus seiner Meinung, daß dieses Abenteuer schlecht ausgehen würde. Ich stand an den Maschinen. Die Handwerksburschen entdeckten schnell meine Überempfindlichkeit gegenüber Zoten, unanständigen Witzen. Sie nutzten das lustvoll aus. Oft hatte ich mit ohnmächtiger Wut zu kämpfen. Ich hatte eine solch rüde Art bisher noch nicht kennengelernt. Sie waren viel robuster, und daher stärker als ich. Sie waren auch mächtiger. Sie waren Gesellen, ich nicht einmal Lehrling – oder wehe, wenn ich es gewesen wäre. Sie konnten mich schikanieren.

Ich brach die Kanten von Rolljalousien mit dem Hobel. Der Meister war oft nicht zufrieden mit mir. Die Schlacht um Warschau wütete weiter, der Kampf zog sich in die Länge. Ich fand es seltsam, daß der Widerstand gegen unsere siegreichen Truppen so groß sein konnte, es beunruhigte mich.

Der Meister knurrte: »Jetzt hat er sich übernommen, du wirst es sehen!« Er meinte Hitler.

Endlich kapitulierte Warschau doch, und die polnische Gegenwehr brach zusammen.

Ich zimmerte eine Fußbank und mattierte sie braun. Ich brachte das kleine Werk der Mutter und war sogar stolz darauf. Ich war nie ungeschickt mit den Händen. Aber Tischler wollte ich trotzdem nicht werden, ich erklärte es ihr. Sie seufzte: »Ach, Herzblatt ...«

Der Schnee fiel. Die Dunkelheit am Morgen wurde immer undurchdringlicher, sie währte immer länger. Ich fror, schützte meine Ohren notdürftig mit schwarzen Klappen, verfluchte den langen Weg.

Da rettete mich der Bildhauer Igor von Jakimow, er sollte einige Köpfe für Schaufensterfiguren fremder Rassen modellieren, vor allem Malaien, für das Völkerkundemuseum in Amsterdam, das Fotos geschickt hatte.

Igor war der erste Mann meiner Halbschwester Annemarie gewesen, in der Zeit des Ersten Weltkriegs. Sie hatte ein Buch verfaßt, »Der Gutshof Jakimow«, in dem sie ihre Zeit mit Igor in Rußland anschaulich beschrieb. Schon früher hatte Igor für die Mutter gearbeitet und Puppenköpfchen geformt. Jetzt wohnte er bei uns im Haus, aß bei uns, arbeitete aber in einem Nebengebäude der Werkstätte. Dort stand ihm ein großer Raum zur Verfügung. Er redete mit volltönender Stimme. Wenn er zu uns kam, dröhnten die Wände vom Treppenhaus bis zum Dachboden. »Igorrr ist da!« brüllte er schon in der Tür.

Igor erschien mir wie ein menschlicher Vulkan. Er war Russe, und man hörte es, obwohl er Deutsch vollkommen beherrschte.

Als mich die Mutter fragte, ob ich bei ihm mitarbeiten wollte, war ich begeistert. Und sie fand es vielleicht gescheiter, wenn ich etwas lernte, das ich in ihrer Werkstätte anwenden konnte. Igor unterwies mich darin, Ton durchzukneten, ihn zu walken und Alabastergips anzurühren. Ich schmierte die weiße Masse auf die von ihm gestalteten Köpfe aus grauem Ton, die

Familie Kruse im Kriegsjahr 1941.
Von links: Michel, Hanne, Mutter Käthe,
Jochen und seine Frau Ruth, Max

mich mit fremdartig geschnittenen Augen anschauten, flache, breitgedrückte Nasen hatten und wulstige Lippen, lernte es, verlorene Formen zu machen oder mehrfach verwendbare Stückformen, und goß sie aus. Jeder Guß war ein Ereignis. Ließ sich die Form lösen? War der Kopf gelungen, vollständig, kein Ohrläppchen abgebrochen?

Ich tat es gern und brachte es zu kleiner Meisterschaft.

Die Russen kämpften im finnischen Winter. Ich sympathisierte mit den Finnen. Ihr Widerstand erschien mir heldenhaft. Igor, obwohl Russe, war auch dieser Meinung und äußerte sie laut und temperamentvoll.

Daheim kam mir ein Buch über die Handlesekunst in die Hände, ich erfuhr, daß eine schmale, kleine Linie unter dem Ringfinger ein Zeichen für Künstlertum sei. Dort waren meine beiden Hände aber ganz glatt. Das kränkte mich und wunderte mich noch mehr. Wie, war ich etwa kein Künstler? Das wollte ich doch sein. Verstohlen klemmte ich den kleinen Finger unter den Ringfinger und verschränkte beide miteinander, um jene magische Falte künstlich zu erzeugen. Ich hielt die unbequeme Stellung lange, sehr lange und unverdrossen, wann immer es möglich war. Vielleicht war diese Falte ja die Ursache des Künstlertums – und nicht umgekehrt seine Folge.

Ermahnungen, Küsse und ein Entschluß

Doch als der Frühling kam, war Jakob Schaffner in Naumburg, auf einer Vortragsreise, der Schweizer Dichter und Freund der Mutter. Er las in einem Hotel, einem gelben, biedermeierlichen Bau unter Bäumen. Ich fuhr mit dem Omnibus zu ihm und hörte ihm zu. Jakob Schaffner trug aus seinen Werken vor, aus »Johannes Schattenhold«, er las von seiner ärmlichen, bitteren Jugend. Danach durfte ich mich zu dem Mann mit dem charaktervollen Gesicht an den Gasthaustisch setzen. Er redete mit mir von alten Zeiten, von den Tagen am Hallwiler See. Jetzt wollte er wissen, wie weit ich es gebracht hätte mit der Schule, seit damals. Da hatte ich nun wenig zu melden und nichts, was ihn erfreute. Er war sogar unverhofft ungehalten und knurrte mich an: »Du hast doch jede Chance, Menschenskind, mit dieser Mutter! Und du machst nichts aus deinem Leben! Ich war ein armer Bub, ich konnte nichts lernen, aber du mußt das Abitur machen und studieren, das ist das mindeste, was man von dir verlangen kann!«

Ich war verlegen und zerbröselte das Brot mit den Fingern, ich trank meinen Apfelsaft und schwieg lange, fragte: »Wie stellen Sie sich das vor, wie soll ich jetzt noch das Abitur machen?«

»Das ist deine Sache«, befand er. »Du mußt es jedenfalls selber tun, ein anderer kann es dir nicht abnehmen.«

Er hatte recht, aber es schien mir gleichwohl unmöglich.

»Wenn dir nur endlich der Knopf aufgeht«, meinte der Dichter zum Schluß. Und schrieb mir in seinen Roman: »Der Dechant von Gottesbüren« die Widmung: »Alles Gute kommt aus dem Kampf, und das Beste ist die Gestalt.«

Darüber kann man wohl streiten, aber es entsprach dem Zeitgeist. Ernst Jünger hat damals vielleicht nicht viel anders gedacht.

Ich sagte der Mutter nichts von Jakob Schaffners Philippika, verschwieg ihr seine harsche Kritik und vergaß alles.

Aber ich reiste nach Weimar. Nicht der Schule wegen, ach nein, wir hatten dort sehr liebe Freunde, die Kinder vom Major Oehler, der das Nietzsche-Archiv leitete. Bei dieser Familie hatte der Bruder Friedebald während seiner Schulzeit gewohnt.

Schnucki war Major Oehlers jüngste Tochter, ein oder zwei Jahre jünger als ich, mit braunen Haaren und kindlich-schlanker Figur. Wir gingen abends zusammen in das Violinkonzert von Beethoven. Die Musik erfüllte uns, wir kehrten nicht auf dem kürzesten Weg nach Hause zurück. Es war eine warme Frühlingsnacht. Der Mond schien voll und hell, und wir saßen auf einer Bank, im Licht des Erdtrabanten, dieser Glanzscheibe am Himmel, zwischen den sprossenden Bäumen. Ich legte meinen Arm um Schnucki, und wir küßten uns. Nicht gerade oft, vielleicht ein- oder zweimal, sehr schüchtern, doch diesem Kuß verdanke ich einen der wenigen klugen Entschlüsse meines Lebens.

Ich kam zur Mutter nach Kösen zurück und verkündete: »Käthchen, ich will in Weimar das Abitur machen!« Worauf sie antwortete: »Du bist verrückt! – Da steckt doch ein Frauenzimmer dahinter!«

Recht hatte sie, aber verrückt war ich gleichwohl nicht.

Wie es gehen sollte, war uns freilich beiden ein Rätsel. Mir aber war klar, daß ich nach Weimar wollte, zu Schnucki und zu ihren Küssen. Auf den Vollmond hätte ich dabei zur Not auch verzichtet.

Die Mutter empfand dies schließlich auch als Chance. Sie reiste mit mir nach Weimar. Sie sprach mit dem Direktor der Deutschen Aufbauschule, in der Bruder Friedebald gewesen war. Der Direktor meinte: »Wenn Ihr Sohn die Aufnahmeprüfung für die Oberprima besteht, warum nicht.« Er nannte der Mutter drei Lehrer, die mir Privatstunden geben könnten. Dorthin pilgerten wir, und die Mutter führte lange und ernste Gespräche, bei denen ich zuhörte und beklommen nickte.

Der Mathematiklehrer war schon alt und pensioniert, er war aber besonders angesehen und galt als Koryphäe. Er meinte sachlich: »So etwas habe ich noch nie erlebt – aber man kann es ja versuchen.«

Die anderen Lehrer äußerten sich ähnlich. Ich bekam Privatstunden in Mathematik, in Englisch, Deutsch und Latein und hatte jeweils das Pensum von fünf Jahren Oberschule nachzuholen, in einem Zeitraum von knapp neun Monaten. Vor allem in Latein und Mathematik schien dies fast aussichtslos zu sein.

Und Major Oehler zerschlug meine Hoffnungen auf Schnuckis Küsse: Ich wurde nicht in sein Haus aufgenommen, obwohl er ein Zimmer für mich frei gehabt hätte. Auch er hatte ein langes und ernstes Gespräch mit der Mutter, aber mit ihr allein. Ich mußte draußen warten. Sie sagte mir hinterher lakonisch: »Hier kannst du nicht wohnen.«

Mir schwammen die Felle davon. »Warum nicht?«

»Na, denk mal nach«, meinte sie, und damit war das Thema erledigt.

Meinen Plan gab ich dennoch nicht auf. Die Mutter fand eine Unterkunft bei der Gräfin Dohna, Am Horn 39. Dort war ich schließlich sogar besser aufgehoben.

Schnucki schrieb mir ein halbes Jahr später eine Art Abschiedsbrief. Sie sei innerlich so zerrissen, mal wolle sie gar nichts mit Jungens zu tun haben und mal wieder doch. Und ich solle sie bitte in Ruhe lassen und im übrigen: Alles Liebe und Gute für mich und die Schule.

Es war vielleicht richtiger so.

Monate später traf ich sie einmal wieder, in einem Gartenhäuschen im Weimarer Park. Es diente ihrer Schwester und ihrem Schwager als Wohnung. Wir waren allein, sie trug ein blaues, enges Kleidchen mit großen Hornknöpfen. Wir lümmelten uns auf der Couch und hörten Jazzplatten, die ihrem Schwager gehörten und die ich nicht mochte. Damals fand ich noch, das sei keine Musik. Wir gerieten uns in die Haare, ich verlor den kleinen Disput, wie ich jeden Disput verliere, aber hier kam dazu, daß ich nicht bei der Sache war. Der Jazz war mir herzlich gleichgültig. Ich wollte Schnucki küssen, und liebend gern hätte ich ihr die Hornknöpfe aufgemacht, von oben nach unten. Doch sie verwehrte mir alles, und es blieb bei dem Wunsch und bei dem Jazz – zu meiner Enttäuschung.

Das Haus der Gräfin Dohna

Aus ihrem großen Haus hatte die Gräfin Dohna eine Pension gemacht. Es gab Zimmer über drei Stockwerke. Bei ihr wohnten Gabriele Reuter, die alte Freundin unserer Familie, auch

Professoren, Lehrer und Studenten vom Bauhaus, der Kunstgewerbeschule in Weimar, von der einmal so viele neue Impulse ausgegangen waren, vor der Zeit des Nationalsozialismus. Von diesem Ruhm zehrte die Schule damals noch.

Die Gräfin war fast sechzig, sie trug an einem schweren Körper. Ihr Gesicht, von grauen Haaren umrahmt, war geformt und charaktervoll, erlebtes Leben, erlittenes Schicksal, und doch war es herzlich, ja, mütterlich.

Ich bekam von ihr eine Dachstube, die recht geräumig war, mit weißen Möbeln. Hier installierte ich meinen Volksempfänger, das Radio. Auch die Gräfin hatte unten, wo sie lebte, einen Volksempfänger. Jeden Sonntagmorgen hörte sie in ihrem noch verdunkelten Zimmer das »Schatzkästlein«, eine Sendung mit Lyrik und Kammermusik. Das war eine ihrer wenigen kulturellen Freuden, denn sie ging selten aus, da sie nicht gut zu Fuß war.

Die Aussicht aus meiner Stube war die hübscheste Weimars, sie ging über den Park mit seinen großen, kuppelrunden Bäumen und Wiesenflächen, aus denen oft der Nebel aufstieg – wie Goethe es gedichtet hatte:

Füllest wieder Busch und Tal
Still mit Nebelglanz ...

über die Dächer der Stadt bis hin zum Hypothekenhügel, wie man die gegenüberliegende Höhe nannte, der vielen, mit Hypotheken gebauten Einfamilienhäuser wegen. Die Sonne wanderte über das Haus der Gräfin, sie kam am Mittag zu mir, und ich sah sie am Abend untergehen.

Hier war ich gut, ja wunderbar untergebracht. In dieser Stube schrieb ich meine Gedichte und schickte aus dieser Stube Briefe an Christl: »Eines Nachts wachte ich auf, es ist Vollmond, und unter mir im Park, nahe bei Goethes Gartenhäuschen spielte einer die Geige. Und ich setzte mich auf mein Fensterbrett, um zu lauschen. Der Nebel wallte im Tal um die Bäume, zwischen den Ästen blinkte die Ilm im Mondschein zu mir herauf, und die goldene Laterne selber hing so recht schwer und trächtig am tiefdunklen Himmel. «

Ein wenig schwülstig drückte ich mich aus, das lag an meinen Jahren und an meiner Zuneigung zu Rilke. Aber so etwa empfand ich, während ich nebenbei doch mit zäher Lässigkeit lernte.

Tag für Tag machte ich mich auf den Weg, meist am Nachmittag, wenn meine Lehrer nicht in der Schule unterrichten mußten und für mich Zeit hatten. Ich wanderte auf knirschenden Wegen durch den Park, in die Stadt, erklomm Treppen in dunklen Fluren, setzte mich an Eßtische, schlug meine Bücher auf, lernte, mit dem Rechenschieber umzugehen, Gleichungen zu lösen, lernte, Lateinisch und Englisch zu deklinieren und Charakterbilder aus isländischen Sagas zu zeichnen. Daneben verging kaum ein Tag, an dem ich nicht selbst geschrieben hätte, melodiöse Verse. Sie kamen aus meiner Empfindung, kaum aus meinem Verstand.

Ich hatte aber trotzdem noch genügend Zeit, um Meister Strathmann – oder Strattmann – aufzusuchen, der im Weimarer Nationaltheater ein berühmter Sänger gewesen war, der gefeierte Hans Sachs in den Meistersingern. Er war nun pensioniert und gab Gesangsstunden. Viele Schüler hatte er nicht; wenn ich an seine Tür klopfte, erwartete er mich bereits hinter dem Flügel in seiner blauen Jacke. Er legte eine Hand am ausgestreckten Arm an den Notenständer und rief mit volltönender Stimme: »Her-rrrein!«

Er sagte: »Es muß klingen wie bei einem Hund. Wenn der bellt, dröhnt der ganze Brustkasten ...« Und gerade das war es ja, warum ich singen wollte. Mein Brustkasten sollte nun endlich dröhnen und sich weiten.

Meister Strathmann hatte ein viel zu lang geratenes linkes Ohrläppchen, das er ständig mit der rechten Hand zupfte, zwischen Daumen und Zeigefinger streichelte und weiter in die Länge zog. Er pflegte damit zu schlackern, wenn er den Kopf schüttelte.

Bei ihm sang ich Tonleitern und Vokalisen und schließlich sogar Mozart: »Der Vogelfänger bin ich ja ...«, in der sonnendurchfluteten Stube, während nichts an den Krieg erinnerte.

Wir lebten in einer Zeit trügerischer Ruhe. Dann, im Mai 1940, überrannte Hitler Frankreich. Mein Bruder Friedebald kam an die Küste nach St. Malo. Er trug jetzt die Uniform eines Feldgendarmen. Feldgendarm war er geworden, weil er nicht schießen wollte. Als Feldgendarm diente er hinter der Front. Dort begann er zu aquarellieren und war glücklich dabei. Er schrieb sehr ausführlich, sehr erfüllt, zweifelte aber auch an seiner Begabung, war hungrig nach Bestätigung und sehnte das Ende des Krieges herbei. Dann wollte er Architektur studieren. So friedlich klangen seine Briefe. Wir konnten seiner in Ruhe gedenken. »Fast den ganzen Tag hat heute wieder die Sonne geschienen, bis sich die Wolken, die sich den ganzen Tag über gejagt hatten, gegen Abend zusammenschlossen und es heftig regnen ließen. Aber ganz ließ sich der Himmel nie zudecken, und irgendwo riß wieder ein blauer Flecken auf, von weißen oder lichtgelben Streifen umrandet. Gerade in dem Regen bin ich längs der Steilküste entlanggegangen, mit dem Blick auf das weite Meer und das verhangene, blaugrau schimmernde Land.« Das waren keine Kriegsbriefe.

Ich wanderte mit der Freundin meiner Mutter, einer Lehrerin mit dem Vornamen Emy, über die Höhen von Weimar. Der Sommer neigte sich bereits, und Emy litt am Herzen. Sie ängstigte sich sehr. Ich besuchte sie oft und brachte ihr meine Gedichte. Sie war wohl die einzige überzeugte Nationalsozialistin in unserem Freundeskreis. Schon vor der »Machtergreifung« hatte sie an den Führer geglaubt, für ihn gekämpft und von ihm Deutschlands Errettung aus Not und Schmach erwartet. Nun, bei so großen Siegen, sah sie sich glänzend bestätigt. Sie träumte von einem vereinten Europa unter Deutschlands Führung. Sie war, so seltsam das heute klingen mag, eine Idealistin durch und durch. Sie gehörte zu denen, die meinten, der Führer wisse von all den Dingen, die einen erschreckten und die man verurteilte, selber nichts, das seien alles nur Übergriffe der unteren Organe und höchst bedauerlich, aber mit der so richtigen Theorie des Nationalsozialismus, mit der großen Lehre hätten sie nichts zu tun. So etwas sei bei jeder Revolution unvermeidlich.

Daß in Buchenwald bei Weimar Menschen im Konzentrationslager gefangengehalten wurden, erfuhren wir wohl, darüber wurde gesprochen, aber wie es dort wirklich zuging, blieb ein streng gehütetes Geheimnis. Ein Arbeitslager zur Umerziehung sei es, so hieß es. Und so nahm man es hin. Wer es nicht tat, verschwand gleich selbst in ein Konzentrationslager. Die Gestapo – die Geheime Staatspolizei – war allgegenwärtig.

Daß der Dichter Ernst Wiechert in Buchenwald inhaftiert gewesen war, raunte man immerhin. Die Gräfin Dohna gab mir sein Buch »Das einfache Leben« zu lesen. Es war kurz vor dem Krieg erschienen, wurde aber erst jetzt richtig bekannt. Es galt als große Literatur und wurde viel diskutiert. War denn der Rückzug in Natur und einfaches Leben, den er darin propagierte, eine Möglichkeit, sich dieser Zeit zu entziehen, aus der Welt zu flüchten, Augen und Ohren zu verschließen, ganz ins Innere einzukehren? War dies – so gesehen – ein Buch des Widerstands? Die Gräfin fand, so einfach sei das Leben, das Ernst Wiechert beschrieb, im Grunde auch wieder nicht und hatte auch sonst einiges an ihm auszusetzen. Ein Wunder war es immerhin, daß er veröffentlicht werden durfte.

Ich gestehe, daß für mich das Leben schön war, eine meiner besten Zeiten »am Hof« der Gräfin Dohna, wie man es wohl nennen konnte, denn irgendwie hielt sie ja hof mit der Menge der netten und interessanten Menschen, die bei ihr wohnten. Und alle lebten und dachten wie wir.

Ich machte wechselnd den Mädchen und jungen Frauen den Hof, manche ließen sich von mir ihre kleinen Brüste küssen, ohne daß es zu mehr gekommen wäre. Manch andere wünschten dieses Mehr, wohl, aber ich war nicht einmal gewillt, sie zu küssen. Eine junge Lehrerin der Modeschule manikürte mir die Fingernägel und meinte, mit meinen müßte ich mich schämen.

Im Advent verkleidete man mich als Nikolaus, ich brachte den Studentinnen der Modeklasse Äpfel, Nüsse und Verse. Sie erschienen mir alle hübsch, und in ihrem Saal herrschte keine weihevolle Atmosphäre, es knisterte vor erotischer Spannung. Ich fühlte mich durchaus nicht wie Knecht Ruprecht, sondern wie der Hahn im Korb – trotz meines weißen Wattebartes.

Dennoch lernte ich weiter. Und als ich – zur Englischstunde – am Schloß vorbeiwandernd, plötzlich feststellte, daß ich in Englisch dachte, schien mir sogar die Aufnahmeprüfung nicht mehr unerreichbar zu sein. Trotzdem verzichtete ich in diesem Jahr auf die Sommerferien, auf Hiddensee und nahm dafür weiter Unterricht.

Tage in Weimar

Am 10. Juni wurde ich zum ersten Mal in Bad Kösen für die Wehrmacht gemustert. Ich erinnere mich kaum an die Prozedur, wohl aber daran, daß ich mich genierte, als Nackter unter so vielen Nackten in der graugrünen Gaststube. Ich wurde als »Arbeitsverwendungsfähig Heimat« und »Ersatzreserve II« eingestuft. Ich erhielt einen grauen Wehrpaß mit diesem Eintrag, mußte nicht einrücken. Fürs erste war meine Schulzeit nicht durch das mir so fremde Soldatsein gefährdet. Das war ein sehr beruhigendes Gefühl.

Im Jungvolk war ich damals in Hindelang gewesen, als der Mutter unverständliches Telegramm gekommen war, »Es war gut daß du unterschriebst frohe Ostern«, aber seit damals war ich nie mehr dort gewesen, im Jungvolk. Vom Dienst in der Hitler-Jugend war ich befreit worden, obwohl ich doch automatisch Mitglied war, aus dem Jungvolk übernommen, eine

Uniform besaß ich nicht. Auch in die Partei wurde ich später feierlich überführt, vor roten Fahnen, mehr oder weniger zwangsläufig. Bei Versammlungen war ich nicht ein einziges Mal. Endlich schrieb mir der Kösener Ortsgruppenleiter – genannt Goldfasan, nach der Farbe seiner Uniform – deswegen mahnend. Ich antwortete schriftlich, daß ich durch meine »schulischen Verpflichtungen« zu sehr in Anspruch genommen sei. Da wollte er nähere Erklärungen haben. An einem Sonntag, den ich daheim verbrachte, wanderte ich zu ihm und klingelte an seinem Haus. Er streckte oben den Kopf aus dem Fenster: »Ja, was habe ich denn unter ›schulischen Verpflichtungen‹ zu verstehen?« fragte er, nicht einmal unfreundlich. Ich erklärte ihm die Situation. Es muß überzeugend geklungen haben, denn ich wurde in Zukunft nicht mehr aufgefordert und brauchte auch keine Erklärungen mehr abzugeben.

Aber ich sah den Hetzfilm »Jud Süß« in Weimar, den der Vater meiner zierlichen Susanne, der Regisseur Veit Harlan, gedreht hatte. Unvergeßlich ist mir das Bild der erschlaffenden Beine, als der Jude erhängt worden war, übrigens dämonisch gespielt von Ferdinand Marian, dem virtuosen Schauspieler. Der Film war überhaupt mit der Elite der deutschen Schauspieler besetzt, mit Werner Krauß, Heinrich George und Kristina Söderbaum, Veit Harlans junger Frau. Veit Harlan konnte sich nach dem Krieg damit rechtfertigen, daß er unter Drohungen zu dieser Arbeit gezwungen worden sei. Aber kein anderes Werk hat wohl eine gleiche, verheerende Wirkung gehabt und die antijüdische Stimmung auf ähnlich raffinierte, gekonnte, sogar diabolische Weise aufgeheizt. Aufgestört lief ich heim durch die nächtlichen, dunklen Straßen. Ich wußte nicht, was ich glauben sollte. Ja, das Gift wirkte auch in mir, und doch wehrte ich mich dagegen und ahnte, daß dies Goebbelssche Greuelpropaganda war. So viele jüdische Freunde hatten auch die Mutter und der Vater gehabt, die Mutter ihren geliebten Assi, Dr. Assenheim, Direktor der Odol-Fabrik in Dresden, der Vater seinen Biographen Fritz Stahl und Bernhard Dernburg, den er porträtiert hatte, mit zusammengekniffenen

Augen, um nur wenige zu nennen. Dernburg, eine Zeitlang Reichsfinanzminister und Vizekanzler, hatte der Mutter geraten, sich niemals ein Auto zu kaufen:»So viel Taxi könnSe jarnich fahrn, wat een Auto kostet!« Wo waren sie nun? Einige waren gestorben, andere hatten Deutschland verlassen. Aber da blieb eine Grauzone.

Die Mutter – sie war unermüdlich, dekorierte und reiste, sie besuchte Kaufhäuser und ihre Spielwarenkunden. Wenn es möglich war, nahm sie mich mit. Einer dieser Reisen verdanke ich es, daß ich Dresden noch unzerstört sah, die Wunderstadt des Barock. Das war solch eine Pracht, eine neue Welt für mich. Wir wohnten im Trompeterschlößchen, einem stilvollen, alten Hotel, ich hörte mein erstes Cembalokonzert, wanderte durch den Zwinger, mit schon müden Füßen, stand an der Elbe auf der Brühlschen Terrasse, sah den dunklen Fluß vorbeiströmen – und dachte an die Schwester Hanne, die so gern das komische Lied vom »lieben Städtchen Birne« sang, im schönsten Sächsisch, wobei »Birne« für die Stadt Pirna steht:

Ach, du liebes Städtchen Birne,
Ach, wie hab ich dich so girne,
Wenn die lieben goldnen Stirne,
Dich bescheinen aus der Firne.

Dann konnte ich Tränen über sie lachen. Hanne war ein großes kabarettistisches Talent, einzig in unserer Familie und unübertrefflich. Ging sie einmal – vortragend – aus sich heraus, konnte sie alle Hemmungen verlieren und wurde zu einer mitreißenden Diseuse und Persönlichkeit.

Ich kehrte nach Weimar zurück, ins Haus der Gräfin Dohna.

Gabriele Reuter war meinem Vater sehr nahegestanden in der ersten Zeit seiner Liebe zu meiner Mutter. Durch ihre Güte und Vernunft hatte sie der Mutter schließlich sogar geholfen, indem sie den Vater dazu bestimmte, seine Käthe endlich zu heiraten. Gabriele Reuter war eine bekannte Schriftstellerin gewesen, 1859 in Alexandria geboren. Ihre Jugend beschrieb sie in dem Buch: »Vom Kinde zum Menschen«. Sie arbeitete aktiv in der Frauenbewegung, viele ihrer Werke, vor allem »Das Tränenhaus« über ihr eigenes uneheliches Kind, hatten Aufsehen erregt. 1937 waren ihre Erinnerungen: »Grüne Ranken um alte Bilder« erschienen. Danach war es still um sie geworden. Nun war sie einundachtzig Jahre alt.

Tante Gabriele, wie wir sie nannten, bewohnte zwei Stuben im ersten Stock des Dohnaschen Hauses, eingerichtet mit alten Möbeln und Bildern. Sie hatte schlohweißes Haar und eine schwere Figur. Gütig war ihr Gesicht, fein und klar. Man brachte ihr das Essen auf das Zimmer, nie aß sie mit uns an der großen Tafel. Von Zeit zu Zeit wurde sie von ihrer äußerst scharfzüngigen, aber auch witzigen Tochter – eben ihrem »unehelichen« Kind – Lili Avenarius, besucht. Ein wenig fürchtete ich mich vor Lilis entschlossenem, immer schonungslosen Mundwerk. Sie war überlang und sehr hager.

Doch war sie ja selten da, und ich ging manchmal zu ihrer Mutter, sie gab mir Briefe zu lesen, die sie an meinen Vater geschrieben und die er ihr zurückgegeben hatte. Jetzt las ich ihr Thornton Wilders »Die Frau aus Andros« vor, vom Anfang: »Seufzend drehte sich die Erde in ihrer Bahn ...« bis zum Schluß: »Und im Osten leuchteten die Sterne friedlich hernieder auf das Land, das bald das Heilige genannt werden sollte und schon seine kostbare Bürde reifte.« Sie hörte mir dankbar und aufmerksam zu, die halbblinden Augen geschlossen, die Hände im Schoß gefaltet, eine große, erhabene Gestalt. Sie fand dann alles »sehr schön – eine ganz neue Kunst!« Was so richtig nicht war, denn die wirklich neue Kunst lernten wir ja erst nach dem Krieg kennen, als wir die bei uns verboten gewesene Literatur endlich kaufen und lesen konnten.

Danach sah ich »Tante Gabriele« viele Tage lang nicht, sogar Wochen. Ich trat nicht in ihr Zimmer, hatte Sorge, von ihr festgehalten, zum Wiederkommen aufgefordert zu werden. Ich war beschäftigt mit meinen eigenen Dingen, mit meinen Schularbeiten, mit Gedichten, die ich schrieb und mich königlich dabei fühlte. Der dichtende junge Mensch ist ja auch wirklich in einem höheren Zustand. Mein Herz und meine Seele waren auch sehr in Anspruch genommen von den Mädchen und jungen Frauen in der Pension, ich ging mit Schnucki Oehler zum Skilaufen beim Schloß Belvedere, einen langen Weg dorthin über die Allee, fand eine ihrer blonden Freundinnen so hübsch, daß ich kurzfristig träumend und wachend an sie dachte.

Ich war stolz, daß ich besser Skilaufen konnte als alle anderen und daß ich dafür bewundert wurde, wenn ich den kleinen Hang im Schuß hinabsauste und ihnen Unterricht geben durfte. Ich war mit Schnucki im pompösen Schillerfilm und fühlte mich dem idealistischen, jungen Schiller verwandt. Er wurde von Horst Caspar verkörpert, der als besonders schön und begabt galt, er starb früh. Ich war sehr beeindruckt und ärgerte mich über Schnucki, weil sie viel kritischer war als ich, die hochtrabende Propaganda durchschaute und sich ungeniert darüber lustig machte, daß die Dialoge nur aus aneinandergereihten »Spruchbändern« bestanden hätten.

Aufnahmeprüfung – und der Ministerpräsident

Aber ich lernte doch weiter, und Anfang Februar 1941 mußte ich zur Aufnahmeprüfung. Zum ersten Mal lief ich den Weg in die Deutsche Aufbauschule, am Horn entlang, am Schloß und am Gelände für die Partei vorbei, auf dem gerade ein bombastisches Gebäude in Backstein entstand, das von »klassischer Größe« zeugen sollte. Es war ein kühler Tag. Ich fror, aber im wesentlichen vor Aufregung. Ich trat allein in das würfelförmige Schulhaus, fragte den Hausmeister nach dem Raum für meine Prüfung, betrat den grauen Gang, die breite Treppe, und wußte, daß es nun Ernst mit mir werden würde. Ich hörte die Geräusche durch die Klassentüren, der Gang war leer, was ihn noch kahler machte, als er von Natur aus schon war. Ich lauschte auf die Stimmen der Lehrer, auf die Antworten der Schüler, auf ihre Unruhe.

Wie würde ich mit ihnen zurechtkommen, wo ich doch bisher immer ein Einzelkind gewesen war und immer verzärtelt, bevorzugt behandelt, fast nur von Erwachsenen umgeben?

Mein Prüfungszimmer war ein kleiner, quadratischer Raum, sehr düster, die Fenster gingen zum Hinterhof, kein anderer Mensch war hier. Ich trat ein, setzte mich auf eine Mittelbank, nicht ganz vorne hin. Die Bänke waren gelb und mit Schnitzmustern überzogen, mit Namen, Zeichen. Mir erschien die riesige schwarze Tafel bedrohlich, es roch nach feuchten Wänden.

Nacheinander kamen die Lehrer, befragten mich mündlich, ließen mich mit den schriftlichen Aufgaben allein. Nur neun Monate lang hatte ich Privatstunden gehabt, nun sollte ich in die Oberprima. Ich wurde geprüft in Deutsch, Englisch, Latein und Mathematik. Mit dem Mathelehrer verstand ich mich nicht, er machte es mir schwer. Ich wurde nervös und vermurkste die Lösung, was ihn wunderte, denn er hatte doch Gutes über mich von meinem alten Privatlehrer gehört.

Ich wurde trotzdem aufgenommen und wußte das Ergebnis bald. Ich verließ das Schulhaus noch unsicher, aber doch erleichtert.

Die Mutter war aus Bad Kösen herbeigeeilt, um mich zu beglückwünschen. Sie schloß mich in ihre Arme. Klein war sie immer gewesen, jetzt erschien sie mir winzig und rührend. Sie strahlte. Sie hatte es ja immer gewußt: Ihr Herzblatt hatte es geschafft! Es würde auch das Abitur noch schaffen. Was jetzt noch kam, war doch ein Kinderspiel gegen das Vergangene.

Sie hatte ein Zimmer im gerade erst renovierten »Hotel Elephant« (es schreibt sich wirklich mit ph), Weimars Nobelherberge und Bonzenabsteige. Dort gingen die hohen und höchsten Parteigenossen ein und aus. Doch das Hotel war angenehm. »Nun, mein Liebling, jetzt können wir uns aber freuen.

Nichts war vergeblich, alles hat sich gelohnt. Aber du siehst blaß aus! Du hast Erholung nötig. In diesem Zustand lasse ich dich nicht in die Schule!«

Sie telefonierte mit dem Schuldirektor und setzte dabei all ihren Charme ein. Er sagte ihr, er könne mich für vierzehn Tage beurlauben.

»Länger nicht? Wer kann es denn?« fragte sie.

»Nur der Herr Ministerpräsident persönlich«, kam die mürrische Antwort, vielleicht in der Hoffnung, daß die Mutter es so hoch hinauf in der Hierarchie doch nicht wagen würde.

Er kannte sie nicht, denn sie schaffte es. Der Ministerpräsident hieß Marschner und wurde als »sehr vernünftiger Mann« geschildert, »gar kein Nazi, nicht zum Verwechseln mit dem Gauleiter Fritz Sauckel«.

Die Mutter ließ sich bei ihm anmelden und plauderte über zwei Stunden mit ihm über die Möglichkeiten, in Weimar eine neue Kunstgewerbeschule zu errichten, an der sie unterrichten sollte. Sie war bereits wieder aufgestanden und schon in der Tür, da fiel es ihr ein: »Parbleu!« So sagte sie manchmal, wenn es auch nicht ganz paßte. »Jetzt hätte ich doch beinahe vergessen, weshalb ich eigentlich hergekommen bin.« Und sie erzählte von mir und ihrem Anliegen.

»Wie lange soll es denn sein?« fragte der Ministerpräsident.

»Ein Vierteljahr«, antwortete die Mutter kühn, bereit, sich etwas abhandeln zu lassen.

Der Ministerpräsident genehmigte meinen Urlaub bis nach den Osterferien. Er ließ es dem Schuldirektor gleich telefonisch mitteilen.

Ich wartete auf die Mutter in ihrem Hotelzimmer. Als sie endlich kam, dämmerte es, überall draußen gingen die Lichter an. Die Mutter triumphierte. Wieder einmal hatte sie einen wichtigen Mann um ihren Finger gewickelt. Sie erzählte mir lachend die Geschichte.

»Aber wohin?« fragte ich froh.

»In die Berge!« Nie hatte sie mich leichteren Herzens fortgeschickt.

Es erwies sich, daß der Hoteldirektor des »Elephanten« mit dem Direktor der Nebelhornbahn in Oberstdorf befreundet war. Er rief diesen an. Im Berghotel »Höfatsblick« waren alle Zimmer belegt. »Aber der junge Kruse muß rauf!«

Der Direktor der Bergbahn, dem auch das Nebelhornhotel unterstand, quartierte kurzerhand einen Monteur aus. Ich bekam dessen Zimmer und reiste nur wenige Tage später.

Miriam

Als ich von Oberstdorf mit der Seilbahn auf die Höhe des Nebelhorns fuhr, ahnte ich nicht, daß dies eine Schicksalsstunde war. Aber freilich, in diesen Jahren des eigentlichen Lebensbeginns, wenn das Leben anfängt, ein eigenes Leben zu werden, wird jede Stunde schicksalsbestimmend. Jetzt trägt alles in die Zukunft, und alles gestaltet Zukunft. Man begrüßt täglich Neues, das bleiben wird. Am Ende des Lebens gibt man nur noch aus der Hand und nimmt Abschied.

In der Dämmerung schwebte ich über Felsen und eine makellose Schneelandschaft, müde von der langen Bahnfahrt durch halb Deutschland, aber seelisch ausgeruht und entspannt. Ich war froh. Diesmal plagte mich keinerlei Heimweh, und ich hatte ein gutes Gewissen. In meinem Gepäck hatte ich Papier und Füllfederhalter und einen unausgegorenen Plan zu einem Drama, von dem ich nicht viel mehr als den Titel wußte. Es sollte »Aretin« heißen. Mit Versen über dräuende Wolken begann es, damit sollte künftiges Unheil angekündigt werden.

Ein Dramatiker bin ich nie geworden.

Aufatmend glitt ich in die Bergstation ein, die schon dunkel war. Hier war zugleich der Eingang des Hotels. Die Kammer des Monteurs war ein normales Einzelzimmer, wie alle anderen auch, klein, aber behaglich. Ich verfügte – außer dem Bett – über einen Schrank und einen Tisch mit Stuhl, das war mir

erwünscht für die Arbeit an meinen Werken. Die Schreibmaschine hatte ich auch mitgebracht ins Gebirge, meine Hand-
schrift war ja wirklich schlimm, was einerseits von meiner
übererregbaren Seele herrührte, andererseits aber auch daher
kam, daß wir mehrmals von der deutschen zur lateinischen
Schrift wechseln mußten, so daß ich in keiner ganz selbstverständlich zu Hause war und beide oft vermischte. Einmal sollten wir die »gotische« oder Sütterlinschrift benutzen, die als
die deutsche Schrift galt, weil wir doch Deutsche waren und
stolz darauf zu sein hatten, dann wieder wurde uns die lateinische verordnet, weil Hitler meinte, die Herrschaft über Europa
errungen zu haben, und als Europas Herren mußten wir seine
Schrift, die lateinische, beherrschen, schreiben und lesen können.

Mein Zimmerchen lag an der Hinterseite des Hauses, in den
Hang hineingebaut. Eiszapfen hingen vor meinem Fenster. Es
war völlig zugeschneit. Am nächsten Morgen sah ich, daß nur

Zum Skifahren auf dem Nebelhorn bei Oberstdorf

sehr wenig Licht durch den Schnee drang. Er schimmerte märchenhaft. Ich schaufelte mich aus. Und dann auf die Skier und hinaus. Der Übungshang lag gleich hinter dem Hotel.

Schon in der ersten Stunde sprach mich ein Mädchen an: ob ich Skilehrer sei? Das schmeichelte meiner Eitelkeit. Und ob ich wüßte, wie das Wetter werden würde.

Skilehrer war ich ja nicht, und wie das Wetter wurde, wußte ich auch nicht, aber sie gefiel mir sofort, und wir blieben zusammen. Sie trug die dunkle Überfallhose, wie sie damals Mode war, und einen grauen Anorak.

Miriam hieß sie und wurde von ihrer Familie Miri genannt. Sie wohnte mit ihrem Bruder Helmut im Nebenhaus, da gab es ein Matratzenlager – und sie blieb nur drei Tage. Das tat mir gleich leid. Ihre Mutter hatte ein Zimmer im Hotel bekommen, eine strenge Frau mit langgezogenem Gesicht und von preußischem Adel. Sie fand immer vieles »unmöglich«, hatte aber überraschenderweise ein Herz für das einsame »Jüngelchen«. So nannte sie mich und meinte, es sei nicht schön, daß ich ganz allein an einem Tisch säße. Sie lud mich an ihren ein, da aß ich nun mit Miri, mit Helmut und ihr und war nicht mehr allein und fühlte mich wohl.

Wir alberten. Wir waren gleichzeitig aber auch schon jetzt traurig, weil die Zeit so kurz war. Wir verliebten uns rasch ineinander, obwohl Miriam bereits einen ausgewachsenen Freund in Stuttgart hatte. Daß wir uns bald duzten, daß ich sie wie Mutter und Bruder »Miri« nannte, war aber doch selbstverständlich. Sie war ein schlankes Geschöpf, ein wenig älter als ich, graziös, aber nicht klein; etwas klein erschienen mir nur ihre Augen, aber sie waren dunkel und lebendig, voll Spott, dann wieder verhangen, wie wenn sie Kummer habe. Der Mund war weich, die Nase leicht höckerig, die Augenbrauen dicht, das Haar schwarz und schulterlang.

Und ihre Hände waren wunderschön, sie hatte wohl die makellosesten Hände, die ich kannte, schlank, fein und lang die Finger. Einschränkend könnte man höchstens sagen: ihre

Hände waren ein wenig kraftlos. Und das war sie wohl auch als Mensch, aber gerade das zog mich an. Und ihre schönen Hände liebte ich.

Der Bruder Helmut tolerierte unsere Freundschaft mit unfrohem Gesicht. Aber unfroh sah er von Natur ins Leben, nicht unsertwegen. Ich war ihm wohl eher gleichgültig.

Miri nannte sich selbst in melancholischem Spott meine »Gelegenheit«. Damit spielte sie nur auf das Zufällige, Gelegentliche unseres Zusammentreffens an, ohne weitere Hintergedanken. Eine Mischung nannte sie sich auch, da war die Melancholie vielleicht noch berechtigter, denn sie war Halbjüdin, wie sie mir abends mitteilte, als wir am Kachelofen zusammensaßen, plauderten und flachsten. Damit wollte sie mir von vornherein klarmachen, wie hoffnungslos unsere Beziehung war. Daß sie ein »Mischling« war, schockierte mich, aber nicht weil ich sie deswegen weniger gern gehabt hätte, sondern wegen der Nachteile für sie. Ich empfand Mitleid mit ihr. Sie war kaum geduldet in unserem Staat, von der Partei verfemt, die Universitäten waren ihr verschlossen. Derzeit ging sie noch auf die Kunstgewerbeschule in Stuttgart und schliff Fische mit Schleierschwänzen auf feine Trinkgläser. Aber es stand zu befürchten, daß sie auch das bald nicht mehr durfte.

Ihr Vater lebte, ins Abseits gestellt als Jude, in Stuttgart. Er hatte dort eine kleine Wohnung. Er und Miriams Mutter waren voneinander geschieden, schon vor der Nazizeit. Er war ein sehr reicher Industrieller gewesen, vierzigfacher Millionär, wie Miri nicht ohne Stolz erzählte, Gründer eines bekannten Konzerns, der noch heute existiert. In einem schloßähnlichen Anwesen war sie aufgewachsen, in Stuttgarts feinster Gegend. In der Weltwirtschaftskrise 1929 hatte der Vater sein Vermögen verloren, er meinte, die Deutsche Bank habe ihn darum betrogen – das war ein Wirtschaftskrimi, der ihn bis in sein hohes Alter beschäftigte und grämte. Derzeit ging es ihm noch einigermaßen, die Kinder konnten ihn besuchen, er litt keine wirkliche Not, besaß zwei sehr kostbare Geigen: die sogenannte »Coronation Strad« – eine Stradivari – und eine Guarneri.

Unsere drei Tage verflogen, Miriam reiste ab, mit Mutter und Bruder. Ich stand an der Seilbahnstation und sah die Gondel in die Tiefe sinken, mit wehem Herzen. Kaum war sie verschwunden, lief ich in meine Stube, um ihr gleich zu schreiben: »Liebe – tapfer sein, das ist alles auf dieser Welt, und Tränen sind eine Brücke dazu.«

Was das heißen sollte, wußte wohl ich selbst nicht so recht. Es klang aber schön. Im übrigen waren meine Gefühle ja echt und tief. Sie rissen mich fast um. Ich schloß meinen Brief: »Das Schicksal hat Dir dunkle Steine in den Schoß geworfen, vielleicht kann ich Dir einmal nützlich sein.«

Der Bruder Jochen kam wenige Tage später mit seiner jungen Frau Ruth auf das Nebelhorn, fand es aber gleich langweilig dort, und Ruth fand es noch langweiliger. Das Skigebiet war ja winzig, es gab keinen anderen leicht erreichbaren Ort, und nachts war gleich gar nichts los. Wir lagen in der Sonne und lästerten über die Kruse-Familie, was er gern tat. Dann fuhren die beiden ins elegantere Zürs am Arlberg. Sie versuchten mich zum Mitkommen zu überreden, umsonst. Ich wartete hier auf Briefe, wartete sogar auf Miriams Wiederkehr. Das hatte sie mir als Möglichkeit angedeutet.

Erste Erfüllung

Und sie kam auch noch ein zweites Mal auf das Nebelhorn, Anfang März war sie wirklich da. Sogar ihre Ankunft in Oberstdorf hatte sie mir mitgeteilt, und sie würde allein kommen, genehmigt von der Mutter, dem Jüngelchen anvertraut. Am Morgen schon nahm ich meinen Rucksack, schnallte die Skier unter, jagte das Nebelhorn hinab, unter der Seilbahn hindurch, über Buckelwiesen mit waghalsigen Sprüngen, kam auf den Bahnhof von Oberstdorf, wartete sehnsüchtig auf ihren Zug, er kam, sie kam nicht, ich fand sie nicht, meine Enttäu-

Miriam, die Freundin, im Skiurlaub

schung war grenzenlos. Ungeduldig fragte ich nach der nächsten Möglichkeit; diesem Zug wanderte ich entgegen zum Nachbarort, nach Fischen. Es war ein strahlender Tag, und die Nadelbäume standen scharf gezeichnet im Licht neben den Schienen.

Doch auch in diesem Zug war sie nicht; ich stieg ein, zurück nach Oberstdorf, ich rannte von Wagen zu Wagen, durch die Reihen der Sitzbänke, mehrmals, hin und zurück. Man sah mich bereits verwundert an. Ich kam spät nach Oberstdorf, zu spät, die letzte Seilbahn am Abend war schon hinaufgefahren, ich suchte den Direktor, redete mit ihm, bettelte, unwillig ließ er meinetwegen alles noch einmal in Gang setzen – wer täte das heute! Hinauf ...

Oben stand sie in der Dämmerung, dünn und rührend. Sie wartete auf mich und sagte mit dunkler, etwas schwermütiger Stimme: »Ja, was machst denn du?«

Da spürte ich, daß sie mein war, zum erstenmal ahnte ich es und glühte.

Was folgte, empfand ich als Glück. Zwar lag immer ein Schatten über uns. Würden wir jemals heiraten können? Noch schien es nicht ganz ausgeschlossen, wenn auch sehr schwierig. Aber sie lachte, als ich davon sprach. Doch derzeit drohte von außen keine unmittelbare Gefahr. Die Lage an den Fronten war damals noch gut für Hitler-Deutschland, überall siegten unsere Truppen. Daß die ersten Luftangriffe begannen, registrierten wir nur, noch ohne große innere Bewegung. Auch Miriams Vater lebte noch unbehelligt in seiner Wohnung, wenn auch eingeschränkt. Er war Weltkriegsteilnehmer gewesen und Träger des Eisernen Kreuzes. Vielleicht nützte ihm dies.

Manchmal besuchte Miriam ihren Vater. Das Zusammensein mit ihm war harmonischer als das mit ihrer Mutter. Daß sie aus Stuttgart stammte, in Stuttgart lebte, erschien mir nachträglich bedeutungsvoll. Ich dachte an jene Nacht im Hotel Zeller, als ich im Fenster gesessen und gefühlt hatte, daß hier ein Mensch lebte, der mir zum Schicksal werden würde.

Wir fuhren Ski, Tag für Tag. Der Berg strahlte im Glast.

Der Himmel war seidenblau – so scheint es mir heute. In Wahrheit wird das Wetter gewesen sein, wie es immer ist: wechselhaft. Beim mühsamen Aufstieg auf den Nebelhorngipfel mit Fellen, im Schutz einer uns einhüllenden Wolke, grau in Gräue, beugten wir uns zueinander, umarmten uns ungeschickt, von Skiern und Bindungen behindert, und küßten uns einmal – das erste Mal. Ich empfand es als heiligen Augenblick. In meinem Kalender, wo ich mir immerhin dürftige Eintragungen machte, notierte ich nur ein »K« als Zeichen für »Kuß« und hoffte, daß sich niemand den richtigen Reim darauf machen könnte. Es erschien mir als großes, intimes Geheimnis.

Im Hotel wurden wir freundlich behandelt. Die Bedienung verwöhnte uns geradezu und fand, wir seien ihre nettesten Gäste. Kein Wunder, wir strahlten ja und teilten dieses Strahlen jedermann mit. Auch sonst nahm niemand Anstoß an uns. Wir tanzten an den Samstagen bis zur Erschöpfung. Wir liebten uns im Zimmer des Monteurs. Als es für mich das erste Mal war, entlud sich meine übergroße Erregung in schallendem Gelächter, in das sie schließlich, wenn auch verwundert, einstimmte. Das Zimmer war wie eine Schneehöhle, die Fenster waren wieder völlig verschneit, wir konnten nicht hinaussehen – aber auch keiner hinein. Das schaffte Geborgenheit. Wir schlichen auf Zehenspitzen über die Flure. Wir saßen jeden Abend in einer Ecke vor dem grünen Kachelofen im Keller, immer allein. Ich las ihr die Bruchstücke meines »Aretin«-Dramas vor – noch immer wußte ich nicht, was ich mit dem Stück eigentlich wollte. Aber ich war jedenfalls ergriffen. Ein anderes Werk von mir, Knittelverse, ein ABC, das sich ähnlich wie Eugen Roths »Ein Mensch« mit allzumenschlichen Situationen beschäftigte, gefiel ihr nicht. Ich nahm es ihr nicht übel.

Einmal begegnete sie mir auf dem Hotelflur, da rannte sie auf mich zu, sprang an mir hoch, umarmte mich und überschüttete mich mit vielen schnellen Küssen.

An unsere Zukunft dachten wir auch, natürlich. Wir wollten zusammenbleiben. Aber das konnte nicht sofort sein. Erst mußte ich mein Abitur machen, durch unsere Liebe sollte es nicht gefährdet werden. Dann wollte ich studieren, irgend etwas. Mir würde schon noch etwas einfallen. Germanistik vielleicht. Und sie wollte nicht beim Glasschleifen bleiben. Sie hatte noch keine festen Pläne, konnte sie wohl auch nicht haben.

Noch rechneten wir mit einem baldigen Kriegsende und vielleicht mit einer Lockerung der diffamierenden Einschränkungen. Hatte Hitler erst Europa unterworfen und unter seiner Herrschaft vereinigt, mußte doch alles anders werden. Dann würde wieder ein freierer Geist walten. Das würden schon die anderen Völker erzwingen. So dachten wir, das hofften wir, ahnungslos. Und es war gut, daß wir ahnungslos waren, jedenfalls für uns war es gut, wir wären sonst wohl verzweifelt – damals.

Als Miriam abfahren mußte, reiste ich auch und begleitete sie nach Stuttgart. Ich besuchte ihre adlige Mutter mit dem länglichen Gesicht, lag neben Miri und ihrem bisherigen Stuttgarter Freund vor dessen Kamin. Sie schwor, diese Beziehung sei nun vorbei. Meine Gefühle waren zwiespältig. Ich übte mich aber in Großmut. Fuhr ich zu ihr in der Straßenbahn die gewundenen Straßen empor, fühlte ich, daß ich ein reifer Mensch geworden war. Oder ich wanderte zu Fuß zu ihrer Schule, jetzt die Akademie der bildenden Künste, dicht bei der Weißenhofsiedlung, war voller Hoffnung, beglückt, sie wieder zu sehen, ging unter den Bäumen, die schon Knospen ansetzten, es duftete, und die Forsythie stand in gelben Büschen. Darüber war der Himmel so hell, und auch in mir war es licht. Dazu sangen die Vögel.

Sie nannte mich »Dichterling«.

Ich hatte noch Ferien und reiste nach Berlin, weil der Bruder Friedebald Heimaturlaub hatte, nur einige Tage. Wir besuchten das Deutsche Theater. Zu dessen Intendanten, Heinz Hilpert, pflegte die Mutter herzliche Beziehungen. Wir durften in eine Generalprobe, es spielte die junge Eva Lissa, die ich von einer Münchner »Don Carlos«-Aufführung her anschwärmte. Der Bruder verliebte sich sofort in sie. Er drängte mich, sie anzusprechen, für ihn. Wir faßten Mut und gingen in die Kantine, die im Keller lag. Da saßen die Schauspieler am langen Tisch und aßen. Zögernd ging ich, den drängenden Bruder im Rücken, zur wunderschönen Eva Lissa. Neben ihr saß die viel berühmtere, aber auch ältere Elisabeth Flickenschildt, deren scharfes Mundwerk gefürchtet war. Ich faßte mir ein Herz, stotterte mein Sprüchlein: Daß ich Frau Lissa in München gesehen habe, im Don Carlos, als wunderschöne und vom Infanten geliebte Stiefmutter ... Und so beeindruckt gewesen sei ... und es nie vergessen hätte ... Worauf Elisabeth Flickenschildt sich umdrehte, mich durchdringend maß, von oben bis unten, und mit zornigem Gesicht zischte: »So! Und ich habe in der gleichen Aufführung gespielt, und von mir waren Sie nicht beeindruckt!«

Ich versank fast im Erdboden und war stumm vor Verlegenheit. Friedebald schickte Eva Lissa nachträglich einen riesigen Rosenstrauß.

Schule

In Weimar begann die Schule richtig für mich, die tägliche Fron, das mir so ungewohnte Zusammensein mit vielen anderen jungen Menschen, Schülern. Ich schrieb an Miriam: »Die Klasse ist ein wilder Haufen, Zeitunglesen, Singen und die Lehrer zur Verzweiflung bringen, sind an der Tagesordnung während der Stunde ... Alle halbe Minuten schlechte Witze machend, die schleichende Zeit verfluchend ... Die Lehrer begegnen mir als Kumpan dieser Gesellschaft vorläufig noch mit berechtigtem Mißtrauen ...«

Aber im Grunde waren die Kameraden nett, vor allem zu mir freundlich, obwohl ich doch als ganz Fremder zu ihnen kam, die zum Teil schon lange beisammengewesen waren. Keiner redete mich dumm an, keiner versuchte mich zu unterdrücken oder sich aufzuspielen. Man war wohlwollend zu mir, bestaunte mich kurz. Dann nahm man mich hin. Ich durfte zufrieden sein.

Daheim las ich »Wind, Sand und Sterne« von Antoine de Saint-Exupéry, und die Liebesgeschichte »Yester und Li« von Bernhard Kellermann: »Wie oft ich es schon gelesen habe, das weiß ich nicht, aber ich brauche es nur aufzuschlagen, dann kann ich es nicht wieder aus der Hand legen. Dann liege ich da und trinke Wort für Wort in mich hinein wie ein aufgelöster Schwamm. Ach, am liebsten läse ich es Dir vor ...«

So schrieb ich an Miriam. Beim Unterricht gab es keine Schwierigkeiten. In Deutsch lieferte ich gute Aufsätze ab, immer nur gute, »sehr gut« waren sie nie, allein schon der Schrift wegen. Ich quälte mich damit, über »Völkische Verpflichtung« zu schreiben, so waren unsere Themen. Ich hielt einen Vortrag über Rilke, die Kameraden klatschten, der Lehrer meinte, es sei lobenswert gewesen, fand diesen Dichter im Prinzip aber doch zuwenig heldisch für unsere große Zeit. Ich referierte über Kaiser Karl IV., den mit der Goldenen Bulle, ich schätzte ihn sehr, weil er ein so friedlicher Kaiser gewesen war.

In der Musikstunde malte ich die Noten für Terzen, Quinten und Quartsextakkorde. Hätte ich nur verschwiegen, daß ich Schüler von Meister Strathmann war. Nun mußte ich Gesangsnoten mitbringen und auf das Podest. Da sollte ich Mozarts »Der Vogelfänger bin ich ja ...« vortragen. Die Noten waren für meine Stimme zu hoch, Meister Strathmann hatte sie mühelos vom Blatt eine Terz tiefer transponiert, unser Musiklehrer vermochte das nicht, schimpfte, wurde nervös, wir bekamen Streit miteinander. Irgendwie ging es dann doch, ich postierte mich neben den Flügel, sah meine Kameraden vor mir wie das Publikum des Nationaltheaters, eine unübersehbare, feindliche Menge. Das Fenster war zwar sonnendurchflutet, so ähnlich wie bei Meister Strathmann, aber mir fehlte seine kundige Unterstützung. Nun mußte ich singen, krähen: »Stets lustig, heißa, hoppsassa ...« und war das Gegenteil von lustig, nämlich gequält. Trotzdem bekam ich freundlichen Beifall, war dann froh, mich wieder in meiner Bank verkriechen zu dürfen und daß es bei dieser einzigen Darbietung meiner Sangeskunst blieb.

Ich lernte die unterschiedlichen Temperamente unserer Lehrer kennen und zu ertragen. In Physik tobte die Klasse nur, und der verzweifelte Lehrer schrie, gestikulierte – es half ihm nichts. Der Erdkundelehrer dagegen sprach nur flüsternd, und keiner muckste sich, wir waren musterhaft. Unser Lateiner war ein Choleriker. Er wurde absichtlich gereizt. Dann verlor er die Nerven, brüllte und litt. Ich schrieb ihm aus meiner Dachkammer einen verständnisvoll-mitfühlenden Brief, legte ihm ein gerade gedichtetes Sonett bei:

> *Meine Träume locken wie Oasen*
> *Aus den blassen Wildnissen des Tags ...*

Er dankte ebenso brieflich, fand, mein Gedicht habe Bestand, auch wenn ich später anderes schreiben würde. Wir sprachen nie über diese Episode, aber er begegnete mir seitdem mit großer Freundlichkeit. Kam im Caesar ein Ablativus absolutus vor, dann ließ er mich ihn entdecken und die Ehre der Klasse retten. Als der Krieg verloren war und nach den Amerikanern die Sowjetrussen in Weimar einrückten, erhängte sich dieser körperlich kleine Mann. Er sah für sich offenbar keine Zukunft mehr.

Intermezzo

Christl schrieb mir von den ersten Fliegerangriffen auf Hamburg, doch Deutschland hatte mit dem Luftkrieg begonnen. Schon im Jahr davor waren unsere Bomben auf Rotterdam gefallen, um England und London hatte eine Luftschlacht getobt, die Hitler verloren hatte, die Stadt Coventry war verwüstet worden.

Am 22. Juni 1941 befahl Hitler den Angriff auf Rußland. Jetzt spürten wir lähmende Besorgnis. Doch zunächst siegte die Wehrmacht wieder, so rasch und so schnell, daß die militärische Führung schon glaubte, der Feldzug sei bereits entschieden. Diesem Hitler schien nichts unmöglich zu sein. Er selber sprach später, im Oktober, im Sportpalast, von dem schwersten Entschluß seines Lebens und rief den Herrgott um seinen Segen an. Auch Verbrecher berufen sich auf Gott.

Da ich nicht mehr in Privatstunden zu gehen brauchte, hatte ich als regulärer Schüler auch reguläre Ferien. Eine Versetzung stand nicht mehr bevor; daß ich das Abitur machen würde, daran bestand kaum ein Zweifel. Es wurde ja so viel nicht verlangt. Miriam schrieb mir, daß man sie zur Erntehilfe einziehen würde, mußte aber dann zum Kriegsdienst zu Bosch.

Ich fuhr im Sommer nach Hiddensee, auf die geliebte Insel, zuvor konsultierte ich auf der Mutter Drängen ihren Naturarzt in Berlin, Dr. Devrient. Er lief strumpflos in offenen Sandalen und verzehrte während der Untersuchung rohe Mohrrüben. Er verordnete mir viele verschiedene homöopathische Tröpfchen, die ich in kleinen Flaschen mit mir führte, war entsetzt über »das Rauchen des schon so schmalbrüstigen Max«, was mich nicht hinderte. Damals war ich für kurze Zeit fast süchtig, fand schick und vornehm, was auch die großen Brüder taten.

In der Lietzenburg bewohnte ich lange das schönste Zimmer, das wir den »Himmel« nannten. Aus meinem Fenster hatte ich einen Blick, kilometerweit, nach Westen über das Meer, manchmal bis nach Dänemark, nach Süden bis Stralsund, nach Osten über Rügen hinweg und nach Norden über die Hügel der Insel. Das Meer trug Schaumkronen und rauschte ununterbrochen, ein dauernder Gesang. Auch die Bäume rauschten, doch auf andere, kurzatmigere Weise, und der Himmel war blau und unendlich.

Ein hübsches Mädchen entdeckte ich, das trug einen sehr knappen Badeanzug, trug ihn auch auf dem Postamt, wo wir die Briefe abholten, am Abend, nachdem der Dampfer angekommen war. Da drängten sich die Leute im kleinen Raum, die Hausdiener, die Gäste, und warteten auf die Verteilung.

Und dieses laszive Geschöpfchen mit fast nichts am schwellenden Körper saß auf dem Brett vor dem geschlossenen Schalter und ließ die hübschen Beine baumeln und rauchte und genoß die Blicke, die es auf sich zog. Immer mangelte es ihr an Zigaretten. Es gab sie ja nur in sehr geringen Mengen auf Raucherkarten.

Ich gab ihr gern von meinen ab, besorgte ihr zusätzlich weitere. In der Pension hatte ich Quellen, nicht alle Gäste rauchten, aber alle bekamen die Karten. Sie wohnte im winzigen Dorf Grieben, ein wenig abseits also, in einem Fischerhaus unter dickem Strohdach, in noch winzigerem Zimmer. Malven und Rosen davor und innen Zigarettenrauch. Ich brachte ihr meine Schachteln, und sie beglückte mich mit einem Abendspaziergang zum Leuchtturm, über die Hügel. Der weiße Turm schickte sein Licht über die Insel und über die See, Licht vom gelben Spiegel, der sich drehte und drehte. Es duftete nach Wiese und Gras, nach Meer und nach Sommer, wie es nur in der Jugend duftet, wenn alles noch neu ist und das erste Mal.

Ich rang lange mit mir, endlich faßte ich Mut, nahm die langen Haare des Mädchens im Nacken zusammen und hielt sie dort, es muß für sie recht unbequem gewesen sein, so neben mir herzugehen, mit meiner Hand im Nacken. Ich sagte ihr, daß ich mir etwas von ihr wünsche, aber ich brachte nicht heraus, was es war.

Einen Kuß hätte ich mir gewünscht, für jede Zigarette einen, aber ich blieb stumm wie ein Tölpel, sie immer an ihrem Haarschopf fesselnd und behindernd. Sie half mir nicht weiter, war wohl, aller zur Schau gestellten Laszivität zum Trotz, selbst noch schüchtern. Bei dieser Schüchternheit blieb es, auch als wir über den Klippen lagen und die Nacht hereinbrach und der Riesenfinger des Leuchtturms heller und schärfer wurde bei seinem kreisenden Weg durch die Dunkelheit. Er zog über unsere Köpfe und die Sanddornbüsche.

Unzufrieden mit mir trottete ich zur Lietzenburg.

Das Mädchen mußte wieder heim. Auf der Insel kamen und gingen die Menschen.

Zwei Gedichte schrieb ich damals über Hiddensee, ausnahmsweise möge von jedem eine Strophe hier stehen, weil in ihnen die Seelenlage dieses Jünglings zum Ausdruck kommt. Die letzte Strophe des ersten Gedichts lautet:

> *Verhält*
> *Die Welt*
> *Den Atem – sprich!*
> *Nein, sieh auf mich –*
> *Vergeh im Traum*
> *Wie ich.*

Und die letzte des zweiten:

> *Und alles träumt,*
> *Weiß nur von einem Ziel,*
> *Daß es die Zeit*
> *Und sich*
> *Vergessen will.*

Vielleicht wollte ich das wirklich: im Traum vergehen und die Zeit und mich vergessen. Heute meditieren die jungen Leute, so weit war ich davon nicht entfernt.

Ich rauchte, dichtete und las, flirtete nonchalant mit einem anderen Mädchen aus der Nachbarpension der Frau von Sydow und schrieb über diesen Flirt eine Kurzgeschichte ohne Handlung. Ich gab sie keinem zu lesen. Da war vom Reiz eines jungen Mädchengesichtes zu lesen, dessen »Leben noch hinter einer Wachsschicht des Äußeren verborgen ist . . .« Ich schrieb überhaupt viel in dieser Zeit, nicht nur Gedichte, auch meine Gedanken: über die Kraft des Glaubens, die mir fehlte, und über das Genie, das mir genauso fehlte. Ich beantwortete Versbriefe meiner Mutter ebenso in Versen. Schrieb sie an mich:

> *Wandelst in Wonnen, wandelst in Schmerzen,*
> *Weiter und weiter von meinem Herzen . . . ,*

erwiderte ich tröstend:

> *Bis wir uns endlich wiederfinden*
> *In des Geistes lebendigen Gründen.*

Das war wohl mehr Hoffnung als Gewißheit.

Der Freund jenes Mädchens, das ich Nannerl nannte, nach Mozarts Schwester, der sie mir zu ähneln schien, besuchte sie für wenige Tage auf der Insel. Er war Feldwebel und ein entschlossener Mann. Von meiner Dichterei erwartete er nichts Gutes für sie. Er forderte mich zu einem Spaziergang über die Hügel auf, trug seine graue Uniform mit der Pistole im Gürtel und machte mir seine älteren Rechte unmißverständlich klar. Da ließ ich Nannerl, an der mir so viel nun wieder auch nicht gelegen war, küßte statt dessen ihre rundliche Freundin, die das recht gerne hatte, in stürmischer Nacht im Strandkorb, umweht von feinem Flugsand.

Es ging alles so dahin wie Sonne und Wind.

Dimitri Bobotanoff war unser Gast auf der Lietzenburg, ein rumänischer Arzt aus der Charité. Er hatte eine schöne Frau, temperamentvoll waren beide. Ich balgte mich mit ihr zum Spaß, wir waren allein, sie ließ sich auf ihr Bett fallen und zog mich mit sich, doch damit ließ ich das Spiel bewenden.

Ich las Dimitri, der sich für mich interessierte, aus dem »Aretin« vor. Noch immer war ich kaum über Nebelwolken und Kerkerszenen hinaus gediehen. Zum ersten Mal zeigte sich ein Zuhörer enttäuscht, es verletzte mich, weil ich ihm recht geben mußte und es mir doch nicht weiterhalf. Ich betäubte meinen Kummer beim Rauchen zahlloser Zigaretten.

Hie und da traf ich Erich Heckel auf den Wiesen, den expressionistischen Maler, der die Künstlergruppe »Die Brücke« mitbegründet hatte. Ich freute mich, wenn ich seine kleine Gestalt erkannte. Dann gingen wir zusammen über die Hügel. Er war nun fast sechzig Jahre alt, immer allein, eine einsame Gestalt. Er lebte in Berlin, bis sein Atelier 1944 zerstört wurde. Ich sehe ihn schlank, zart und ein wenig gebeugt neben mir, in weiter, wohl auch abgetragener Jacke, aber schlampige Kleidung trugen wir ja alle. Er äußerte sich sehr genau, scharf und verbittert über die Nazis, kein Wunder, gehörte er doch zu den als »entartet« bezeichneten Künstlern und wurde als »Formzertrümmerer« verachtet.

Ich befreundete mich herzlich mit den Stralsunder Geschwistern Sannemüller, Senta, Gerd und Horst. Alle drei waren älter als ich, die Brüder zwei ebenso brillante wie leidenschaftliche Musiker, der eine Geiger, der andere Pianist. Sie spielten bei uns Brahms-Sonaten, sie spielten am Tag, und sie spielten bei Nacht, ich mochte sie sehr. Ich glaube, durch sie lernte ich Hemingway kennen, wir diskutierten beim Spazierengehen über die mir ganz neue, so moderne und sachliche Wort-Kunst. Die Sonne stand über den raschelnden Pappeln, und wir stritten, ob es erlaubt sei, sie als eine »glühende Bratpfanne am Himmel« zu bezeichnen, wie es der amerikanische Dichter getan hatte.

Und dann wurde Han von Plessen mein Freund, ein blonder junger Mann. Er hatte ein klares, offenes Gesicht, graublaue Augen und immer die Pfeife im Mund. Er war jung verheiratet, wie mir schien mit der hübschesten jungen Frau, die man sich wünschen konnte. Auch diese beiden wohnten in einem Fischerhaus in Grieben, auch unter dem dicken, tief gezogenen Strohdach. Nun kamen sie zu mir zur Lietzenburg, dort spielten wir Boccia auf den Wiesen.

Han von Plessen litt sehr unter dem Krieg, unter dem Soldatsein überhaupt. Er wollte künstlerisch arbeiten, mußte aber an die Front, fuhr in einem Panzer und war nur auf Urlaub hier.

Es war vielleicht ein Phänomen, daß wir den Krieg so wenig wahrnehmen wollten, über Dichter und Maler redeten, Bücher kauften, von Filmen sprachen ... Aber es war keineswegs außergewöhnlich. Niemand, am wenigsten die Fronturlauber, mochte an den Krieg erinnert werden, auch sie wollten von »draußen« nicht sprechen, sie tauchten bei uns ein in eine friedliche und noch weitgehend unbeschädigte Welt. Diese unbeschädigte Welt war auch ihr eigentliches Leben, der Krieg war der Wahnsinn, den man irgendwie überstehen mußte.

Han von Plessen, der Freund, auf Hiddensee

Ende August mußte ich in die Schule zurück, ich reiste über Berlin, besuchte den Buchhändler Patting in der Buchhandlung Amelang, die mir wie ein zweites Zuhause geworden war. Patt, wie wir ihn nannten, legte mir eine Mappe mit Drucken von Aquarellen des Engländers William Turner vor, sie gefielen mir gleich außerordentlich, wie mich selten Bilder so spontan angesprochen hatten – diese Duftigkeit, diese verschwimmende Atmosphäre, ich meinte, noch nie eine so vollkommene Malerei gesehen zu haben. Ich kaufte die Mappe, ließ mir die Bilder rahmen und hängte sie in meinem Weimarer Zimmer auf. Dann besang ich sie in Gedichten. Sie entsprachen vollständig meiner träumerischen Seelenlage.

In der Schule lasen wir Goethes »Faust«.

Miriam war noch immer bei Bosch dienstverpflichtet, sie schrieb mir einen Abschiedsbrief, sie habe einen anderen Freund, einen Medizinstudenten aus Tübingen, mit Namen Will.

Das tat mir weh, vielleicht am meisten meiner Eitelkeit, aber ich wußte auch schon, daß es mehr als ein Mädchen gab, das man lieben konnte.

Einmal kam Hitler nach Weimar. Ich befand mich gerade in einer Seitengasse der Innenstadt und hörte von Ferne den Lärm, das brausende Heil-Geschrei, hörte: »Der Führer ist da!« Ich rannte auch, um diesen Mann zu sehen, der Europa unterwarf und unser Schicksal war, sah ihn von fern im offenen Mercedes stehen. Die Menschen erdrückten ihn fast und brüllten. Sein Gesicht war haßverzerrt, angeekelt, er scheuchte seine Anbeter fort mit dem Arm, den er danach gleich wieder zum Gruß ausstreckte. Dieser Mann mit dem kleinen Schnauzbart und dem Scheitel auf der rechten Seite, das war nicht »der Führer«, das Idol der Massen, das war ein Besessener, von dem Eiseskälte ausging.

Ich habe die gleiche Eiseskälte noch einmal gespürt im Hotel Elephant, anläßlich der »Woche des deutschen Buches«, zu der Doktor Goebbels, der Reichspropagandaminister, die deutschen Autoren alljährlich lud. Da bewohnte dieser Dämon eine Suite, in der er auch arbeitete. Ich sah den kleinen Mann mit dem schmalen Gesicht und dem verkrüppelten Fuß, unter dem er litt, nur kurz, nur im Vorübergehen, und dennoch empfand ich den kalten Hauch. Er wehte mir aus seinem Zimmer entgegen, ich spürte ihn körperlich, ohne daß ich hätte sagen können weshalb. Denn es geschah ja nichts, und ich verstand auch keine Worte, ich hörte nur die leise, schneidende Stimme, die so ganz anders klang, als wenn der diabolische Redner öffentlich sprach.

Ich ging zur Kundgebung, hörte ihn zu den deutschen Dichtern sprechen und sie an ihre Pflicht erinnern – in dieser heldischen Zeit. Nicht alle Autoren lehnten ihn ab, das ist wahr, aber viele machten sich doch über ihn lustig. Von einer Atmosphäre der Angst spürte ich nichts, damals, in Weimar auf der Tagung. Da hatte sich alles versammelt, was Rang und Namen hatte. Vielleicht kam man auch nur, um Freunde und Kollegen zu treffen. Die Nazis duldeten auch noch viele, die es später schwer hatten. Hans Carossa wandelte goethisch erhaben durch die Hotelhalle, mit schönem Kopf und weißem Haar, er war freundlich zu jedermann, auch zu mir. Walter von Molo polterte auf gutmütige Weise, hatte das charaktervolle Gesicht eines Bergbauern, aß mit meiner Mutter und mir zu Abend und erklärte: »Wenn ich Ihren Maxl so sehe, dann tut es mir leid, daß ich keinen Sohn habe!« Was natürlich nur eine Schmeichelei war. Jakob Schaffner traf ich hier wieder. Er war froh, daß sein Rat gefruchtet hatte und ich das Abitur machen wollte. Daß es weniger sein Rat gewesen, sondern die zaghaften Küsse eines Mädchens im Mondschein, verschwieg ich. Voller Achtung und Scheu näherte ich mich dem Autor Karl Heinrich Waggerl aus Wagrein, der seine Kalendergeschichte so gekonnt vortrug und manchmal an einen traurigen Clown erinnerte. Die Mutter korrespondierte seit langem mit ihm, den sie sehr schätzte. Aber das waren ja viele.

Ich half der Gräfin Dohna, die schwarzen Welpen ihres Dackels großzuziehen. Ich fotografierte die drolligen Kleinen und schenkte ihr zum 60. Geburtstag ein Büchlein mit den Bildern. Dazu verfaßte ich Verse, von denen Denis Boniver, bekannter Architekt aus Stuttgart, derzeit am Weimarer Bauhaus Professor, in schönstem Schwäbisch befand: »Es isch eppes!« Da war ich stolz. Ich hielt zum Festessen eine kleine Rede, bei der ich der Gräfin dankte und schloß: »Das Gute wird erst gut durch Güte!« Das hatte mir der Dichter Karl Heinrich Waggerl kürzlich als Widmung in eines seiner Bücher geschrieben. Da erhielt ich wieder viel Beifall. Aber ich schämte mich lange, weil ich bei dem berühmten Mann eine Anleihe gemacht und es verschwiegen hatte. Ich wußte noch nicht, daß die meisten Festreden aus Plagiaten bestehen.

Mit der Tochter des berühmten Architekten Ludwig Mies van der Rohe schloß ich eine Hausflur- und Treppenfreundschaft in dem Sinne, daß wir uns immer wieder auf der Treppe oder in einer Ecke des Flures trafen, nebeneinander auf den Stufen hockten oder uns an die Geländer lehnten und miteinander schwatzten, lange die politischen Ereignisse besprachen, den Krieg – und was wir erwarten mußten, was wir noch erhoffen durften. Ihr Vater war von 1930 bis 1933 Direktor des Bauhauses gewesen und 1938 in die USA emigriert. Von ihm stammte – unter vielen anderen, in die Moderne weisenden Bauwerken – der deutsche Pavillon auf der Weltausstellung 1929 in Barcelona, in dem die Mutter so erfolgreich wie strapaziös die deutsche Spielwarenindustrie repräsentiert hatte. Wir hatten reichlich Gesprächsstoff.

Ein Junge kam zu uns, der Klaus Heinrich von Puttfarken hieß. Er kam aus dem Osten Deutschlands, von einem großen Gut in Pommern oder Ostpreußen, war hochaufgeschossen und still, ein wenig älter und gereifter als ich. Wir verstanden uns gut, obwohl er ein recht lästiges Talent darin entwickelte, mich – eifersüchtig und weniger erfolgreich – bei meinen Flirts zu stören. Er war sehr nüchtern und trocken in seinen Äußerungen, ganz preußisch, wie man es sich im guten Sinne vorstellt. Er wußte, daß er bald eingezogen werden würde, hatte jetzt nur noch Schonfrist und meinte: »Du wirst es erleben, das geht schief! Wir können nicht die ganze Welt besiegen. Und nun kommt der Winter in Rußland. Es war alles ein Wahnsinn. Großes Glück hat jeder, der heil heraus- und wieder nach Hause kommt. Ich glaube nicht daran.« Er war von düsteren Vorahnungen erfüllt. Auch er ist gefallen.

Ich durfte nach Berlin, aß mit dem greisen Vater zu Abend, er war der Welt schon entrückt, abgeklärt, weit von uns entfernt.

Christl war in der geliebten Stadt, bei ihrer Mutter, ich lud sie ins Staatstheater ein, Käthchen ermöglichte alles. Es gab Schillers »Turandot«, eine glanzvolle Aufführung, wie die Theater damals alle glanzvoll waren: Opium für die Intellektuellen. Mit Kunst – oder was sie dafür hielten – schmückten sich die politischen Verbrecher.

Turandot ist die Geschichte einer grausamen Prinzessin aus China, die alle ihre Freier enthaupten läßt – bis auf den einen, der sie überwindet, indem er ihre Rätsel löst. Orientalisch bunt war das Bühnenbild. Farbiges Licht fiel von der Bühne herab in den Zuschauerraum, fiel auf Christl neben mir, sie saß da im schwarzseidenen Kleid, dunkel waren auch ihre Haare, ihr Gesicht dagegen hell wie Bernstein. Dieser Vergleich lag mir nahe durch Hiddensee, wo wir den Bernstein suchten, fanden und in den offenen Händen wogen. Ihre dunklen Augen, dazu der Duft ihres Parfüms, alles vermischte sich, wurde zu einem durchdringenden Glücksgefühl. Mein Wunsch wurde wieder wach, der Augenblick möge dauern, nie enden, ich suchte ihn in Gedanken festzuhalten, wie damals in Zürich, als ich bei der Mutter die Treppe mehrmals emporstieg. Aber auch hier ohne Erfolg. Ich hatte das oft, dieses Bedürfnis, besonders im Theater, auch in der Staatsoper. In »Orpheus und Eurydike« von Christoph Willibald Gluck dachte ich: Wenn es doch nie zu Ende ginge, während von oben der reine Wohllaut des »Ach, ich habe sie verloren, all mein Glück ist nun dahin ...« zu mir hinabströmte.

Nein, nichts dauerte, auch nicht der Augenblick neben Christl. Mit jedem Vers von der Bühne, mit der erregenden Handlung verging die Zeit. Ich schaute zu ihr hinüber, sie bemerkte diesen Blick, erwiderte ihn, lächelte, vielleicht ahnungslos, vielleicht mit freundlichem Spott. Es kam zu keiner Berührung. Später schrieb ich ihr ein Gedicht, das mit den Versen endete:

> ... von den zarten Armen
> Der Mädchen hoffe kein Erbarmen,
> Sie alle heißen Turandot.

In aller Frühe reiste ich nach Weimar zurück.

Ein Sterben

Im November, fast ein Jahr seit meinem Vorlesen, als ich aus einer Privatstunde heimkehrte durch den verwilderten Garten mit den nun kahlen Bäumen, bat mich die Gräfin Dohna in ihr immer ein wenig verstaubt riechendes Zimmer. »Tante Gabriele liegt in der Agonie«, sagte sie bekümmert, mit ihrer rauhen, fast männlichen Stimme. Die Gräfin wirkte ja überhaupt männlich mit ihren knapp geschnittenen Haaren, die ohne Locken und herrenmäßig kurz an den Ohren endeten. Sie schloß nun zuerst die Augen und schaute mich gleich darauf wieder voll an. Ich verstand das mir neue Wort nicht, Agonie, ich hatte es noch nie gehört. Aber ich begriff sofort, daß es Bitteres, Endgültiges ausdrückte. Die Gräfin legte mir ihre Hand auf die Schulter: »Willst du sie noch einmal sehen?«

Jetzt verstand ich erst richtig. »Noch einmal ...« Tante Gabriele lag im Sterben. Mein erster Impuls war, den Kopf zu schütteln, hinaufzugehen in mein Zimmer und mich dort zurückzuziehen, vielleicht das Radio anzumachen oder eine Schallplatte aufzulegen. Doch ich nickte. Die Gräfin nahm die Hand von meiner Schulter: »Dann geh jetzt.«

Ich stieg die Stiegen empor. Tante Gabrieles Zimmer war

leer. Da stand der Tisch, an dem sie ihre Suppe gelöffelt hatte, dort ihr Stuhl, in dem sie gesessen. Die Bilder an den Wänden, die Teppiche, die Tapeten, die Uhr, alles schien nur auf sie zu warten.

Die Tür zu ihrem Schlafzimmer stand halb offen. Von dort klangen beängstigende Laute zu mir herüber, Röcheln ... Auf Zehenspitzen setzte ich mich in Bewegung, ging ich durch ihren Wohnraum, spürte mein Herz und war beklommen. Ich schob die Tür weiter auf. Dann trat ich ein. Ein bleiches Licht kam durch weiße, zugezogene Vorhänge, doch das Fenster dahinter war offen.

Linker Hand, gleich neben der Tür, stand Tante Gabrieles Bett. Ich erkannte sie nicht und wußte doch, daß sie es war. Ihre Wangen waren eingefallen, ihr Mund halb geöffnet. Sie lag auf dem Rücken, die Decke hochgezogen bis über die Brust, ihre Augen waren geschlossen, ihre Haare strähnig. Sie atmete schwer, schien nach Luft zu ringen. Sie schlief auch, aber sie litt unter einem Alptraum, und niemand konnte sie wecken. Ihre beiden Hände wanderten über die Bettdecke, griffen in den Stoff, ließen ihn wieder los, in kurzen Intervallen.

Es war Stille im Zimmer, das nur klein war, wenig mehr Raum hatte als für das Bett und den Schrank. Ich hörte auch keinen Laut aus dem schweigenden Haus, nichts von draußen, keinen Vogel, kein Motorengeräusch. Nur den angstvollen Atem, ihr schweres Sterben, das ein leichter Tod war, wie die Gräfin mir später sagte.

Ich stand, war unfähig, mich zu bewegen, unfähig, ihr über die Stirn zu streichen oder über ihre Hände. Ich empfand Beklemmung, Grauen vor ihr, vor dem gütigen Menschen in seiner Todesnot, schlich wieder hinaus, war blaß, nagte an meiner Unterlippe.

Irgendwann in diesen Tagen schrieb ich ein Gedicht, das ich »Der Tod« nannte, schrieb:

> *Eine dunkle Brücke bau ich denen,*
> *Die sich einsam und vollendet wähnen,*
> *Einsam und vollendet bin auch ich.*

Ich fand dieses Gedicht gelungen, wenn es auch zu sehr nach Rilke klang, doch das war nun so in diesem Alter. Aber während ich meine Verse und ihre schwermütigen Bilder mochte, wußte ich doch gleichzeitig, daß sie nicht standhielten vor der Wirklichkeit.

Lili Avenarius reiste an, die hagere Tochter, die große Frau. Sie war ganz in Schwarz gehüllt, in dünne Stoffe, die wie Schleier wehten, was sie zu einer wehenden Gestalt machte. Sie sah ergriffen aus, aber gefaßt. Tante Gabriele wurde in Weimar begraben. Doch an das Begräbnis erinnere ich mich nicht, auch nicht, ob die Mutter dazu kam. Mir waren Begräbnisse ein Grauen. Der Mutter ging es genauso.

Ich flüchtete nach Berlin, war mit Christl in einer Morgenfeier im Deutschen Theater, hörte Verse, hörte die temperamentvolle Pianistin Elly Ney Mozart spielen, drei Tage später waren wir im Faust, in der berühmten Aufführung mit Gustaf Gründgens als Mephisto, die auch verfilmt wurde.

Der deutsche Angriff war vor Moskau und Leningrad zum Stehen gekommen, aber das wußten wir nicht so genau. Der Bruder Friedebald war bei Smolensk, er spürte noch nichts vom Grauen des Krieges, war noch immer bei der Feldgendarmerie, nicht bei der kämpfenden Truppe. Schon in Frankreich hatte er zu aquarellieren begonnen, in Rußland setzte er es fort. Er war beeindruckt, ja ergriffen von der russischen Landschaft. Er hatte uns schon vor dem Feldzug beruhigend geschrieben, noch im Frühjahr aus Polen: »Hier ist Polen so, wie ich es mir vorgestellt habe, ländlich und breit, und freundlich, wo es glaubt, vertrauen zu können. Wir kommen hierher als Retter, der Bolschewismus hat hier wüst gehaust, und beim Auftauchen der Uniformen besteht hier noch nicht die Gedrücktheit, die uns im westlichen Teil oft entgegentrat.«

Und ein andermal: »Es ist schön, als Befreier in ein Land zu kommen – auch wenn das Gewissen dabei nicht ganz rein ist und man weiß, daß die schwere Zeit folgt.«

Und wieder: »Aber wie soll ich Dir nun klarmachen, daß das Leben hier gar nicht schwer ist. Besonders für uns, die wir das alles in Ruhe und Sicherheit an uns vorüberziehen lassen können ... Wir sind in Rußland und haben grünes Tuch an, wir haben oft enge Quartiere und meistens schmutzige. Wir müssen marschieren – aber nicht mehr als erträglich – aber Krieg ist das nicht. Und der Umgang mit den Bauern und ab und zu ein Gespräch mit den Kameraden, die Bücher, die ich lese, die Briefe, die ich bekomme und schreiben darf, sind alles Dinge, die das Mindestmaß der Freude, die der Mensch braucht, um zu leben, erreichen und oft überbieten. Könnt Ihr Euch aber vorstellen, daß hier keine Glocken läuten? Nie!«

Das schrieb er zu Weihnachten, und am Neujahrstag 1942: »Und dann sind wir alle vor die Tür getreten und haben nach Westen geblickt, in unserem Rücken donnerte es in bitterem Ernst. Es ist eine helle Nacht mit verdecktem Mond.«

Auch der Bruder Jochen war eingezogen worden, auch er kämpfte nicht. Er war bei der »Heeresbildstelle«, zunächst in Griechenland. Dort fotografierte er die Akropolis und die Stadt Athen: melancholische, stimmungsvolle Aufnahmen. Er hatte nun einen kleinen Buben mit seiner Ruth, den er liebte.

Weimarer Impressionen

Oft in diesen Wintertagen saß ich in meiner Weimarer Stube, war überfallen von Verzweiflungen, über die Lage der Welt und über mein eigenes Ungenügen an dem, was ich meine Dichtung nannte. Dann zog ich mich auf meine Couch zurück, zündete mir die Pfeife an – die Zigaretten hatte ich aufgegeben – und ließ die Rauchschwaden durch meine Bude ziehen. Ich träumte ihnen nach. Die Wolken strichen über meine hochgezogenen Knie hinweg, tanzten kreiselnd um Tisch und Stühle und sanken zu Boden. Brannte die Lampe, lag unten der Rauch und oben leuchtete das Licht. Dann meinte ich, daß die Wolken für den Herrgott nichts anderes seien als Vorhänge, die er zuzieht, wenn er die Erde nicht mehr sehen will. Ich war aber auch von Todesfurcht befallen, schreckte nachts im völlig verdunkelten Raum auf und spürte den Schatten. Es war eine so tiefgehende Furcht, daß die Empfindung immer in mir lastete, selbst in fröhlichen Stunden. In meine Träume kam ein Gefühl der Verlorenheit und Angst, an das ich mich noch aus meinen ersten Kindertagen erinnerte. Schlangen, Verbrecher und grausige Morde waren nicht selten ihr Inhalt, mindestens ein Gefühl des Gehetztwerdens, das mich ständig verfolgte. Ich verbrannte den »Aretin« vom Nebelhorn im Kohleofen, ich verbrannte viele Entwürfe und kleine Geschichten und hatte dabei doch ein unbehagliches Gefühl. Ich war froh, daß mich niemand dabei überraschte.

Es war viel Papier, ein großer Haufen, den ich den Flammen überantwortete, ich hatte keine sentimentalen Gedanken, solange es brannte, auch nicht hinterher, beim Anblick der gefiederten Asche. Ich war so eifrig bei diesem Vernichtungswerk, daß ich das Feuer oft durch die Fülle der Blätter erstickte. Ich zögerte, zweifelte, las, stieß auch hin und wieder auf Gedanken, die ich längst vergessen hatte und mir nicht zugetraut hätte. Ich freute mich ebenso, wenn ich etwas fand, was ich glaubte nun besser ausdrücken zu können.

Ich las damals die »Frankfurter Zeitung« und liebte das Feuilleton, besonders die Essays von Benno Reifenberg. Diese Zeitung, die sich im Rahmen des Möglichen der Propaganda enthielt, immer hart am Verbot vorbeischrammend, war meine tägliche Nahrung, aber auch eine Anfechtung für mich, weil ich fürchtete, die Brillanz solch geschliffener Beiträge selbst niemals erreichen zu können. Damals erschien ein Artikel mit dem Resümee: »Das Schöne ist Ziel der Kunst.« Heute wäre ein solcher Satz undenkbar, ich zweifelte damals schon, vermochte dem aber keinen Ausdruck zu geben, notierte mir nur: »Vielleicht darf Kunst gar kein Ziel haben, wo sie enden kann. Wenn aber ein Ziel, dann Verwandlung, also Wirkung auf

Menschen.« Ich meditierte über den Aufwand, der in Liedern und Dichtungen mit der Liebe getrieben wurde und wird – auch in den bildenden Künsten, meinte, daß nichts damit bewirkt werde, und schrieb: »Von Gefühlen schweige«, was natürlich ein Irrweg wäre.

Ich ging im Weimarer Park auf Wiesen und unter Bäumen. Die Sonne bohrte sich durch die Wolken. Zeitweilig war es so schmerzend hell, daß ich die Augen zukniff. Und plötzlich begannen Vögel zu singen, die ich nicht benennen konnte. Ein Specht trommelte auf einen Baum – es war eine Frühlingsahnung, und die Ilm rauschte. Soldaten gingen mit ihren Mädchen am Ufer spazieren. Auch das war eine Seite des Krieges.

Noch immer war ich bei Meister Strathmann in der Gesangsstunde und bedauerte ihn, weil sein Ruhm nun verblaßt war, bedauerte das Ende jeglichen Wirkens: Ich sah die Vereinsamung des alten Mannes, das Stillwerden um diesen Menschen, sein Leerwerden. Ich blickte am Spätnachmittag aus meinem erhöhten Fenster in die Abendsonne, wenn sie gelbrot über der Stadt lag. Farblos grau waren die entfernten Häuser, die auf den Baumspitzen des Parks zu stehen schienen. Da und dort waren die in den kalten Himmel aufsteigenden Rauchfahnen durchleuchtet. Der Schnee in der Tiefe des Parks unter mir war graublau, die kahlen Bäume standen dazwischen wie braune Striche, und ich saß im Fenster mit gebeugtem Rücken und notierte mir alles. Langsam, ganz langsam floß das Licht die Zimmerwand hinauf, indem die Sonne sank.

Nachts hatten wir die Fenster verdunkelt – den ganzen Krieg über – mit schwarzen Papieren oder Pappen. Wir bastelten uns selber Rollos. Dörfer und Städte versanken in lichtloser Schwärze. Die Spur des Menschen verschwand aus der Nacht. Nur daß der Himmel sich mit seinen Gestirnen wieder reiner, klarer und prächtiger entfalten konnte, versöhnte ein wenig.

Einmal entfernte ich im Winter diese Verdunklung vor dem Schlafengehen. Da war das Fenster dahinter zu einer blitzenden Wand geworden, vereist, vom Mondlicht überstrahlt. Von oben warfen die Stengel des wilden Weins Schattenornamente auf die Fläche. Perlen und Sternchen flammten. Und in einem kreisrunden, ausgesparten Loch schwamm der Mond, geformt wie ein türkischer Märchenpantoffel.

Aber auch in Weimar gab es Fliegeralarm. Wir kamen im Luftschutzkeller der Gräfin Dohna zusammen, nachts, und immer öfter, aufgeschreckt vom Heulen der Sirenen, das allen grausam in den Ohren klang. Die Gräfin hielt nichts von Hitler und glaubte nicht an den Sieg. Sie machte auch kein Geheimnis aus ihrer Meinung, aber sie konnte es auch, denn es war keiner unter ihren Gästen, der ein fanatischer Nazi gewesen wäre. Es gab auch keinen Spitzel unter uns. Man sagte, was man dachte. Aber man sagte es leise und vergewisserte sich vorher mit einem Blick über die Schulter, ob man auch wirklich allein war.

Die Mauern unseres Hauses bebten einmal. Es fielen drei Bomben in der Nähe, nachts, ganz dicht neben Goethes Gartenhäuschen. Es waren kleine Bomben gewesen. Am Morgen besahen wir uns die Krater. Das berühmte Häuschen des Dichters war verschont geblieben – doch man wunderte sich, wieso es überhaupt als Ziel gegolten hatte. Es war wohl eher ein Zufall gewesen.

Abitur

Ich blieb beschützt. Ich lebte mein Leben fast wie in Friedenszeiten. Wir litten weder Hunger noch Not. Sorgen waren unsere Belastungen, aber nicht mehr.

Ich schlief mit einem niedlichen Mädchen, das in der Pension wohnte. Nachts schlich ich über knarrende Stufen zu ihr hinab, in ihre Kammer. Da waren wir froh, wenn uns die Sirene nicht aufschreckte. Ich mochte sie, doch es war nicht die ganz große Leidenschaft. Das war und blieb Miriam, mit der ich ständig Briefe wechselte, mochte sie auch andere Wege gehen. Ich floß über vor Verständnis und Weisheit und erklärte ihr unverdrossen meine Liebe. Darüber hinaus hatten meine Briefe wenig

Inhalt, die Erlebnisse des Alltags erschienen mir nicht berichtenswert – leider.

Das Zimmer meines Mädchens im Hause Dohna war klein, fast nur ein abgeteilter Alkoven mit dünner, weißgestrichener Holzwand. Alles vollzog sich leise darin und heimlich, herzlich und verspielt.

Der russische Winter mit seinem Frost brach über die Soldaten an der Ostfront herein. Wir in der Heimat wurden aufgefordert, unsere Skier abzugeben. Es war Pflicht. Ich brachte meine mit Bedauern zur Sammelstelle, wo sie auf einem großen Haufen landeten und bestimmt niemals sinnvoll verwendet wurden. Aber indem ich dies schreibe, frage ich mich schon, ob denn in diesem wahnwitzigen Krieg überhaupt etwas hätte sinnvoll sein können, außer Hitlers Beseitigung.

Völlig daran gehindert, Ski zu laufen, wurden wir freilich nicht, in den Wintersportorten konnte man Skier leihen, ganz konnte man das Geschäft für die Einheimischen, die davon lebten, nicht zum Erliegen bringen.

Immer klarer wurde es, daß Hitler nicht siegen konnte. In Rußland tobten die Kämpfe mit aller Härte. Der Generalfeldmarschall von Brauchitsch wurde abgelöst, Hitler machte sich selbst zum Oberbefehlshaber auch der Ostfront. Er befahl den fanatischsten Widerstand.

Die Rote Armee trat zum Gegenangriff an.

Dieses Weihnachten begingen wir bedrückt. Der Bruder Jochen hatte Urlaub, er verbrachte ihn bei uns, er litt sehr unter dem Soldatsein und sprach es offen aus. Es gab auch politische Spannungen mit dem Schwager Hubert. Nächtelang diskutierten die Erwachsenen, wenn ich schon schlief. Ich notierte mir dennoch: »Von vielen Dingen, die ich hörte, war ich sehr entsetzt ... Nun werden wir wohl alle zu stilleren Leuten, seit wir sehen und hören können.«

Konnten wir sehen und hören? Wir erfuhren doch relativ wenig, wir sahen nicht einmal die Spitze des Eisberges. Daß

Hitler im Januar 1942 die »Endlösung« der Judenfrage plante, wußte kaum sein engster Kreis.

In der Schule gewann ich einen Freund, Gerd Baumbach. Er besuchte mich in meiner Stube, zeichnete mich in Rötel, dafür besaß der stille, hochaufgeschossene Junge großes Talent. Nach dem Notabitur wurde er eingezogen, mußte gleich an die Front und fiel. So mancher Kamerad mußte damals von der Schulbank weg Soldat werden. Mich schützte mein Vermerk im Wehrpaß »Ersatzreserve II« vor dem Dienst mit der Waffe.

Auf dem Schulweg begegnete ich im Weimarer Park einer Mutter. Ihr vierjähriger Sohn hob ein wenig Schnee auf, ballte ihn zusammen und bewarf sie damit. Dabei rief er: »Schau, lauter Handgranaten. Piff, paff! Nun bist du tot!« Das registrierte ich irritiert: Handgranaten, Krieg, Tanks, Bomben – tot! Ein Spiel für Kinder ... Und die Mutter lächelte und sagte gedankenlos: »Fein, mein Kleiner!« Ich konstatierte, daß alle Bemühungen der Kunst bisher vergeblich gewesen waren. Ich war noch sehr jung.

Damals las ich Stefan Andres' Buch: »Das Grab des Neides«. Ich besuchte viele Konzerte, ließ mich forttragen auf Wogen des Gefühls oder machte mich über die Künstler lustig. Ich ging gern ins Weimarer Theater. Meine Mutter kannte den Intendanten, und ich bekam manche Freikarte.

Im Februar 1942 begann mein Abitur. Die schriftlichen Arbeiten zogen sich über eine Woche hin. Ich bekam eine Deutscharbeit mit dem Thema: »Das Buch, ein Schwert des Geistes« – und schrieb, was ich selbst nicht glaubte. Der Deutschlehrer meinte: »Kruse, Sie schreiben zu intellektuell. Einfach müssen Sie schreiben, für das Volk.« In diesem Punkt hat der Mann recht gehabt.

Nach Beendigung aller schriftlichen Arbeiten wurde ich im Hausflur der Schule von meinem Klassenlehrer festgehalten. Er nahm mich am Jackenrevers und sah mich vergnügt an:

»Sind Sie mit ›befriedigend‹ einverstanden, oder wollen Sie noch mündlich geprüft werden?«

Ich war heilfroh, so glimpflich davongekommen zu sein. Ein »Befriedigend« genügte damals ja vollkommen für ein Studium. Und mehr wollte ich nicht. Aber ich war dann doch beleidigt, daß ein anderer Schüler die Abiturrede halten sollte. Unser Musiklehrer orgelte, der Schulleiter, der den strammen Nazi herauskehrte, hielt die übliche, langweilige Ansprache: Daß wir nun ins Leben hinausträten ... Und von der heldischen Zeit ... Und vom Endsieg. Wir veranstalteten die Abiturfeier in einer Gaststätte, das Bier floß. Ganz fröhlich waren freilich nicht alle meine Kameraden, denn nun drohte die Einberufung zur Wehrmacht. Manche hatten sie schon in der Tasche.

Ich mußte noch ein zweites Mal zur Musterung in Bad Kösen, es war meine letzte. Das Lokal lag am Abhang, am Berg, ein grauer Hotelkasten. Im Hof nahmen wir Burschen Aufstellung, der Unteroffizier brüllte uns an, wir seien allesamt Scheißkerle und man würde uns schon die Flausen austreiben. Mir kam die Übelkeit hoch. Ich meinte, diesen Ton niemals ertragen zu können. Ich war der weitaus Älteste, die anderen waren fast noch Kinder. Dann ging es in den Saal der Gaststätte hinauf, wir mußten uns ausziehen. All die nackten Bürschlein, was für dürftige Gestalten: Ich verstand nicht, was die Mädchen an uns finden konnten, wir waren doch alle so häßlich in unserer Blöße!

Ein Major leitete die Musterung, der war kulturell interessiert und der Mutter verbunden, er ließ mich zehn Kniebeugen machen, vom Arzt das Herz abhören, betrachtete mich geringschätzig und meinte: »Was sollen wir denn mit solchem Kroppzeug!« So wurde ich ausgemustert, »völlig wehruntauglich«, auch von allen anderen Diensten befreit.

Ich war von einem Alpdruck erlöst.

Friedebald schrieb unermüdlich Briefe aus Rußland: »Gestern sind wir durch eisigen Gewitter-Hagelsturm gefahren und dann gelaufen. Phantastisch unheimlich und großartig die sturmgepeitschten Pferde, die sich teils zusammendrängen und vom Sturm abwenden, teils sich ihm entgegenlehnen, und das alles in düsteren, olivgrünen Indigo-Farben unter blitzendem Himmel. Ja, malen! – Später lag der Ort mit den zwei Kirchen dunkel vor dem hellen Horizont unter den schwarzen Wolken. – Heute mußten wir ein paar Männer von den Evakuierten wegnehmen zur Arbeit. Mit einem alten, gutmütigen Mann, dessen Gesicht rot vom Bart umkränzt war, ging seine Tochter ein Stück noch mit, bis ich es verbieten mußte. Unter Tränen ein weithin schallender Abschiedskuß, die alten, wulstigen Lippen waren beinah zu fühlen.«

Da ich auch nicht zum Arbeitsdienst mußte, stand mir eine Zeit in Berlin bevor, die »studentischer Ausgleichsdienst« genannt wurde. Man zog mich in die Reichsstudentenführung ein. Ein wenig freute ich mich sogar darauf, denn ich kam dadurch für ein halbes Jahr nach Berlin. Aber bis dahin blieben mir noch über zwei Monate.

Helen A. Fenner war eine sowohl dynamische wie chaotische und ein wenig ins Verrufene schillernde Person, eine Briefbekanntschaft der Mutter, derzeit – eine ihrer vielen Lebensstationen – Leiterin des Fremdenverkehrsamtes in Lech am Arlberg. Sie besorgte mir ein Zimmer beim Grafen Auersperg im Hotel »Goldener Berg«. Dort verbrachte ich Tage der Sonne im März, mit Leihski und eigenen Fellen. Nun gab es dort schon den ersten Skilift, er war eine Sensation. Der Ort Langen am Arlberg war die Bahnstation. Von dort mußte man zu Fuß wandern, einem Bauernschlitten folgend, der das Gepäck beförderte. Es ging über den Paß bei Zürs und wieder nach Lech hinab, ein Weg von mehreren Stunden: Schlittenkufen, Schlittenspuren, verschneite Felsen und verschneite Tannen, Bergeinsamkeit, nur das Stapfen und Schnauben der Tiere, das Knirschen des Schnees. Und zunehmende Erschöpfung.

Ich wohnte im Nebenhaus des Hotels, in holzgetäfelter Stube, eng war alles, und war doch ein Glück. Ich schrieb an Miriam nach Stuttgart, sie teilte mir mit, daß sie mit einer Freundin nach Obergurgl wollte. Kurzerhand brach ich meine Zelte in Oberlech wieder ab, gab mein Zimmer auf, eilte den beiden Mädchen entgegen – aber in Obergurgl fanden wir keine Unterkunft. Alles war überbelegt, wie fast überall. Noch am gleichen Abend und in die Dunkelheit hinein mußten wir zurück, verbrachten eine Nacht im provisorisch hergerichteten Heustadel, bitterkalt, ich küßte Miriam, wie sie da unter dem hochgetürmten Plumeau lag und schlotterte, in all ihren Kleidern. Am Morgen telefonierte ich nach Lech, erreichte Frau Fenner, diese zauberte und brachte uns wieder in Oberlech unter, es war ein Wunder. Die beiden Mädchen wohnten beim Bauern.

Miriam hatte moralische Anwandlungen, sie wollte ihrem Will in Tübingen treu bleiben, es gab Kräche und versöhnende Aussprachen, ich dichtete: »Entsagung, wer lernt sie vorm Tod ...« und las den beiden Mädchen viel vor, Stefan Andres und Gedichte von Ina Seidel.

Die ersten großen Angriffe auf Lübeck und Köln wurden als Lufterror bezeichnet. Ich erfuhr, daß mein Freund Diether Ockel aus der Odenwaldschule verwundet in Berlin lag.

Mit Fellen stiegen die beiden Mädchen und ich zur Madloch empor, zweieinhalb Stunden. Da war Sonne und Gipfelglück, die blendende Welt.

Wir trennten uns wieder, Miriam fuhr im Schlitten über Zürs, dann nach Lindau zu ihrer Mutter. Ich reiste nach Innsbruck, schrieb vom »Wunder der Rückreise«, vom beginnenden Frühling: »Aus dem Bummelzug heraus sah ich auf die Wiesen, auf Primeln und Veilchen, und die Kirschbäume blühten, die kleinen im Schutz der breiten Häuser. So bunt war das alles, die Blumen, die Büsche, die Berge und der knallblaue Himmel. In Innsbruck aß ich bei sinkender Sonne auf der Hungerburg zu Abend und nahm dort den letzten wehmütigen Abschied von den Bergen. Wer wußte denn, für wie lange!«

Der Zug ab Innsbruck um neun Uhr abends war so überfüllt, wie es die Züge damals meist waren, es gab keinen Sitzplatz, ich hockte fröstelnd im finsteren Gang auf dem Koffer. Es war auch deshalb so finster, weil ja nicht nur der Zug ohne

Licht fuhr, sondern auch alle Städte, alle Dörfer, alle Bahnhöfe, durch die wir kamen, verdunkelt waren. Nirgends brannte ein Licht, nicht das winzigste. Die Tristesse der dunklen Landschaft drang in meine Seele.

Ein fremdes Mädchen suchte Platz, ich rückte zur Seite, sie setzte sich neben mich, der Koffer knickte leicht ein, wir lehnten uns aneinander und suchten Trost aneinander. Traurig und übermüdet kam ich in Naumburg an. Es war immer noch dunkel, noch zog der Tag nicht herauf.

Aber daheim blühten die ersten Kätzchen.

Studentischer Ausgleichsdienst

Ich blieb nur kurz in Kösen, reiste gleich nach Berlin, kam dort weit nach Mitternacht an, in der Atelierwohnung der Mutter am Bahnhof Halensee, Seesener Straße 30.

Und mir blieb keine Frist, am 15. April 1942 trat ich meinen Dienst als Ausgleichsstudent in der Reichsstudentenführung an, Friedrich-Wilhelm-Straße. Die eigentlichen Aufgaben dieses Amtes blieben mir immer verborgen. Ich wurde dem Auslandsreferat zugeteilt, das von einem Doktor Bähr geleitet wurde, einem kleinen, sehr drahtigen Mann. Er trug die graugrüne Uniform eines Sonderführers, konnte aber leger, sogar tolerant sein.

Das Gebäude unterschied sich äußerlich in nichts von einem Berliner Miethaus. Schmutzig war die Fassade, groß das Eingangsportal. Eine Treppe führte hinauf. Draußen standen Bäume, es prangte der schönste Frühling. Oft ging ich in den Tiergarten, der war nah. Da saß ich in der Sonne, die Knospen an allen Bäumen brachen schon auf, und auf den Wiesen standen Szilla und Anemonen. Ich saß unter den Büschen am Weiher, auf dem quakende Enten schwammen. Manchmal kamen sie zu mir und zwickten mich in die Hose. Und die Spatzen waren fröhlich. Auf dem Platz vor unserem Postamt spielten die Berliner Gören, da öffnete der Ginster schon seine gelben Blüten und erinnerte mich an Hiddensee. Wie sehnte ich mich nach der Insel.

Unser Dienstantritt war einigermaßen amüsant. Doktor Bähr, die graue Maus, empfing uns in seinem Büro. Uns – das war ein Häuflein von knapp zehn Jungens, etwa gleich alt oder sogar jünger als ich. Sie waren alle irgendwie behindert, hatten einen steifen Arm, einen verbildeten Fuß oder ein Gebrechen, das man ihnen nicht ansah, so wie mir. Bei mir deuteten nur die vorstehenden Zähne auf meine rachitische Veranlagung hin. All meine Schicksalsgenossen standen in achtungsvoller Haltung vor dem Schreibtisch, im Geist die Hände an der Hosennaht, während ich mich lässig halb auf die Armlehne eines Sofas gesetzt hatte, schon mehr lümmelnd. Ich dachte mir nichts dabei. Doktor Bähr hielt uns einen Vortrag über den Dienst an der Heimatfront, den wir in aufopfernder Pflichterfüllung zu leisten hätten, genau so, wie wenn wir Soldaten wären. Plötzlich blickte er mich scharf an, ich erwartete ein Donnerwetter wegen meiner flegelhaften Haltung, doch das Gegenteil trat ein: »Wie heißen Sie? – Kruse? – Sie sind die schönste Puppe Ihrer Mutter!« Und er forderte die anderen auf, sich an meiner Lässigkeit ein Beispiel zu nehmen. Er wolle keine Strammsteher, normal und natürlich sollten wir uns geben, aber aus dieser gelassenen Einstellung heraus sollten wir uns zu besonderer Leistung emporschwingen.

Nichts lag mir ferner.

Doktor Bähr wurde in seiner Ansprache mehrfach von Telefonanrufen unterbrochen. Und als er uns endlich leutselig entließ, rief er mit gespielter Verzweiflung, nun habe er vergessen, irgendeinen hohen Würdenträger anzurufen, um die Begnadigung eines zum Tode verurteilten belgischen Studenten zu erwirken. Vielleicht war es Doktor Goebbels oder sein persönlicher Referent. Aber nun sei es wohl zu spät dazu, die Hinrichtung bereits vollzogen. Wir hatten alle den Eindruck, daß er diese makabre Szene nur spielte, um uns zu beweisen, wie bedeutend er war und was er alles vermochte.

Zunächst hatte ich nur Pakete zu packen, dann klebte ich Zeitungsausschnitte. Aber bald kam ich in ein Büro zu Günther Reichhelm. Wir sollten eine Zeitschrift herausgeben, die eine geradezu schwindelnd hohe Auflage hatte, denn sie wurde kostenlos an ausländischen Universitäten verteilt und in mehrere Sprachen übersetzt. Sie hieß: »Neues Europa« und war in Deutschland nicht zu haben. Dafür war sie auch viel liberaler, als es bei uns erlaubt gewesen wäre.

Unsere Arbeit empfand ich als leicht, wir bekamen die verschiedensten Meldungen aus der Wissenschaft und aus den Universitäten auf den Schreibtisch, Forschungen, Erfindungen. Wir kürzten und schrieben um. Propaganda wurde dabei bewußt vermieden. Die Propaganda war eben, daß es auch ohne Propaganda ging. Die Nazis wollten zeigen, daß sie ja gar nicht so schlimm waren. Ich erinnere mich noch genau an die Meldung von der ersten gelungenen Kernspaltung und der ungeheuren Energie, die dadurch freigesetzt wurde. Ich hatte gleich das Gefühl, dies müsse von epochaler Bedeutung sein.

Mein Chef – Günther Reichhelm – zuckte die Achseln. Er war blond, sein Haar schütter, sein Gesicht scharf geschnitten, sein linker Arm verwachsen, er konnte nur mit einer Hand arbeiten, essen und schreiben, verstand aber geschickt mit ihr umzugehen.

Er glaubte aufrichtig an den Führer und war vom Endsieg überzeugt; ich konnte aber offen mit ihm reden, und er tolerierte meine skeptischen Ansichten, ich hatte niemals Sorge, er könne mich anzeigen. Er diskutierte viel und gern mit mir, war voll Bewunderung für gefühlsstarke – oder rohe – SS-Männer, die, zu härtestem Dienst abkommandiert – darüber durfte er nicht reden! –, nach Erfüllung ihrer Pflicht in ihren Kojen lagen und Partituren von Johann Sebastian Bach auswendig lernten. Er, der Behinderte, nahm sich diese Leute zum Vorbild, so mußte man sein. Er litt unter der Angst, nicht als vollwertig zu gelten. Dennoch nahm er es gelassen, sogar freundlich zur Kenntnis, daß ich eine Halbjüdin liebte. Einem einzelnen, einem Kameraden und Freund, ließ man vieles durchgehen, was offiziell nicht erwünscht war. Er fand Miriam hübsch, ich zeigte ihm ihre Fotografie: Sie stand mit langen Haaren an einem Bahndamm, mitten in einem Margeritenfeld, ein Mädchen wie eine Blüte.

Wir bekamen eine Stenotypistin zugeteilt. Sie war ein besonders hübsches Geschöpf, weich und weiblich an allen Gliedern, die lebendige Verlockung. Heute würde man so ein Geschöpf »sexy« nennen. Günther Reichhelm wettete mit mir, wie bald er sie soweit hätte, daß sie mit ihm schlafen würde. Mir war sie gleichgültig, denn sie hatte Stroh im Kopf. Er lud sie in ein Restaurant zum Abendbrot ein und lächelte am nächsten Morgen vielsagend.

Immer in dieser Zeit, wenn mich Doktor Bähr sah, und sei es von weitem, auch auf der Straße, rief er laut:»Kruse, Sie sind die schönste Puppe Ihrer Mutter!« Es war mir sehr unangenehm. Und davon abgesehen, hatte ich mit den Puppen der Mutter immer noch so wenig im Sinn, daß ich sie nicht einmal alle kannte. Sprach man mich darauf an, mußte ich passen.

Immer wieder war ich in der Buchhandlung Amelang am Bahnhof Zoo, kaufte bei Patt, dem feinsinnigen Ernst Patting, meine Bücher, viele Bücher, darunter nun auch »Auf den Marmorklippen« von Ernst Jünger. Es wurde als Buch des inneren Widerstandes verstanden, in dem mit der Person des Oberförsters Hitler gemeint sein sollte. Ich konnte das nicht erkennen, sondern nahm es als ein Meisterwerk der Sprache, dessen magisch-mystische Wortkunst mich anzog, aber nicht ergriff.

Ich dichtete auch viel, befreundete mich im Amt mit Dorothee, der stillen Tochter des Zeitungswissenschaftlers Emil Dovifat. Sie war in meinem Alter, ein Mädchen mit klarem, reinen Gesicht, glattgekämmten, gescheitelten Haaren. Sie dichtete selbst, schrieb mit feiner, harmonisch-ausgeglichener Schrift, nahm Anteil an meinen Versuchen und hörte mir geduldig zu. Ihr Vater wurde nach dem Krieg Mitbegründer der CDU in Berlin und lehrte an der Freien Universität.

Meinen greisen Vater dagegen besuchte ich selten in Nikolassee. Er war dort in einem Sanatorium untergebracht, die

Der Vater und die Schwester Maria im
Sanatorium Nikolassee, 1941

Schwester Maria betreute ihn auch hier. Seine Haare waren nun schlohweiß, sein Bart ebenfalls, weiß und lang. Er saß mit kantigem Gesicht im Liegestuhl, sprach wenig, nur knurrige Worte. Er klagte, daß ich sowenig käme, und rauchte ständig seine Stumpen. Er versicherte immer wieder: »Ich glaube an den Sinn des Lebens!« Er tat es sogar noch auf dem Sterbebett. Ich meinte, er würde ewig leben. In diesem Alter macht man sich noch keine Gedanken über die Kürze der uns zugemessenen Zeit – und daß sie vorbeigehen könne.

Eine Freude war, daß der Bruder Friedebald drei Monate Studienurlaub bekam, aus Rußland. So konnte er endlich auch mit einem weiblichen Wesen zusammensein, mit seiner Freundin Gretl. Am ersten Abend schon war er mit mir im Deutschen Theater, wie sahen die blutjunge Elfriede Kuzmany als »Käthchen von Heilbronn«. Prompt verliebte ich mich in das so reine Geschöpf. Es ging ein unbeschreiblicher Zauber von ihr aus. Ich schrieb Verse, sehnte mich, litt – und vergaß sie, so wie jede Liebe stirbt, die keine Nahrung durch Nähe, durch Begegnung und Berührung, erhält.

Aber ich liebte auch die Stadt selbst, Berlin, nicht nur ihre Theater und die Konzerte, ich liebte die Straßen, die Busse und U-Bahnen, den Kurfürstendamm und den bezaubernden Frühling in Potsdam und Werder. Wäre kein Krieg gewesen, ich hätte wohl in Berlin bleiben mögen.

Ich wurde krank, sehr krank, Angina, fieberte bis an die Grenze des Todes; der Naturarzt der Mutter, dem sie blind vertraute, heilte mich mit Abführmitteln. Ich war so elend, daß ich deren unaufhaltsame Wirkung kaum überstand. Fast einen Monat brauchte – und konnte – ich nicht ins Büro. Halb genesen, schrieb ich meine erste Erzählung, sie handelte von einem Mann, der vor der Liebe auf der Flucht ist. War ich das auch? Auf der Flucht vor der Liebe? Eher im Gegenteil. Vielleicht war es ein Wunschtraum: Ruhe vor den Leiden und Stürmen der Gefühle. Ich war ja fast immer verliebt.

Christl kam nach Berlin, sie besuchte mich noch am Krankenbett. Aber danach sahen wir uns nicht oft. Sie ging ihre eigenen Wege, und mein Herz hing an Miriam. Und doch – das hinderte mich nicht, immer ein wenig für Christl zu schwärmen, liebevolle Gedanken für sie zu haben. Es hätte sicher nur eines Winks von ihr bedurft. Sie war ein schönes Mädchen, reifer als Miriam, schon eine junge Frau. Ihr Gesicht unter den dunklen Haaren erschien mir sehr ausdrucksvoll, rassig, ein manchmal schwermütiger Blick unter langen Wimpern machte sie mir noch reizvoller. Sie war elegant und schlank, eine ihrer Großmütter war Jüdin.

Ich ging einmal zu Jakob Schaffner, erklomm die Stufen zu seiner Wohnung im Berliner Westen, er empfing mich in seiner Arbeitsstube, einem hellen Raum, saß gegen das Licht und sprach von der Aufgabe der Kunst in dieser schwersten Zeit des deutschen Volkes. Er hatte ein neues Buch über die KdF- oder »Kraft durch Freude«-Reisen herausgebracht: »Volk zu Schiff«, das eine Fahrt auf der »Wilhelm Gustloff« nach Madeira mit einfachen Leuten, Volksgenossen, Arbeitern, schilderte und das pries, was man heute vielleicht »die Errungenschaften« nennen würde, und was doch nur reine Propaganda war. Er war zufrieden mit mir, daß ich doch noch das Abitur gemacht hatte und bald studieren könne, ich hätte seine Erwartungen erfüllt. Und es sei gut, daß ich nun an verantwortungsvoller Stelle meinen Dienst verrichtete, nämlich in der Reichsstudentenführung, aber ich spürte, daß mir seine politischen Ansichten fremd zu werden begannen, mindestens in der Kompromißlosigkeit, mit der er sie äußerte, bei aller Freundschaft, die ich für den holzgeschnitzten, ehrlichen Mann empfand, der immer herzlich zu mir war. Verunsichert, was ich denken, was ich glauben sollte, denn immerhin war er eine starke Persönlichkeit und ein berühmter, von der Mutter verehrter Schriftsteller, verließ ich ihn.

Nur ein einziges Mal sah ich in der Straßenbahn auch einen Menschen mit dem gelben Judenstern, er stand vorn im Einstieg, sich hinzusetzen war ihm verboten. Er blickte zum Fenster hinaus und drehte uns anderen, so gut es ging, seinen Rükken zu. Manche betrachteten ihn mit verstohlener Neugier, andere wieder blickten ostentativ beiseite, ich empfand Scham, die lange anhielt, vermischt mit dem Gefühl der Hilflosigkeit.

Und von Miriam kamen besorgte Nachrichten über ihren Vater. Sie schrieb:»Pa kommt fort, und vorher wird man ihm, soviel ich weiß, alles abnehmen ...« Mehr erfuhr auch sie nicht. Er blieb aber doch noch eine Zeitlang in Stuttgart. Ich war sehr bewegt und habe viele Stunden darüber nachgedacht, daß man trotzdem das Vertrauen nicht verlieren dürfe. »Hoffen«, schrieb ich ihr, »das heißt Leben!« Im übrigen war sie mit ihrem Will, dem Studenten aus Tübingen, zusammen.

Ich besuchte meinen Freund aus der Odenwaldschule, Diether Ockel, im Lazarett, das in einem Berliner Krankenhaus eingerichtet war. Es war ein sonniger Tag, strahlender Mai, er paßte gar nicht zu dem traurigen Anlaß. Diether humpelte mir auf Krücken entgegen, hing schleppend dazwischen und zog die beiden Füße nach. Beide Fußgelenke waren durchtrennt, er würde nie wieder richtig laufen können, er ahnte es damals schon. Er gab sich aber noch gelassen:»Für mich ist die Scheiße vorbei«, meinte er. Intendantensohn, Schauspielerkind, ganz dem Theater verbunden, gab er auch jetzt seinen Traum, Schauspieler zu werden, nicht ganz auf, nahm später noch Sprachunterricht, wurde Regieassistent, nahm nach dem Krieg den Namen seiner Mutter an, Diether von Sallwitz, da der Vater als »Mitläufer« belastet und als früherer Intendant von Ulm überall bekannt war. Nach dem Krieg wurde Diether einer der ersten und besten Sprecher der »Tagesschau« des Fernsehens, Millionen kannten sein Gesicht. Sitzend sah man ihm sein Gebrechen nicht an. Er heiratete, bekam einen reizenden Sohn, doch seine Depressionen waren zu groß. Er kam in seiner Garage ums Leben, in den sechziger Jahren, nie wurde geklärt, ob es ein Unfall oder sein freier Entschluß war. War er ein spätes Opfer des Krieges, wie es so viele gab?

Über Pfingsten fuhr ich nach Kösen und fand: »Diese wunderbare Stille und die ebenso stille Lektüre von Goethebriefen ...« Der Flieder blühte. Ich befreundete mich mit einer winzigen Maus, die mir an den Hosenbeinen emporkletterte, wenn ich an Vaters Schreibtisch saß und schrieb.

Wieder in Berlin, segelte Friedebald mit mir im dazu aufgerüsteten, viel zu schmalen Paddelboot auf dem Wannsee. Der Tag war schön und durchsonnt, wir genossen den sanften Wind, das blaue Wasser, den strahlenden Himmel, die vielen weißen Segel, ein so hübsches und friedliches Bild. So sollte der Sommer sein. Aber Wolken zogen auf, wir wurden von einem plötzlichen Sturm überrascht, und ehe wir noch das große Segel halb, das Fock auch nur annähernd gerefft hatten, weil wir kopflos nach den richtigen Schnüren suchten und sie nicht fanden, lagen wir schon hilflos in der Flut. Boote jagten mit flatternden Segeln oder zerschnittenen Tauen vorüber, die Wellen gingen hoch, ein Jollenkreuzer schlug neben uns um. Ich fürchtete, zu ertrinken, da kam ein Kahn, der von einer mit kahlem Mast vorbeirasenden Jacht ausgesetzt worden war. Ein nackter Jüngling hockte im Bug, sein älterer Begleiter ruderte verzweifelt, um mich zu erreichen. Endlich war er nah, Hände streckten sich mir entgegen, ich rettete, was ich an herumschwimmenden Gegenständen, Holzsitze und Paddel, noch bergen konnte und kletterte mühsam in dieses Boot, während Bruder Friedebald mit den Wellen kämpfte. Wir wurden schnell abgetrieben, und in Sorge um meinen Bruder, der nur ein kleines Luftkissen als »Rettungsring« hatte, stürzte ich mich noch einmal ins Wasser, um ihm mit einem größeren Kissen beizustehen. Wütende Rufe folgten mir. Und ich kam nicht zu ihm, Blitze schlugen in die See. Da drehte ich wieder um, erreichte meinen Retter zum Glück, konnte vor Erschöpfung nicht mehr hochklettern. Am Heck hängend, ruderte man mich an Land. Auch Bruder Friedebald schwamm gegen das Ufer, ein kleiner Kopf im tosenden Element. Ich gab ihn schon verloren, doch ein Retter stieß vom Ufer in See – er wurde ebenfalls geborgen, freundliche Menschen nahmen uns auf. Ich bekam Jacke, Hose und Mantel vom Diener des Reichswirtschaftsministers Walter Funk, der am See seine Villa hatte. Die

Kleider, viel zu weit für mich, schlotterten um meine klammen Glieder, als wir mit der S-Bahn heimfuhren. Folgen hatte das Unglück weiter keine, nur daß ich lange von Alpträumen geplagt wurde.

Die Mutter mietete eine zweite Wohnung in der Sächsischen Straße, das Atelier in Halensee wurde zu klein. Sie bereitete sich darauf vor, den Vater zu uns zu nehmen. Ich bekam Biedermeiermöbel für meine Stube, goldgelbe Stühle, einen goldgelben Schreibtisch, einen goldgelben Schrank. All das gefiel mir – war es nicht einem Dichter angemessen? Im übrigen war ich aber nicht eigentlich eitel, zwar stolz auf meine Werke, aber gleichzeitig von Zweifel zerfressen. Im Amt gab mir eine stets hilfsbereite, warmherzige Frau, die immer besorgte Mutter meines Kameraden Ekkehard Roth, eines Nazigegners, der an einem verbildeten Fuß litt, den liebevollen Spitznamen »Miko«, wegen meiner ausgeprägten Minderwertigkeitskomplexe. Trotzdem schwang ich mich in die höchsten Gefilde der Dichtung auf und verfaßte einen weisheitsschwangeren Sonettenkranz, den ich Josef Weinheber abgeguckt hatte, aber auch einen simpel gereimten Text für ein Bilderbuch mit den Puppen der Mutter.

Ich kaufte für uns alle ein mit Lebensmittelkarten, die man auch in den Restaurants brauchte. Die Entbehrungen begannen spürbarer zu werden. Wir bekamen pro Person und Tag nur noch einen halben Liter Magermilch. Ich kochte und wusch ab. Manchmal besuchten wir das chinesische Restaurant in der Meinekestraße.

Berlin – das waren aber für uns vor allem und immer wieder die Theater, eine magische Welt. Sie waren immer schon lange vorher ausverkauft. Aber Friedebald und ich konnten meist Karten bekommen. Die Mutter pflegte eine ihrer zahllosen zärtlichen Beziehungen zur Theaterkasse Weiland. Das setzte mich auch bei Christl in Gunst.

Ein krasserer Gegensatz war wohl nicht denkbar als der zwischen meinem behüteten Leben und dem Geschehen an den

Fronten, den Verfolgungen der politischen Gegner und Juden. Hiervon merkten wir allerdings nichts. Es kommt mir mein Dasein zu dieser Zeit heute wie ein Träumen vor, ein Schlaf auf sumpfigem Grund. Aber alle träumten irgendwie, wenn sie in der sogenannten Heimat lebten. Wir sollten ja träumen. Man kann es natürlich auch Verdrängung der Wirklichkeit nennen. Aber ich lebte in Übereinstimmung mit all den anderen, die meine Volksgenossen genannt wurden. Es war unser Lebenswille, der träumte. Es lebte kaum einer grundsätzlich anders, wenn er sich nicht im Widerstand organisierte, aber das waren verschwindend wenige, von denen wir nie etwas erfuhren. Es nahm auch niemand Anstoß an meinem behüteten Leben. Ich war nicht an der Front, gewiß, und das war ein Privileg, das ich meinen Altersgenossen voraushatte. Aber auch darin war ich nicht allein, es gab noch andere Männer, auch junge, die freigestellt waren, aus was für Gründen auch immer, meist zur Arbeit in der kriegswichtigen Industrie. Und man freute sich über jeden, der daheimbleiben konnte.

Es war die Regel, daß man in die Kinos ging, die Filme sollten uns ja bei Laune halten. Die Theater, die Kabaretts waren überfüllt, die Menschen kleideten sich gern festlich, sie spielten das Spiel: »Es ist normales Leben«, und wollten es so oft wie möglich spielen. Gewiß gab es leidenschaftliche Auseinandersetzungen über Sinn oder Unsinn und das Verbrechen dieses Krieges. Es gab aber auch das Dilemma – in dem selbst die Nazigegner steckten –, daß man die Niederlage ebenfalls nicht wünschen mochte, denn alle meinten, deren Folgen würden verheerend sein, schlimmer noch als nach 1918. Keiner vermochte sich diese Schrecken auszumalen. Die Zeit nach dem Ersten Weltkrieg war wie ein Trauma, viele hatten sie erlebt. Zur Furcht vor einer Niederlage im Krieg kam nun noch eine geradezu panische Angst vor der Sowjetunion, vor dem, was Bolschewismus genannt wurde. Wir hatten kaum andere Kenntnisse als die durch die Goebbelssche Propaganda. Nicht die Russen fürchtete man eigentlich, die Russen wurden vielfach geschätzt, der russische Mensch, die »russische Seele« sogar geliebt, fast jeder kannte russische Emigranten, aber gerade diese waren ja vor dem Bolschewismus geflohen und schilderten das Leben in der Sowjetunion in den düstersten Farben: Unterdrückung, Gefängnisse, Arbeitslager, Sibirien, Rechtlosigkeit – das war es, was uns erwartete. Der Bolschewismus war das Schreckgespenst schlechthin, und daher kam die Zerrissenheit selbst bei denen, die Hitler haßten. Daß er allein der Schuldige am Krieg war und sein Auslöser, darüber gab es keine Meinungsverschiedenheiten, auch wenn die Nazis vom »uns aufgezwungenen Lebenskampf« sprachen. Unsere einzige Hoffnung war eine Revolte der Wehrmacht mit anschließenden Friedensverhandlungen bei noch einigermaßen intakten Fronten.

In jenen Tagen litten wir in Berlin noch nicht unter Fliegerangriffen. Ich erinnere mich an keine einzige Theateraufführung, die wegen Alarm abgebrochen werden mußte. Wir erhielten unsere Nachrichten durch die Wehrmachtsberichte und aus den Zeitungen. Alles war verfärbt, frisiert. Aber andererseits kamen jetzt immer häufiger die Meldungen über gefallene Söhne, Brüder und Ehemänner. Und man begann, heimlich den englischen Sender BBC zu hören, was mit dem Tode bestraft werden konnte. Das Paukenzeichen aus der Fünften Symphonie von Beethoven, mit dem diese Nachrichtensendungen angekündigt wurden, ging uns ins Blut und war zugleich das Signal für höchste Vorsicht.

Miriam teilte mir bekümmert mit, daß sie in zwei Monaten in eine Fabrik zum Kriegsdienst müsse. Sie versuchte, eine Studienmöglichkeit zu finden, nirgendwo war sie geduldet, geschweige denn gern gesehen. Sie fuhr nach München, wollte dort zur Kunstakademie, schrieb: »Es ist alles so unendlich schwer, nirgends werde ich genommen, auch der Professor (in der Kunstgewerbeschule Stuttgart) will mich krampfhaft loswerden. Im Notfall melde ich mich noch zu Dir als Pflichtjahrmädchen und hüte Dich ...« Sie meinte trotzdem, es ginge ihr gut: »... bis auf den Hunger, den ich ständig habe, der ist aber schon fast krankhaft, die Marken sind einfach zu knapp und das Essen zu wenig und zu schlecht.« Und ihr Freund Will mußte nach Rußland.

Unsere Abteilung der Reichsstudentenführung veranstaltete einen Gemeinschaftsabend, der in der Holzbude des Schrebergartens von Frau Roth stattfand, bei strömendem Regen. Ich verfaßte dazu einen Sketch, den Günther Reichhelm mit mir vortrug. In fingierten Telefongesprächen glossierten wir alle Mitarbeiter und unseren Chef und nahmen kein Blatt vor den Mund, auch politisch nicht. Wir ernteten schallendes Gelächter und sehr viel Beifall. Doch zum Schluß mußten wir gemeinsam Lieder aus der »Kampfzeit« des Nationalsozialismus singen. Kaum eines kannte ich.

Doktor Bähr überlebte den Krieg, obwohl auch er als Soldat an die Front mußte, als die militärische Lage schon hoffnungslos geworden war. Sehr klein, seelisch zerstört besuchte er mich kurz nach dem Zusammenbruch. Er wirkte auf mich wie ein Mensch, der jede Orientierung verloren hatte. Er suchte Halt, vielleicht sogar Sühne und trat in ein Kloster ein.

Inselferien

Im August bekam ich Urlaub. Ich verbrachte die Tage auf Hiddensee, Friedebald und seine Freundin Gretl mit mir, bis er von dort aus wieder nach Rußland mußte.

Es war ein Sänger bei uns, Rumäne, ein damals sehr berühmter Tenor mit betörender Stimme. Er sang an vielen großen Opernhäusern, bei uns wohnte er unter Kiefern in einem Holzhäuschen hinter dem »Siegesboten« des Vaters. Manchmal trug er auf dem kleinen Hügel eine italienische Arie vor, dann kamen die schmelzenden, seidenweichen Töne zur Lietzenburg, zu uns. Ich empfand betrübt, daß ich ihm an Sangeskunst nichts, aber auch gar nichts entgegenzusetzen hatte, trotz Meister Strathmann. Gleich zwei hübsche Mädchen brachte er für sich mit, das eine war seine Braut, das andere ihre Schwester. Ich fand die jüngere mit Blondhaar reizend, hatte aber mit meinen Gedichten und meiner noch immer nicht überwundenen Scheu keine Chancen neben seinem Belcanto. Ich hörte ihn später noch oft im Radio, dann erinnerte ich mich an diese Tage und hatte den Geruch nach Kiefern in der Nase.

Damals genoß ich die Zeit auf der Insel noch bewußter als früher. Ich konnte mir nicht vorstellen, daß die Insel jemals aus meinem Leben genommen werden würde, wie es nach dem Krieg geschah – mein größter Verlust, größer noch als der von Bad Kösen. Alles wurde zur Zeit der DDR enteignet.

Unser Gast war auch ein Berliner Zahnarzt, Doktor Jakobshagen. Er war sehr in Mode. Er erzählte amüsant, wie ihn ein Freund im offenen Sportflugzeug mitgenommen habe. Hoch über Berlin brach unter seinen Füßen der Sperrholzboden, und er blickte zwischen seinen Knien auf die Dächer, auf die Gedächtniskirche, die Siegessäule – zitternd vor Angst.

Er wanderte mit mir zum Leuchtturm und führte mit mir politische Gespräche über den wahnsinnigen Hitler. Er besah sich meine vorstehenden Zähne mit kundigen Augen und meinte, ich würde ihretwegen immer unter Hemmungen leiden, das sei nicht gut für meine Entwicklung, gerade jetzt, wo ich doch schon ein ausgewachsener junger Mann sei. Er bot mir an, sie zu einem Freundschaftspreis abzuschneiden und Jacketkronen daraufzusetzen. Das leuchtete mir ein, ich folgte seinem Rat. Ich wollte auch gern schön sein, dort, wo es zu machen war. Wieder in Berlin, suchte ich ihn gleich in seiner noblen Praxis auf, wo die Wandschränkchen mit Rosenmustern bemalt waren. Doktor Jakobshagen sägte, ich hielt die Schmerzen kaum aus, er bohrte Löcher für die Verankerungen, ich hielt die Schmerzen noch weniger aus, er entfernte mir die Nerven, nun hatte ich Ruhe, aber tote Stümpfe im Mund. Immerhin bekam ich schöne Zähne und konnte lachen, ohne die Hand vor den Mund halten zu müssen. Ich tat es aber noch lange, diese Gewohnheit hielt sich hartnäckig.

Der Vater zog aus dem Sanatorium zu uns. Noch sehe ich ihn aufrecht durch die Wohnung gehen, nun achtundachtzig Jahre alt. Ich sehe ihn im Sessel sitzen und schweigen, aus dem Fenster schauen und höre ihn mit seiner knotigen Hand auf die Armlehne klopfen.

Im Oktober war meine Dienstzeit zu Ende gegangen. Ich blieb in Berlin. Ich hatte kein weiteres Ziel. Es wurde auch an ein Studium gedacht, vielleicht im nächsten Jahr. Vielleicht in Freiburg im Breisgau. Inzwischen bot sich ein Referent für Frankreich aus dem Auswärtigen Amt an, mir ein »Privatissimum in Philosophie« zu geben. Er war ein schlanker, sensibler Mann mit zartem Gesicht. Die Mutter suchte ihn auf, sprach mit ihm, schaute sich ihn an und hielt danach nichts von dem Plan. Sie ließ durchblicken, der Doktor sei vielleicht homosexuell. Davor hatte sie immer Angst für ihre Söhne.

Miriam kam nach Berlin. Bald mußte sie ihr »Pflichtjahr« in einem Haushalt mit Kindern ableisten und suchte eine Familie, die bereit war, eine Halbjüdin aufzunehmen und sie freundlich zu behandeln. Wo sollte sie hin? Ich holte das Mädchen am Anhalter Bahnhof ab, es erschien mir äußerst zerbrechlich, aber auch künstlich, stark geschminkt. Miriam hatte ein blasses, ja, schneeweißes Gesicht, war eingehüllt in Wolken von Parfüm und rauchte wie süchtig. Sie fühlte sich immer noch an ihren Will gebunden, obwohl er ihr den Laufpaß gegeben hatte, und entzog sich mir. Wir stritten uns, vertrugen uns wieder. Wir erwogen diesen und jenen Plan für sie, kamen aber zu keinem Ergebnis. Eine Zahnärztin war im Gespräch, aber es war alles noch sehr unbestimmt. Der Gedanke kam auf, daß sie vielleicht doch studieren könne, wenn nicht regulär, so doch wenigstens als Gast, wenn sie die richtige Protektion bekam.

Sie reiste unsicher wieder ab, uneins mit sich und ihrem Schicksal, das es so gar nicht gut mit ihr meinte.

Die Mutter hatte Beziehungen nach Freiburg, auch ich wollte vielleicht dort studieren, ich schrieb Miriam den Plan nach

Stuttgart, sie antwortete: »Ich fürchte, daß mich das Arbeitsamt einziehen wird, wenn ich mich in Freiburg polizeilich anmelde. Ich werde zu einer Berufsausbildung ja nicht aufgenommen, ich darf höchstens ›Kurse‹ belegen. Und daß die Partei, Arbeitsfront und Arbeitsamt, in einer fremden Stadt sehr bald von meiner Existenz wissen, davon bin ich überzeugt und daß Du, wenn Du mit mir ›auftrittst‹, auch einige Gefahr läufst, weißt Du doch hoffentlich auch, es ist also ein recht zweischneidiges Schwert ... Wenn für Gasthörer und für Studenten die gleichen Bestimmungen gelten, so sind es in meinem Fall die, daß nur auf ein besonderes Gesuch studiert werden darf, und ich glaube nicht, daß ich die Genehmigung bekäme, ich würde nur Staub aufwirbeln und auf mich aufmerksam machen.«

Sie belegte dann einen Stenokurs, mehr wurde ihr nicht gestattet, und schrieb: »... ich fürchte mich gräßlich vor dem Arbeitsamt. Ich sitze auf dem Pulverfaß, und wann es losgeht, weiß ich nicht, niemand kann mir raten.«

Sie litt auch unter der Trennung von ihrem Freund Will.

Ich versprach ihr, daß sie ihr eigenes Leben führen solle und daß sie nicht eingezogen werden würde. Ich weiß nicht, wo ich die Zuversicht dazu hernahm. Ich wollte ihretwegen zum Reichsarbeitsministerium gehen.

Mit Han von Plessen, der noch Urlaub hatte und der mit seiner Frau Susanne in einer kleinen Wohnung lebte, spielte ich Abende lang Schach. Einmal besuchten wir Tatiana, die Freundin unserer Familie und wunderschöne Frau. Ausgeprägte Backenknochen verliehen ihr einen zusätzlichen, fremdländischen Reiz. Tatiana war russische Emigrantin, wir liebten, ja, verehrten sie alle, mir schien sie immer ein in sich ruhender, gesammelter Mensch zu sein. Wer weiß aber, ob sie sich nur so in Zucht nehmen konnte, welche Stürme und Leidenschaften auch in ihr tobten. Han kam zum ersten Mal zu ihr, sie kannten sich aber aus Hiddensee. Er hatte es schwerer beim Militär als der Bruder Friedebald, er war seelisch nicht so robust, er litt sehr unter dem stumpfen Gehorsam, an der vollkommenen Verleugnung des eigenen Ich. Bei Tatiana kam er in ein sehr kultiviertes Heim, in eine künstlerisch dichte Atmosphäre, denn Tatiana war eine begabte Malerin. Es bedeutete ihm viel, mit einem so reifen, künstlerischen Menschen zu sprechen, über das, was sein Lebensinhalt war und was seine Lebensaufgabe werden sollte: über Kunst, Malerei. Er war so erregt, daß er sich nicht ruhig auszudrücken vermochte, sein ganzer Frust brach aus ihm heraus, er stieß seine Worte, Bruchstücke von Sätzen, nur so hervor, ohne einmal einen Gedanken zu vollenden, oft in Angst, ihn zu verlieren. Tatiana war sein vollkommenes Gegenteil, ganz gefestigt, ihre Worte schienen zu strömen. Ich empfand sie damals sehr stark, diese Diskrepanz zwischen diesen beiden Daseinsformen, den Unterschied auch zu dem Leben, das ich führen durfte. Ich spürte fast körperlich, wie sehr Han darunter litt, Soldat sein zu müssen, und war überglücklich, daß dies an mir vorübergegangen war. Tatiana und Han sprachen auch über die Lage an den Fronten, sie sprachen über die politische Situation, vor allem im Zusammenhang mit Rußland, das Tatiana ja verlassen hatte. Sie redeten über sein Schicksal, das Schicksal seiner Generation: für eine schlechte Sache zu kämpfen. Han erschien mir mehr und mehr wie ein Gepeinigter, der im Panzer fahren und schießen mußte, während er doch künstlerisch arbeiten wollte.

Diese Unterhaltung mit einem Menschen, der so leben konnte, wie er leben wollte, hatte Han aufgewühlt. Glücklich war er, als ich ihm vorschlug, noch einmal nach Hiddensee zu fahren. Wir reisten zu dritt mit seiner schönen Susanne, es war schon kühler Herbst, die Lietzenburg war längst geschlossen. Wir brachten unsere eigene Bettwäsche mit, aßen im Hotel Dornbusch oder verköstigten uns selbst, waren herzlich zueinander. Wir saßen in den Nächten auf dem Balkon, hatten den gestirnten Himmel über uns und sprachen über die Unendlichkeit des Weltalls und unsere Winzigkeit. Wir fühlten uns gleichzeitig verloren und geborgen, und der Anblick der Sterne in der Höhe und über dem Meer war wunderbar.

Han genoß die Nächte und die Tage. Ihm ging die Pfeife nie aus. Susanne erwartete ein Kind. Ich war voller Verständnis für beide. Nie wieder im Leben sind Freundschaften so uneingeschränkt, so ohne Vorbehalte.

Ein Telegramm rief ihn zurück. Er mußte wieder an die Front.

Der Tod des Vaters

Meinem Vater ging es schlechter. Seine Kräfte ließen rasch nach, er verfiel. Er konnte nur noch liegen. Ein Pfleger kam in die Wohnung, ein Mann mit einem Totengesicht. Er war mir unsympathisch, auffällig sein Gebiß, kräftig die Statur. Er hob, wusch und bettete den Vater. Es ging rasch zu Ende. Der Vater lag ausgestreckt auf seinem Bett, auf dem Rücken auch er, wie ich seinerzeit seine Freundin Gabriele Reuter liegen gesehen hatte. Nun ging sein Atem schwer, rauh und rasselnd. Das war die Agonie, jetzt kannte ich sie, das Wort und seine Bedeutung waren mir zum Bild geworden.

Die Mutter hatte keine Kraft, den Todeskampf mitanzusehen. Sie verließ das Haus, ging zu einem Bestattungsunternehmer, regelte alles im voraus. Der Mann drückte sein berufsmäßiges Beileid aus, er fragte, wann der Gatte verstorben sei. Die Mutter sagte, er lebe noch. Aber als die Mutter heimkehrte, war es überstanden. Sie weinte nicht, keiner von uns weinte, nur die Schwester Maria hatte feuchte Augen, sie hatte den Vater am längsten betreut, er war schließlich eine Art Kind für sie geworden. Der Vater war achtundachtzig und ein halbes Jahr mehr geworden. Ein volles Menschenleben.

Ist es nicht doch zu kurz?

Nun hatten wir einen Leichnam im Haus. Nie vermochte ich mich an dieses bleiche, an Verwesung gemahnende Wort zu gewöhnen. Es war mir unbehaglich, die Nächte mit dem toten Mann unter einem Dach zu verbringen. Ich schlief unruhig, redete mir Vernunft zu, erlangte sie schließlich. Die Mutter ließ eine Totenmaske abnehmen. Dann kamen die Männer mit dem Sarg, sie betteten den Vater hinein, die Mutter warf noch einen Blick auf ihn, den sie vor Jahren so sehr geliebt hatte. Nun lag er hier mit den schütteren Haaren und dem weißen Bart über dem Linnen.

Im Oktober war er gestorben. An einem Spätherbsttag begruben wir ihn auf dem Jerusalemer Friedhof, wo auch seine Eltern lagen. Die Mutter bat den Pfarrer Ueberschar dazu, sie hatte sich eine seiner Predigten vorher angehört, würdig und unsentimental wollte sie es haben, und so wurde es, unter Herbstlaub. Und sie war erleichtert, als auch dies vorüber war.

Die Frage, wo ich studieren sollte, wurde aktueller. Freiburg stand immer noch zur Debatte. Ich konnte Miriams Bedenken brieflich zum Teil zerstreuen, sie wollte nun mindestens einmal mit mir dorthin fahren, mit dem Bekannten meiner Mutter, einem Regierungsrat, sprechen, die Situation prüfen. Ich reiste zu ihr nach Stuttgart, sehr züchtig hörten wir bei ihrer adligen Mutter Beethovens Violinkonzert von Platten, am nächsten Tag setzten wir uns in den Zug und fuhren gemeinsam nach Freiburg. Im Hotel bekamen wir zwei Zimmer mit kleinen Balkons und Blick auf die alte Mauer, auf den Turm und die Hauptstraße. Abends tranken wir Wein in der Halle und redeten über unsere Beziehung zueinander und unsere Situation im allgemeinen, über die Studienpläne, die Möglichkeiten, die Schwierigkeiten. Wir spazierten durch die ganz stillen, ganz menschenleeren, verdunkelten Straßen, kein einziges Fenster leuchtete, aber der Mond hing über uns, silbern, die alten Häuser waren von ihm erhellt, es war das reinste Mittelalter oder auch die reinste Romantik.

Ich ließ Miriam keine Ruhe, ihre Zurückhaltung erschien mir unnatürlich. Nachts kletterte ich von Balkon zu Balkon in ihr Zimmer, kroch neben sie ins Bett, sie wehrte sich erst, fand endlich aber, sie sei doch auch nicht aus Stein – und so geschah's denn. Ganz froh war sie nicht darüber.

Aus dem Studium wurde trotzdem nichts, für uns beide

nicht, wir waren deprimiert. Wir reisten nach Berlin, zu Käthchen, zur Mutter. Miriam besuchte die Zahnärztin, die sie vielleicht im Pflichtjahr zu sich nehmen wollte, die beiden saßen sich gegenüber, die Frau und das Mädchen, es wurde ein recht gutes Gespräch: ja, Kinder wären zu versorgen, ob Miriam sich das zutraue, ihre Mischlingsrasse spiele keine Rolle, im Gegenteil, die Zahnärztin war keine Nationalsozialistin. Hier wäre Miriam wohl gut aufgehoben gewesen, aber die Ärztin mußte es sich von der Reichsärztekammer genehmigen lassen, eine Halbjüdin bei sich aufzunehmen, und bekam die Erlaubnis nicht. Wir waren noch niedergeschlagener und wußten nicht, wie die Zukunft werden könnte. Ich jedenfalls entschloß mich endlich, auf der Mutter Drängen, für Jena als Studienort. Sie wollte mich näher bei sich, bei Kösen haben. Dann konnte ich über die Wochenenden heimkehren.

Nach und nach kam in Friedebalds Briefe aus dem Krieg ein neuer Ton: »Hier sind wir in einem Dorf acht Kilometer hinter der Front, jeder Schuß ist zu hören, doch keiner rührt mich ... Am meisten freuen mich hier die Russen, ich kann ihnen gar nicht böse sein. – Wer sollte diese Kinder etwa hassen?!«

Und: »Das Artilleriefeuer läßt eigentlich die ganze Nacht nicht nach. Der Russe hat hier anscheinend einiges vor ... Heute Nachmittag ist der Fesselballon in Brand geschossen worden, ehe er wirklich hoch war. Nicht schlecht, die prompte Abwehr.«

Die Heeresfilmstelle, die Jochen Zuflucht geboten hatte, wurde aufgelöst, wir fürchteten, daß nun auch er an die Front müßte.

Student in Jena und Miriams Pflichtjahr

Und meine Zeit in Berlin war vorbei. Ich wußte nicht, daß es für immer war, ich sah diese Wohnung niemals wieder, die Stadt, nur sehr verändert, ein Menschenalter später. Im Wintersemester 1942 schrieb ich mich in Jena ein, stand im langen Gang der Friedrich-Schiller-Universität, im grauen Licht, zwischen dicken Steinmauern, stand in der Schlange der Wartenden, sie war nicht lang. Es konnten nicht viele junge Leute studieren damals. Ich betrachtete meine Kommilitonen mit verhaltener Neugier, wurde anstandslos aufgenommen mit meinem befriedigenden Abitur. Ich schrieb mich ein für Kulturwissenschaft, bekam mein Studienbuch, es war braun, und der Stempel auf meinem Foto zeigte den Reichsadler mit dem Hakenkreuz.

Zunächst wohnte ich in der düsteren Pension Haus Kroug, Kaiser-Wilhelm-Straße 6. Das Zimmer war üppig groß, aber kalt, ausgestattet mit pompösen Plüschmöbeln. An Heizung mußte gespart werden, Energie wurde knapp. Vor den Fenstern standen kahle Bäume, da balgten sich die Katzen; auf dem Tisch, an dem ich meine Lehrbücher unsicher betrachtete, lagen Decken, dick wie Teppiche. Lieber als zu lernen schrieb ich, angeregt durch Rilkes Duineser Elegien, ein ungereimtes Gedicht, mehrere Seiten. Ich nannte es »Stimme des Leisen«, es war eine Flucht nach innen. Ich vervielfältigte es und verschickte es als Weihnachtsgruß. Der mir sehr gewogene Schriftsteller Walter von Molo, dem die Widmung »dem Gedenken Rainer Maria Rilkes« vermutlich weniger gefiel, fand es frühreif, voller Erkenntnisse, die er erst in hohen Jahren gehabt habe. Ich las die »Sonette einer Griechin«, die anonym erschienen waren, Eckart Peterich wollte sie entdeckt haben und gab sie heraus. Ich bewunderte diese Gedichte sehr, mit dem schmerzlichen Bewußtsein, daß ich selbst von dieser Kunst, von diesem Können noch weit entfernt sei.

Ich hörte auch diese und jene Vorlesung, ohne rechtes Ziel. Ich fand es schwer, auf mich allein gestellt zu sein, ohne Stundenplan, ohne Leitung. Ich besuchte Lichtbildervorträge in Kunstgeschichte, saß in verdunkelten Räumen, erfuhr, daß den Portalen der frühen Kirchen die römischen Triumphbogen zum Vorbild gedient hatten, bei denen das mittlere Tor ebenfalls das größte war. Ich besuchte einen Philosophieprofessor, der über Fichte las, der mir zu national war und zu heldisch, aber das wurde vielleicht damals besonders betont, und über Hegel, von dem ich zuwenig verstand. Ich verstand immer zuwenig und hoffte auf spätere Erleuchtung, lernte mittelalterliche Schriften lesen, deren Schönheit mich anzog und in die Vergangenheit entführte, ich ging sogar – ich weiß nicht warum – zum Theologen, zur Exegese.

Alle Hörsäle waren leer, da saßen nur wenige stumme Gestalten, auch einzelne Mädchen. Die Studenten waren an der Front oder gefallen, der Tod schlug täglich zu, alle Familien lebten in Angst, alles verdüsterte sich. Die Hoffnungen wurden geringer, sie schwanden bald ganz. Luftangriffe wurden häufiger, noch nicht auf Jena, wo immerhin das Werk von Carl Zeiss ein Ziel gewesen wäre, wohl aber in den größeren Städten. An meinem 21. Geburtstag hatte der Kampf um Stalingrad begonnen, das Inferno und die endgültige Wende des Krieges.

Ich ahnte nichts davon und empfand ein ungetrübtes Hochgefühl bei dem Gedanken, daß ich nun mündig geworden sei, ein erwachsener Mensch. An diesem Tage – oder in diesen Tagen – muß ich in Weimar gewesen sein, denn die Erkenntnis meiner Mündigkeit ist verbunden mit einer Gartenmauer dort. Ich strich an ihr vorbei, streifte einige der noch feuerroten, kurz vor dem Abfallen stehenden Blätter des wilden Weines ab und war glücklich, daß ich von nun an selbst über mich zu entscheiden hatte, nur ich selbst, und nie mehr ein anderer.

Das ist vielleicht ein hübscher Gedanke, aber man erfährt bald, daß man nie ganz frei ist, niemals völlig selbst bestimmen kann, bis ins hohe und höchste Alter. Und dann wird einem das bißchen Freiheit, das man vielleicht erworben hatte im Leben, auch wieder genommen, durch den Tod.

Ich ging in Konzerte, hörte und sah Enrico Mainardi Cello spielen, makellos – sah ihn, schreibe ich deshalb, weil er ein so eindrucksvoller Mann war, so allein auf dem Podium, das Instrument zwischen den Knien und hin- und herschwankend im Rhythmus des Bogenstrichs. Er spielte Solosuiten von Bach.

Weiter als unser behütetes Dasein daheim und das Inferno an den Fronten konnten Welten nicht auseinanderliegen. Mein einziger Tribut an den Krieg war, daß ich mit dem Gewehr schießen lernen mußte. Es war eine studentische Pflicht. Ich lag vor den Scheiben und versuchte zu treffen, oft gelang es nicht, und bald war auch dieses lästige Soll erfüllt.

Georg Rosenstock war ein Student, der präzise, knapp formulierte Gedichte schrieb. Sein Freund, ein junger Arzt, empfahl sie mir sehr, und ihn dazu. Ich freundete mich mit beiden an, Georgs Lyrik blieb mir aber eher verschlossen, sie war meiner schwärmerischen und volksliedhaften Art zu fern. Er würde, so meinte Doktor Arnold, ein bedeutender Dichter werden. Da fühlte ich gleich einen Stachel, Neid. Ich las Georg und seinem schönen Freund eine Geschichte vor, die ich – angeregt von Maupassant – geschrieben hatte. Die Einleitung der Erzählung war lang, Käthchen fand sie »ein wenig zu lang, mein Liebling!«, aber den beiden jungen Männern gefiel sie gerade so, wie sie war, und so war ich mit ihnen ausgesöhnt. Wir verbrachten viele Stunden auf dem Balkon in der beginnenden Nacht, in leidenschaftlichen Gesprächen, Georg Rosenstock hatte Studienurlaub von der Front, seine Uniform und sein Gewehr bewahrte er im Schrank auf.

Käthchen besorgte mir ein ärztliches Attest fürs Gebirge. Miriam erhielt von ihrer Mutter ebenfalls die Erlaubnis zum Reisen, sie wollte offiziell mit ihrer Freundin Eva fahren, dem lieben Mädchen. Ich reiste nach Stuttgart, übernachtete im Zeppelinhotel, berichtete nach Kösen von den ersten Zerstörungen in der Stadt durch Bomben.

Mit Miriam und Eva traf ich mich in der Morgendämmerung auf dem Bahnsteig, Miriam hatte eine neue, niedliche Frisur, ich war sofort wieder entflammt, dazu bedurfte es ja nicht viel. Aber wie stand sie zu mir? Nie war ich sicher. Wir hatten eine entspannte Fahrt nach Lindau, alles schien gut zu sein, von Langen aus mußten wir bis nach Lech laufen, es war ein stundenlanger, erschöpfender Marsch, nur das Gepäck wurde auf dem Schlitten befördert. Im Mondschein kamen wir an.

Es wurde ein Aufenthalt der Mißverständnisse und Eifersucht. Zwar bereitete ich den Mädchen eine Weihnachtsfeier, nahm es ernst und fühlte mich festlich, ich schmückte den kleinen Baum, beschenkte die beiden, las ihnen vor, aber Miriam lernte eine Gruppe von Studenten kennen, die ich gleich nicht mochte, sie versagte sich mir, reizte mich aber, wusch sich in meinem Zimmer die Haare, trug dabei nur ein weißes Höschen und ein Unterhemd, auf dem sich ihre Brüste abzeichneten. Sie regte mich auf, dann wollte sie nichts von mir wissen. Sie ging, ich warf wütend eine Orange hinter ihr her und zertrümmerte das Fensterglas der Zimmertür. Der nette Hotelbesitzer, Graf Auersperg, schüttelte den Kopf über mich.

Miriam setzte ihren Flirt mit den Studenten fort, die ungehemmt angaben und meine Schwächen schnell entdeckten, denn ich war ja unfähig, mich in Zucht zu nehmen. Auch sie kannten die »Sonette einer Griechin«, ich machte aus meiner Bewunderung keinen Hehl. Ein mickriger Egon, den ich am wenigsten mochte, konnte einige auswendig, in der Halle trug er sie vor und deutete mir an, er sei ihr Dichter. Das war ja denkbar, da der Verfasser angeblich anonym war. Er setzte noch eins drauf, heuchelte Teilnahme, sagte mir: »Du hast Miriam verloren, sieh zu, daß du dabei nicht kaputtgehst!«

Ich war in der Tiefe meines Herzens und in meiner Eitelkeit getroffen, gleich zweimal, einmal durch die unerwiderte Liebe, das andere Mal durch die Kunst. War mir dieser Egon, dieser fiese Kerl, wirklich so überlegen? Ich wurde immer eifersüchtiger, maßlos, nun auf einen hübschen Günther, den Miriam deutlich bevorzugte, mit dem sie immer zusammen war. Sie wich mir auf dem Übungshang aus, trennte sich absichtlich von mir, wenn wir in der Schlange vor dem Skilift zusammenkamen, was ich mit der Kraft der Verzweiflung zu erreichen versuchte, in dem ich mich rücksichtslos vordrängelte oder andere generös vorließ. Sie sah immer reizend aus und kokettierte hemmungslos. Sie genoß es, umschwärmt zu werden, was ja verständlich war, da sie sich im Deutschland der Nazis sonst doch immer minderwertig fühlen mußte. Sie fuhr im

Schottenrock mit Kniestrümpfen Ski, senkte niedlich den Kopf und blickte schräg aus den Augenwinkeln.

Hätte ich sie nur besser verstanden, es wäre alles viel leichter gewesen. Aber wann wird der Mensch reif, wann lernt er es, sich in Zucht zu halten? Ich konnte es nicht.

Vielleicht hätte ich mich mit der Freundin Eva trösten können, die mich gern hatte, ein so besonders liebes Mädchen, charakterlich reizend, aber ich liebte sie eben nicht, und so einfach machte ich es mir nun auch wieder nicht. So souverän war ich nicht, so bedenkenlos.

Endlich fuhren die Studenten ab, vor uns. Miriam küßte ihren Günther zum Abschied. Wenige Tage später bekam sie einen sehr langen Brief von ihm: Er wolle doch einmal Kinder haben und einen großen Hof im eroberten Rußland, er könne niemals eine Halbjüdin heiraten. Sie möge ihn verstehen, ihm nicht böse sein, und im übrigen sei es sehr hübsch gewesen.

Das war vielleicht ein Schock, aber Miriam nahm es erstaunlich gelassen hin. So tief war ihre Verliebtheit schließlich doch nicht gegangen.

Es herrschte bald wieder Frieden zwischen uns, und ich las den beiden Mädchen Dichtungen vor.

Miriam hatte all ihre Pläne aufgeben müssen. Das Studieren wurde ihr verboten. Der schon früher einmal erörterte Gedanke, daß sie ihr unumgängliches Pflichtjahr bei uns in Kösen ableisten könne, nahm Gestalt an. Meine Schwester Fifi schlug vor, sie zu sich und ihren drei Kindern zu nehmen. Der Antrag beim Naumburger Arbeitsamt wurde gestellt, während sich Miriam auf dem Stuttgarter Amt ihrerseits um die nötige Genehmigung bemühte. Ende Januar 1943 kam ihr Telegramm nach Kösen: »Hurra, Zustimmung erhalten, man will mich hier nicht.«

Der traurige Grund für diese rasche Genehmigung war, daß in Stuttgart angeblich keine Familie zu finden sein würde, der es zugemutet werden könne, eine Halbjüdin in ihr Haus zu nehmen! Man teilte ihr auch mit, daß sie nach dem Pflichtjahr nur als ungelernte Arbeiterin in eine Fabrik verpflichtet werden könne. Eine andere oder gar eine bessere, gehobenere Berufsmöglichkeit hatte sie nicht.

Leicht würde das Pflichtjahr bei uns für Miriam trotzdem nicht sein. Wir verabredeten, daß ich in den ersten Tagen nach ihrer Ankunft nicht dasein sollte. Sie fand, es wäre dann leichter für sie, sich einzugewöhnen, leichter vielleicht auch für meine Familie, die Mutter, die Schwester.

Daß sie kommen würde, hatte ich in Jena erfahren, und als ich dann heimfuhr nach Kösen, wenige Tage später, holte sie mich am Bahnhof ab, stand als kleine, dunkle Gestalt auf dem Bahnsteig, und ich war glücklich.

Das waren die Tage der endgültigen Kapitulation Stalingrads, General Paulus ergab sich mit einem Teil der 6. Armee. Hitler tobte. Goebbels redete im Sportpalast und fragte: »Wollt ihr den totalen Krieg?« Er wurde umjubelt vom »Ja!« der fanatisierten Massen.

Bei uns daheim leerte Miriam Töpfchen, machte die Betten, fegte, heizte die Öfen. Sie erledigte alles auf die ihr eigene, charmante Art, brav und bemüht.

Immer wieder kam ich nach Hause, nicht nur über die Wochenenden, es gab auch sonst längere Perioden, in denen ich nicht in Jena war. In Kösen hatte ich ein behagliches Zimmer, ein Stockwerk über dem, in dem Miriam schlief. Nachts schlich ich über knarrende Dielen zu ihr hinab. Die Mutter – bisher scheinbar ohne Arg – hörte es einmal, rief, nun voller Besorgnis, nach mir, suchte mich, fand mich nicht in meinem Bett, ich ging zu ihr, sagte ihr die Wahrheit, sie gab sich erst erstaunt und behauptete, schockiert zu sein, denn was sollte daraus werden – so, wie die Lage nun einmal war, konnten wir an eine dauerhafte Verbindung nicht denken, an eine Ehe schon gar nicht. Und wenn etwas bekannt wurde, waren die Folgen schlimm, für Miriam wie für mich!

Ich sagte: »Ach, Käthchen!«

Und dann trank sie mit uns, Miriam im Morgenrock, ich in Bademantel, eine Flasche Rotwein. Sie gab uns ihren Segen:

Möge euch das Schicksal gewogen sein. An einen Sieg der Nazis glaubte auch sie nicht mehr. Überstehen war nun alles.

Miriam sagte »Tante Mutti«, zu ihr, oder auch »Tante Muh«.

Fortan hatten wir es leichter, waren heimlich nur noch aus Sorge vor dem Hausmädchen, das nichts wissen durfte, Rosa hätte uns in der Hand gehabt und erpressen können. Es war gut, daß die Mutter unsere Neigung tolerierte. Auch die Schwester Fifi ließ nur gelegentlich kritische Bemerkungen fallen, wenn sie mit Miriams Arbeit nicht zufrieden war.

Spannungen zwischen der jungen Mutter und dem Pflichtjahrmädchen gab es immer wieder, dann flossen auch Tränen.

Das Bienenhaus

Als es März wurde, ein sonniger Frühling, baute ich mir in der Zimmerei Kotte ein Bienenhaus, unter Anleitung des Meisters. Da kam es mir nun doch zugute, daß ich etwas Tischlern gelernt hatte und mit dem Stecheisen umgehen konnte.

Mit Miriam fuhr ich an einem strahlenden Tag ins Tal der Unstrut, über Naumburg und Freyburg hinaus, im Bummelzug. Wir standen auf der Plattform im Freien. Es lag ein unglaubliches Ahnen in der Luft, die Felder schienen aufzuplatzen, waren noch feucht, dunkel, doch kündigte sich allenthalben das erste Grün an. Ich sagte Miriam, daß wir später heiraten wollten, wenn der Nazispuk vorbei sei. Sie lachte mich aus: »Du bist verrückt!« Daran, daß der Krieg im Grunde schon verloren war, zweifelten wir nicht. Danach konnte es keine Judenverfolgung mehr geben, alle Rassenschranken würden fallen. Wie die Zukunft freilich wirklich werden würde, sahen wir nicht voraus, konnten es auch nicht ahnen.

Ein pensionierter Volksschullehrer hatte zwölf Bienenvölker zum Verkauf inseriert. Wir schauten sie uns bei ihm an. Es war das vollkommene ländliche Paradies. Der gebeugte Mann mit dem Käppchen auf dem weißen Haar führte uns in seinen duftenden Garten, duftend auch nach Frühlingserde. Die Bienen flogen schon aus, zu Hunderten tanzten sie vor den Öffnungen, es war ein großer Friede. Der alte Schulmeister erklärte uns das Prinzip und die Arbeitsweise seiner Kästen, die auch Beuten heißen. Er ließ uns hineinschauen ins krabbelnde Gewimmel, demonstrierte uns seine topfähnliche Pfeife, deren Rauch er über die Rahmen der Waben blies, so daß sich die Immen – wie er sie nannte – flugs zurückzogen. Er zeigte uns den Trick mit dem mit braunem Karbolineum getränkten Lappen, dessen scharfen Geruch die Bienen noch weniger mögen als den Qualm. Wir kauften die zwölf Völker. Im Lastwagen wurden sie uns später nach Kösen gebracht.

Im Garten der Puppenwerkstätte schlug ich das Bienenhaus auf und pflanzte Weiden als Frühjahrstracht davor, richtete auch eine Bienentränke ein. Die bunten Kästen leuchteten, sie wurden von uns frisch gestrichen: zwei Reihen übereinander, Fenster dazwischen und darüber, oben eingehängt, unten zu öffnen, so daß die Bienen, die sich in den Raum verirrt hatten, wie von selbst ins Freie hinausrutschten, indem sie dem Licht zustrebten.

Friedebald schrieb oft aus Rußland, er liebte das Land und die Leute nach wie vor, ihre Einfachheit. Er erlebte alles mit wachen, künstlerischen Sinnen. Er war immer in der Etappe, nie an der Front. Er schrieb: »Die Sonne und der Himmel sind wieder so, wie sie es halt nur in Rußland sein können ... Von diesen zarten Schleiern und Farben läßt sich nicht sprechen, aber ich habe das Gefühl, als ob ich bald malen würde. Eigentlich leben wir hier unheimlich friedlich, die Dörfer haben seit über einem Jahr nichts mehr vom Krieg gesehen, und die Leute sind fast gastfreundlich. Sowie sie merken, daß man sie nicht nur anschnauzt, tun sie alles für uns. Gestern bin ich ganz allein in die aufgehende Sonne hineingefahren – sie erhob sich über die Welle des Landes aus einem Schleier, war tiefrot und oval, stieg aber unglaublich rasch so hoch, daß ich bald nicht mehr in sie hineinsehen konnte.«

Durften wir nicht für den Augenblick beruhigt sein? War nicht der Krieg sowieso bald zu Ende? Im Juli landeten die westlichen Alliierten auf Sizilien; Mussolini, der Duce Italiens und Verbündete Hitlers, wurde zum Rücktritt gezwungen, verhaftet und auf dem Gran Sasso inhaftiert. Freilich befreite ihn dort im September 1943 ein deutscher SS-Führer tollkühn mit dem Segelflugzeug. Ein Glück war das für Mussolini aber wohl nicht, als Gefangener des Königs hätte er den Krieg vielleicht überlebt, so aber wurde er kurz vor dessen Ende von Partisanen erschossen.

Jochens Tod und Friedebalds Liebe

Da traf uns der Schlag zum ersten Mal. Unser Ortsgruppenleiter erschien nicht nur zu freudigen Anlässen. Immer öfter war er von Haus zu Haus unterwegs mit Todesnachrichten von der Front. Nun kam er auch zu uns, es war uns unfaßlich, denn keiner der Brüder kämpfte mit der Waffe. Aber der Bruder Jochen war tot. Es war eine undurchsichtige Geschichte: Als die Heeresfilmstelle, wo er diente, aufgelöst worden war, sollte er mit seiner Einheit nach Rußland verlegt werden, er klagte aber über Schwindel und Kopfschmerzen. Der Stabsarzt hielt ihn für einen Simulanten, der sich drücken wollte. Von seinem Standort im Süden Deutschlands wurde er über Berlin an die Ostfront kommandiert. In Berlin besuchte er noch einmal seine Freunde Day und Paul Schulz, mußte sich danach mit Übelkeit in seiner Kaserne niederlegen – und stand nie wieder auf. Er starb – wie die Obduktion ergab – an einem Gehirntumor.

Miriam und ich waren gerade mit dem Leiterwagen unterwegs zur Post, um Pakete für die Werkstätte abzuholen. Da wurde uns die Nachricht zugetragen. Wir ließen den Wagen auf der Straße stehen und eilten heim, zur Mutter. Sie war bleich, tränenlos zunächst, später entlud es sich. Der Ortsgruppenleiter saß noch bei ihr, der braungelbe Todesengel. Die

Mutter fragte uns nach den Paketen, wir erklärten, daß wir sie einfach stehen gelassen hätten, sie schien böse zu sein: »Man darf seine Pflicht nie versäumen!« Solche Reaktionen geschehen immer aus Selbstschutz.

Der Bruder war schon mehrere Tage tot; sehr spät – eben wegen des zunächst unklaren Befundes – war es uns mitgeteilt worden. Nun wurde er nach Bad Kösen überführt.

Die Familie versank in Trauer. Ich weinte, während ich nebenbei versuchte, mich mit der Lektüre des plattdeutsch schreibenden Dichters Fritz Reuter abzulenken. Ich war fassungslos. Der Tod Gabriele Reuters, nicht einmal der Tod des Vaters hatten mich stark berührt. Das waren alte Menschen gewesen, die ein erfülltes Leben hinter sich hatten. Ihr Tod war ein natürliches, sanftes Dahinscheiden gewesen, aber der Bruder Jochen wurde mir von der Seite gerissen, ich verlor ihn, den charmanten Freund, den Kameraden.

Friedebald war zufällig gerade auf Urlaub bei uns, aus Rußland, das er liebte, trotz des Krieges. Ihm war Jochen nie nahegestanden. Diese beiden Brüder waren sich fremd gewesen, zwei einander entgegengesetzte Charaktere. Nun war auch Friedebalds Urlaub von diesem Tod überschattet. Nur zu natürlich, daß er sich Miriam zuwandte, die selber unbeteiligt war. Oft und immer öfter saßen die beiden zusammen, diskutierten miteinander. Friedebald bemühte sich immer noch, einen Sinn in diesem Krieg zu sehen, er mußte es wohl auch, um selbst nicht daran zu zerbrechen. Er hielt ihn für notwendig, für schicksalhaft. Daß Miriam ein äußerst apartes Geschöpf war, fand auch er. Es amüsierte ihn, wie scharfzüngig und treffsicher sie die Eigenheiten und Schwächen der Kruse-Familie glossierte, da war sie in ihrem Element.

Dann wurde Jochen beerdigt. Soldaten trugen seinen Sarg. Soldaten spielten das Lied vom guten Kameraden, Salven krachten über seinem Grab. Das war uns allen so fremd, und auch ihm wäre es fremd gewesen. Die Schwester Fifi legte einen Kranz nieder, den sie mit rotwangigen Äpfeln aus unserem Garten geschmückt hatte. Am nächsten Morgen waren die Äpfel fort. Ein Nachbar hatte sie abgerissen, er fand es unerhört, daß wir in diesen schweren Zeiten, wo Nahrungsmittel so knapp waren, Obst auf ein Grab legten.

Die Schwester weinte und empörte sich.

Die Mutter beging bald darauf ihren sechzigsten Geburtstag. Mit schmerzlichem Gesicht saß sie der Freundin Tatiana, der Malerin, zu einem Porträt Modell. Erich Pfeiffer-Belli von der »Frankfurter Zeitung« kam zu uns, um einen Artikel über sie zu schreiben. Ich holte den geachteten Schriftsteller, von dem wir gerade eine Novelle in der Zeitung gelesen hatten, vom Bahnhof ab und begleitete ihn durch den Kurpark. Ich verfaßte selbst ein »Requiem« aus vier Gedichten für die Mutter, ich war in meiner Tiefe aufgewühlt und trotzdem stolz auf meine Verse. Der Maler der Puppenaugen schrieb sie mit gotischen Buchstaben auf edles Papier, das Buch wurde in Naumburg handwerklich gebunden.

Aus Hamburg kam Herr Diekmann vom »Kinderparadies«. Er war einer der ältesten Kunden der Mutter, hielt in der Werkstätte eine Rede, bei der ihm die Tränen über die Wangen flossen, und viele andere weinten ebenfalls. Es war aber doch auch ein Tag voller Herbstsonne und überwältigender Blumenfülle.

Als Friedebald die letzte Nacht daheim war, ging er zu Miriam. Er schrieb mir später aus Rußland, wie er den Urlaub empfunden hatte: »... so stand ich überall vor verschlossenen Türen, und am letzten Abend sehe ich, daß die eine, die einzige offen ist.«

Ich ahnte nichts, damals, war von Miriam entfernt, wie ich von vielen entfernt war, wohl auch von Friedebald. Ich ließ mich hineinziehen in meinen Schmerz um Jochen, vielleicht auch nur generell in meinen Schmerz, wozu ich immer neigte.

Später dann war Miriams Tür für mich verschlossen. Ich klopfte, rüttelte an der Klinke, vergeblich, keine Antwort. Als es zu einer Aussprache kam, ahnte ich die Wahrheit und wollte sie wissen, sie mochte nichts sagen: »Frag mich nicht.«

*Käthe Kruse an ihrem Schreibtisch in Kösen, vor
ihrem Porträt, das Tatiana 1943 malte*

Ich: »Bist du seine Geliebte geworden?«

Sie: »Frag mich nicht!«

Es dauerte Tage, bis ich es erfuhr, es traf mich schutzlos und ganz ohne Erfahrung. Ohne inneren Halt, außer mir, stürzte ich zur Mutter: »Jetzt hilf mir, hilf mir wirklich!«

»Was ist denn?«

Ich sagte es ihr.

»Mein armer Schatz«, war ihre sanfte Reaktion. Sie nahm mich in den Arm, schrieb aber Miriam später: »Ich persönlich, weißt Du – nachdem nun alles gut abgelaufen ist – und nachdem es sich um meinen geliebten Friedebald handelte – finde es sehr schön, daß du es getan hattest. Niemand ist dir böse. – Halt den Kopf wieder gerade, dann kann Dir niemand etwas tun.« Sie warnte aber auch: »Die Frau zahlt immer drauf! Das ist ein eisernes Gesetz der Natur. Jeder Liebhaber nimmt uns soundsoviel Flügelstaub mit von der Seele. Und das ist es eben nicht wert ... Also Du bringst durchaus nicht nur Kummer und dergleichen in ›unsere Familie‹.«

Die Mutter konnte menschlich sehr großzügig sein, sie war es oft und in allen Dingen der Liebe, die sie selbst genug gebeutelt hatte, bis an den Rand ihrer Existenz.

Ich verstand sie und verstand sie doch nicht, vergrub mich in meinen Kummer, betrank mich, hörte Beethovens Violinkonzert – Stunden um Stunden.

Mit dem Bruder Friedebald telefonierte ich, als er noch in Berlin war, auf der Durchreise nach Rußland. »Was hast du getan, du, mein Bruder!« Das Gespräch bewegte auch ihn. Doch er fand seine Ruhe wieder. Aus seinem Quartier schrieb er an Miriam: »Solch eine Zeit – und die unsere besonders – ist ja wie ein Traum, und im Wachen und Schlafen setzte ich ihn fort ... Was das spätere Leben für mich und die mir Nahestehenden bringen wird, darüber mache ich mir schon beinahe keine Gedanken mehr. Das ist nicht Leichtsinn. Das ist für mich notwendig – daneben versuche ich mein Leben in den Tag zu leben, Begegnungen möglichst bald dahin zu führen, daß sie fruchtbar werden. Nein, warten kann ich nicht, dazu geht alles

zu schnell an mir vorbei . . . . Es gibt vielleicht nur sehr wenige
Tage im Jahr, von denen ich sagen kann, ich hätte gelebt. Ich
bin jetzt auf ein Fahrrad gesetzt worden und meist allein unterwegs. Wir ziehen nur, noch etwas unentschieden, in der Gegend herum. Da komme ich dann auf dumme Gedanken, aber
es ist so schön, mit Dir durch Rußland zu fahren – ob Du es leiden könntest?«

Liebevoll nannte er sie »Cocktail« und machte sich darüber
lustig, daß man sie offiziell als einen minderwertigen Menschen betrachtete. Seine Einstellung zu ihr war dennoch nicht
ganz ungebrochen. Mir erklärte er:»Du fragst, ob ich sie als
Mutter meiner Kinder möchte. Ja, natürlich. Aber nie möchte
ich Kinder in die Welt setzen, die dieses unglückliche Erbteil
mit sich tragen müssen, gegen das sie sich nicht wehren können und das ihnen in unseren Gegenden immer Schwierigkeiten machen wird.«

Daß alles Jüdische ein unglückliches Erbteil sei, glaubte auch
er. Es war schwer für einen jungen Menschen, sich ein unab-
hängiges Urteil zu bilden. Er hatte kaum jemals anderes gehört. Er bat sie, wenn auch schweren Herzens:». . . bitte bleib
bei Maxel, wenn es jetzt nicht schon zu spät ist.« Und:»Wie
ich dir schreiben kann, ob ich dir schreiben darf, ich weiß alles
noch nicht, immer ist es wieder der Bruder, der mir von allen
Geschwistern am nächsten steht, wenn er auch spröde ist.«

Er versuchte, sich wieder einzugewöhnen bei seinem »Haufen«:». . . nachdem die ersten Tage vorübergegangen sind,
fühle ich mich so wunderbar – aufgeschlossen und lebensfreu-
dig . . . Für mich war es wie ein neuer Anfang und hat mich
dem Leben wieder nähergebracht. Nicht, daß ich je lebensmü-
de gewesen wäre . . . Aber gerade jetzt und hier draußen, wo
viel Verzagtheit und Unlust um mich ist, wo soviel in die Brü-
che geht, das doch auf ein Leben gehofft hat und ein glückli-
ches Leben dazu!«

Freilich, lange war er nicht mehr so heiter, nach und nach
wurde der Ton ernster:»Gestern war ein bewegter Tag. Wir
mußten ein paar Dörfer evakuieren. Das ist eine nicht schöne

Aufgabe. Aber durch die unendliche Duldsamkeit der Leute wurde es uns sehr erleichtert … Und dann ist es eigentlich unfaßbar: eine sechsköpfige Familie – die kleinen Kinder nicht eingerechnet – verpackt ihre Sachen innerhalb einer Stunde auf einen kleinen Wagen, spannt zwei Kühe davor und verläßt das Haus auf unbestimmte Zeit, wenn nicht für immer.« - »Vier Tage sind wir vor Panzern ausgerissen …«

Er gibt die erste Schilderung vom Rückzug: »Ich wusch mich ganz gemütlich, alles war weg und ruhig, als die Alte vom Haus reingestürzt kam, auf meinen entblößten Zustand noch weniger Rücksicht nahm als sonst und Truhen und Bündel herausschmiß. Dabei schrie sie, daß das Dorf, drei Kilometer von uns, brennen würde. Ich bin solchen Aufregungen gegenüber immer zweifelnd. – Josef, mein Kamerad, ging aber raus und kam wieder: ›Ja, wirklich, und schießen tut es auch.‹ Da bin ich dann schließlich in der Unterhose rausgegangen und habe es so gefunden, wie man es mir gesagt hatte. Zum Stab ging ich dann, aber der war getürmt, da mußte dann auch unser Wassili anspannen, und ab gings, erst durch die Schlucht, denn unser Dorf brannte auch schon, und dann immer nach Süden. Wir drei – der Pan und zwei Feldgendarmen – beeilten uns nicht sehr, aber sahen doch, daß etwas Land zwischen uns kam. So ging es also los und auch weiter, während der vier Tage waren die Panzer noch zweimal in Dörfern schon drin, durch die wir fahren wollten, aber wir bogen immer noch rechtzeitig ab.«

Zuflucht

Die Mutter wollte mit mir nach Tannheim in Tirol, dort lebte Jochens Frau, nun seine Witwe, mit dem kleinen Sohn Kristian, Käthchens Enkel. Ihnen wollte sie nahe sein um Jochens willen, und ich sollte dort »zur Ruhe kommen«. Ich rettete meine wunde Seele zu Büchern, las, las, lag im Bauerngasthof im Bett oder auf dem Balkon, wanderte, schrieb Miriam von der Gebirgslandschaft, von saftigen Wiesen und Kühen, von Seen im Wald, in denen sich das milde, gedämpfte Licht spiegelt, fügte weise Betrachtungen über das Leben zu zweit an und stellte mit den Worten des französischen Dichters André Maurois die Frage: »Wo finde ich ein Wesen, so unvollkommen wie ich selbst, mit dem ich aber – mit der Kraft beiderseitigen guten Willens – einen Zufluchtsort gegen die Tücken der Natur und die Wechselfälle des Lebens bauen kann?« Ich spielte mit Jochens Kind, fotografierte den blonden Knaben.

Eine geifernde Rede von Goebbels wurde durch Lautsprecher auf den Dorfplatz von Tannheim übertragen. Die Mutter und ich lagen auf dem Balkon in Liegestühlen und hörten sie mit. Dazwischen läuteten jede Viertelstunde die Glocken fünf Minuten lang, so daß man nichts verstehen konnte, kein Wort. Und die Bauern gingen in die Kirche und sangen dort ihre Lieder.

Miriam schrieb mir von nächtlichen Raubzügen auf Felder, wo sie mit Fifi Zuckerrüben klaute, der zu Sirup verkocht wurde. Sie bekam – wie sie mir heiter mitteilte – »Briefe von ihren beiden Männerles«, damit meinte sie mich und Friedebald. Ich wußte nicht, ob ich weinen oder lachen sollte. Die Mutter fand es charmant. Meine Seele entspannte sich.

Miriam schrieb aber auch über ihren Vater: »Die Nachrichten von Pa sind beängstigend. Und ich selbst habe so wenig Mut oft, alles zu ertragen. Bin mit mir selbst so sehr im Konflikt ...«

Ende Oktober fuhr die Mutter mit mir wieder heim, wir besuchten unterwegs den Dichter Walter von Molo in Murnau, dessen Ansichten über Hitler und den Krieg ihn an den Galgen gebracht hätten, wären sie bekannt geworden. Uns gegenüber nahm er kein Blatt vor den Mund. Er war ein knorriger Mann, im Wesen weich und gütig, dem sich mein Herz mehr und mehr zuneigte, mit dem ich immer vertrauter wurde, obwohl mir seine Bücher so nah nicht standen. Und das, meine ich, spricht sehr für den Menschen Walter von Molo, denn ich mochte ihn nicht deshalb, weil ich ihn bewunderte. Daß eine »Halbjüdin« nun meine Gefährtin war, fand seine uneingeschränkte Sympathie. Auf seine polternde Art redete er mit mir über das Verhängnis, in dieser Zeit leben zu müssen und vom Untergang der Menschheit zu wissen.

In München wanderte die Mutter lange mit mir durch die Straßen, wir sahen die Bombenschäden und verbrachten den Abend mit Erich Pfeiffer-Belli in besorgten Gesprächen.

Wieder daheim, wurde meine Beziehung zu Miriam wie früher. Wir winterten die Bienen ein, versorgten sie mit Zucker als Winterfutter, den ich als Imker gesondert zugeteilt bekam, und strichen die Beuten frisch und bunt. Herr Selig, der die Mutter vor dem Krieg in England vertreten hatte, besuchte uns, gewichtig saß er auf dem Sofa beim Tee und war sicher, daß Hitler den Krieg verlieren würde. Dann mußte sich das Leben wieder normalisieren. Und es sei doch nicht nur ein Verbrechen, sondern auch unglaublich unklug, ein Wahnsinn, wie er die Juden behandle.

Mit meiner Gesundheit schien es noch immer nicht zum besten zu stehen. Für das Wintersemester wurde ich »wegen Krankheit beurlaubt«. So steht es in meinem Studienbuch, doch wirklich krank war ich in Wahrheit wohl nicht. Ich zog aber wieder von Jena nach Kösen um. Und Käthchen kam auf die Idee, mich ins Sanatorium Jungborn in den Harz zu schicken. Dort war der Vater vor Jahren lange zur Kur gewesen.

Als ich in Bad Harzburg ankam, war es schon dunkel. Ich zitterte und war völlig durchgefroren, denn der Zug war ungeheizt gewesen. Hoch auf dem Bock eines Pferdelieferwagens rollte ich ins Sanatorium, ständig in Gefahr, hinunterzufallen. Zum Abendbrot gab es rohes Sauerkraut und grünes Tomatengemüse, kalt und säuerlich, vor dem Schlafengehen Schlamm – nämlich eingeweichte Heilerde –, und wo ich wohnte, durften keine Mädchen hin – es war im Herrenpark. Die Bettwäsche war rauh und porös, das Bett spartanisch, Bücher waren verpönt, weil man sich ganz »befreien« sollte. Um sieben Uhr in der Frühe weckte mich Gebrüll, und als ich aus dem Fenster sah, tobten fünf weiße, nackte Männer im Garten und klopften sich die Bäuche. Mein ästhetisches Empfinden fühlte sich von ihrem Anblick beleidigt. Vor dem Frühstück mußten wir ins kalte Sitzbad, dann gab es wieder Schlamm ...

Und wir hörten das Dröhnen der Fliegerangriffe auf Hannover.

Die spartanische Unterbringung währte nur kurze Zeit, bald zog ich um in den schöneren Teil der Anlage, in den Lindenhof, da freute ich mich über das holzgetäfelte Zimmer. Ich schloß Freundschaft mit dem jungen Arzt, Doktor Küchler, er hatte nur vier Finger an der rechten Hand, war nicht nur schlank, sondern sogar hager, übergroß – und war trotz seines fehlenden Zeigefingers ein hervorragender Pianist. Eines Abends spielte er in seiner Wohnung vor einigen ausgewählten Gästen Beethoven und Chopin, es war ein Adventssonntag, er wünschte, daß ich meine Gedichte läse – wir waren damals alle süchtig nach Kunst, nach Erbauung. Wir wären alle erstickt, hätten wir das nicht gehabt: dieses Sich-Wegträumen.

Kerzen brannten auf dem grünen Kranz, man hörte mir zu. Ich las nicht schlecht, aber ich scheute mich doch, die eigenen Verse zu lesen, obwohl ich ja viele schrieb, auch in dieser Zeit. Auf Rilke und Rudolf Alexander Schröder wich ich aus, da fühlte ich mich sicher. Diese Gedichte gefielen zwar und mein Vortrag ebenso, doch lieber hätte man etwas Persönliches, aus meiner Arbeit gehört, meinte der Arzt. Da wurde ich rot und schaute zu Boden. Doktor Küchler setzte sich erneut an den Flügel und schloß mit Schuberts Wandererphantasie.

Miriam berichtete mir, daß die Schwester Fifi im Zug kurz vor dem Schlesischen Bahnhof in Berlin einen fürchterlichen Alarm mitgemacht habe und nach dem Angriff vier Stunden durch das brennende Berlin gelaufen sei. Bis zur Sächsischen Straße sei alles Schutt, Asche, Brand und Rauch gewesen. Sie schloß: »Vielleicht sind Deine Bienen die einzigen, die diesen totalen Krieg überleben.«

Ich begegnete einer blonden Hanna, Universitätsassistentin, ein wenig älter als ich, ein reifer, liebevoller Mensch, ich empfand Zuneigung zu ihr, genoß ihre Zärtlichkeit und hatte kein schlechtes Gewissen. Sie erzählte von ihrer menschlich-schwierigen Beziehung zu ihrem Professor, den sie liebte, der sie liebte, der aber verheiratet war, und ich hörte verständnisvoll zu. Als Käthchen diese Hanna kennenlernte, meinte sie, so eine liebevolle Frau hätte sie sich gewünscht, für mich, ihren Herzensmaxel, den sie immer gefährdet fand.

Wieder daheim, wechselte ich Briefe mit Hanna und übergoß mich noch eine Zeitlang auf dem Balkon morgens mit kaltem Wasser. Nach und nach ließ ich beides. Hanna ist später zusammen mit ihrem Professor bei einem Bombenangriff in Kiel ums Leben gekommen, die erste jener warmherzigen Frauen, denen mein Leben Reichtum verdankt und deren Tod unschließbare Lücken hinterließ.

Friedebald erhielt unerwartet Urlaub, nur für wenige Tage. Aber sie waren kein reines Glück für ihn. Er war Miriam nah, sah sie täglich, in die er doch verliebt war, dazu ausgehungert nach weiblicher Zärtlichkeit als Soldat – und mußte sich zurückhalten. Er reiste schweren Herzens ab, sie begleitete ihn zum D-Zug nach Naumburg. Es mag für die beiden ein wehmütiger Abschied gewesen sein.

Er schrieb ihr dann aus Rußland: »In den paar Tagen Urlaub hab ich ja sehen müssen, was ich zu tun habe. Es fällt mir schwer genug – aber darauf kommt es ja nicht an. Es ist wohl das erste Mal, daß ich mich wirklich und zu meinen Ungunsten entscheiden mußte. Hätte alles in der leichtsinnigen Art unserer ersten Berührung weitergehen können, wäre es etwas anderes gewesen, aber dazu sind wir beide wohl nicht gebaut. Wenn ich Dir noch manchmal schreibe, dann ist das wie das lange Winken aus dem Zuge. Auf einmal biegt er dann um die Kurve.«

Gleichzeitig schrieb er mir: »Es hat mich viel mehr mitgenommen, als ich vermutet hatte.« Er bat mich, wenn er das nächste Mal auf Urlaub käme, mit ihr zum Skilaufen zu verreisen, oder sie für acht Tage zu ihrer Familie zu schicken, damit sie dann nicht in Kösen wäre. »Wir müssen beide noch überwinden, dabei hast Du es leichter ...«

Am 3. Januar 1944 überschritt die Rote Armee die polnisch-sowjetische Grenze.

Miriams Pflichtjahrzeit war beendet. Da der Leiter des Naumburger Arbeitsamtes, ein Freund und Verehrer der Mutter, seine Hand über sie gehalten und absichtlich »vergessen«

Die Freundin Miriam in Seefeld, 1943

hatte, ihren »Makel« als Halbjüdin in seine Unterlagen einzutragen, wurde sie nicht zum Kriegsdienst eingezogen, mußte nicht in eine Rüstungsfabrik und wurde nicht interniert wie ihr Bruder Helmut. Die Mutter stellte sie als »Sekretärin« an, so konnte sie bei uns – bei mir – bleiben.

Als Friedebald aber bald darauf schrieb, daß er noch einmal auf Urlaub kommen könne, verschickte mich Käthchen mit ihr nach Tirol. Die Züge waren so überfüllt, daß wir durch die Fenster hineinklettern mußten. In Seefeld hatte meine frühere Freundin aus Seis am Schlern, Hilde Feichtner – fünf Jahre war das nun her – jetzt ein Hotel. Sie nahm uns auf, ohne lange zu fragen, und gab uns ein Doppelzimmer. Sie balgte sich gleichwohl mit mir in ihrer Küche und meinte, es sei schade, daß ich nicht ihr Geliebter werden könne. Doch war sie selbst, die rassige, braungebrannte Südtirolerin, mit einem Innsbrucker Zahnarzt verbunden, mit dem sie ständig Schwierigkeiten hatte und unendlich lange, aufregende Telefongespräche führte.

Alte Freunde hatte die Mutter in Seefeld, reiche Leute, deren Namen ich nicht mehr weiß. Ich besuchte sie, eine würdige, hochkultivierte alte Dame. Sie saß neben dem weißen Kachelofen und bewirtete mich freundlich mit Tee und Kuchen. Ich kam allein, schwieg über Miriams »Manko«, denn die Dame war eine in der Wolle gefärbte Nationalsozialistin, immer noch, zwei ihrer Söhne waren bei der SS, darauf war sie stolz, und es war ihre unausrottbare Überzeugung, daß die Juden das Verhängnis der Welt seien. Ich hätte ihr gern widersprochen, aber mir fielen die richtigen Argumente nicht ein, obwohl ich sogar den Mut dazu gehabt hätte. Ich litt sehr darunter, daß mir die Worte fehlten, und das ließ mich noch schmerzlicher verstummen. Ich haderte mit mir selbst. Vor über zehn Jahren hatte mir die Mutter nach Arosa geschrieben, daß wir beide Menschen seien, die nur mit der Feder in der Hand denken könnten, und genauso war es.

Der Schnee schmolz in Seefeld, es war keine Freude mehr, Ski zu laufen. Miriam und ich reisten weiter nach Tannheim, in die

Nähe von Ruth, Jochens Witwe. Sie brachte uns bei einem Bauern unter, wir schneiten ein, konnten tagelang nicht vor die Tür treten, waren ans Zimmer gefesselt, wurden beide krank und rührend gepflegt von den Bauersleuten. Deren Tochter war eine begabte Bildschnitzerin, ich versuchte sie in einer Erzählung zu schildern. Es mißlang, aber wir saßen dann, als wir uns erholten, warm in der Küche am Herd, auf dem das Wasser im »Schiff« dampfte. Die Holzscheite prasselten, knackten, und die Glut tauchte den Raum in ihr flackerndes Licht, wenn die Ofentür geöffnet wurde.

Noch größerer Schmerz

In Kösen begann für mich das Bienenjahr. Ich stellte die Tränke auf, wo sich die ersten Immen niederließen, schaute nach den Weidenkätzchen, die ihr frühes Futter waren. Bald würde der Raps blühen. Da kam die Schwester Fifi zu mir in meine Idylle, totenblaß, sie war eben durch den Ortsgruppenleiter informiert worden. Friedebald war tot. Fifi weinte nicht, sie war eher versteinert, der Schmerz saß tief. »Wie sollen wir es ihr sagen?« fragte sie und meinte die Mutter.

Friedebald war, wie Jochen, nicht im Kampf gefallen, er war auf dem Rückzug verunglückt. Mit einigen Kameraden saß er in einem PKW. Sie überholten einen Panzer, der abgeschleppt wurde. Ihr Fahrer hatte das Warnzeichen übersehen und prallte beim Einscheren zwischen Panzer und Zugfahrzeug gegen das Abschleppseil. Sie kamen ins Schleudern und wurden überrollt. Mit ihm starb ein zweiter Soldat. Er habe nicht leiden müssen, hieß es. Das heißt es wohl immer.

»Wie sollen wir es ihr begreiflich machen?« Die Frage stand in Fifis blassem Gesicht.

In mir regte sich Entschlossenheit, eine Wut gegen das Schicksal. Ich empfand es als so schlimm, daß es keinen Trost geben konnte.

»Ich sage es ihr gleich«, erklärte ich und lief auch schon los. Ich war fast besinnungslos, empfand aber auch eine Art Pflichtgefühl. Ich rannte den ganzen Weg vom Werkstättenpark in unsere Privatwohnung, die Treppe empor, ins Schlafzimmer der Mutter, das klein war und eng, sie hatte sich gerade niedergelegt.

Ich war erbarmungslos, denn was nützte noch Schonung, ich murmelte vielleicht: »Du mußt jetzt sehr stark sein«, doch was konnte das helfen. Es traf uns ja auch alle. »Friedebald ist gefallen«, sagte ich tonlos. Sie faßte es nicht gleich, dann schrie sie: »Nein!« Sie warf sich über ihr Bett und schickte mich hinaus. »Laß mich allein!« Ich schloß die Tür.

Stille, lange Stille in ihrem Zimmer.

»Du hättest es ihr so nicht sagen dürfen«, meinte die Schwester, sie weinte nun auch. Wir alle weinten, aber was hätte es genützt, »es« anders zu sagen.

Man beerdigte den Bruder an einer Dorfkirche in Rußland bei Tarnopol, mit einem schlichten Holzkreuz. Ein Kamerad, der mit ihm befreundet war, schickte uns Fotos vom Grab.

Noch einmal ging ich nach Jena auf die Universität, ich wechselte aber die Fakultät. Die Mutter übte sanften Druck auf mich aus. Ich belegte nun Volkswirtschaft bei Professor Erich Preiser, der einen sehr guten Namen hatte. Ich zog auch zu ihm, als in die Familie integrierter Untermieter, er bewohnte das frühere Haus des Dichters Hermann Löns, der, wie Käthchen bekümmert erzählte, nicht nur ein bekannter Tierschriftsteller gewesen war, was ich wußte, sondern auch Quartalssäufer, worunter ich mir noch nichts vorstellen konnte. Das Haus war braun, vom Keller bis zum Dach, da es vollständig aus Holz gebaut war. Es lag auf halber Höhe in einem kleinen Garten. Ich zog unter das Dach und schlug Lehrbücher auf, deren Inhalt mir so fremd war wie ägyptische Hieroglyphen.

Nun mußte ich Werner Sombart lesen, wobei der große Nationalökonom mit umfassender Bildung ja fast noch Literatur war gegen all den anderen trockenen Stoff. Zur geistigen Erfrischung lieh mir Professor Preiser aber auch einen dicken Wälzer von Bernard Shaw, in dem dieser geistreiche Spötter beweisen wollte, daß der Arbeiter weniger an höheren Löhnen als an mehr Freizeit interessiert sein würde, in Zukunft. In gewissem Sinne war es ein prophetisches Buch.

Professor Preiser mochte ich. Wir verstanden uns immer besser. Er war nicht groß, eher zierlich, hager, seine Augen funkelten lebendig durch die Brillengläser. Er war sehr geistreich, haßte die Nazis, sah sich aber vor. Viele nächtliche Stunden saß ich mit seiner Familie, der Frau und den Kindern, im Luftschutzkeller. Da sagte er, was er dachte. In seinen Vorlesungen war es leer, aber das lag nicht an ihm. Alle Hörsäle waren leer, nur eine hübsche Kommilitonin sah ich, von mir immer über kahle Stuhlreihen getrennt. Man saß so, in merkwürdiger, selbstgewählter Isolation, klapperte mit dem Pultdeckel, wenn der Professor kam und wenn er wieder ging. Ich schrieb mir aus den Vorlesungen auf, daß die Nachfrage den Preis einer Ware bestimmt, und wunderte mich darüber, denn von der Mutter wußte ich es anders: sie multiplizierte die reinen Selbstkosten, Löhne und Material, einfach mit vier, das war dann der Endverkaufspreis ihrer Spielpuppen. So machte sie es schon immer.

Vielleicht konnte ich der Firma ja nun doch etwas nützen? Möglicherweise hatte sie es ja falsch gemacht und war deshalb nie auf einen richtig grünen Zweig gekommen?

Ich frischte meine bescheidenen Italienisch-Kenntnisse aus Ascona auf und nahm Stunden bei einer Privatdozentin. Da lernte ich aus dem »Neuen Mussafia«, daß die Biene »ape« hieß, das lag mir nahe, dem Bienenzüchter und Imker.

Ich besuchte die verehrte Dichterin Ricarda Huch am 18. Juli 1944, anläßlich ihres achtzigsten Geburtstages. Die groß gewachsene, schlanke Frau mit dem durchgeistigten Kopf und den hängenden Augenlidern machte mir tiefen Eindruck. Sie trug ein langes, schwarzes Kleid, das sie noch zerbrechlicher erscheinen ließ, ihr Gesicht, ihre Hände noch blasser. Viele

Menschen waren in ihre kleine Wohnung gekommen, um ihr zu gratulieren, viel geistige Prominenz. Das Glückwunschtelegramm vom Propagandaminister Goebbels legte sie achtlos, vielleicht sogar unwillig beiseite. Sie war wie eine Fürstin, eine Fürstin der Gedanken. Den Verleger Kippenberg, der den Insel-Verlag leitete, und seine Frau Katharina begleitete ich später auf der sonnigen Straße in ihr Quartier. Anton Kippenberg war für mich wie ein Halbgott, da er das Werk von Hermann Hesse und Rainer Maria Rilke betreute. Ich hoffte, auch ich würde einmal sein Autor werden.

In diesen Wochen stiegen Fesselballons in den Himmel über Jena, sie waren zum Schutz der Zeiss-Werke vor feindlichen Tieffliegern gedacht. Sie sahen sogar hübsch aus, geformt wie Zeppeline und silbern, aber sinnvoll erschienen sie uns nicht.

Immer dramatischer war die Lage an den Fronten geworden, im Osten wie im Westen. Im Mai waren die Alliierten in Italien gelandet, am 6. Juni 1944 begann die lang erwartete Invasion in der Normandie. Das Ende war abzusehen. Rußland begann eine Großoffensive und rieb in wenigen Tagen achtunddreißig deutsche Divisionen auf. Aber Goebbels versprach unbeirrt den Sieg, noch einmal wurde London beschossen, durch die zur »Wunderwaffe« hochstilisierte Rakete V2. Später brachten die Amerikaner diesen ganzen Technikerstab mit Wernher von Braun aus Peenemünde in die Vereinigten Staaten. So begann das Zeitalter der Raumfahrt. Da spielte es dann gar keine Rolle mehr, daß alle diese Männer für Hitler gearbeitet hatten. Ein späterer Freund von mir war als Justitiar bei der Gruppe.

Meine Freundin Christl bekam einen Sohn und bat mich um Spielzeug, weil man in dem völlig zerbombten Nürnberg, inmitten von Ruinen und ausgebrannten Häusern, wo sie jetzt mit ihm lebte, nichts auftreiben konnte.

Am 20. Juli erfolgte das Attentat auf Hitler. Unsere Hoffnung auf eine Wende in letzter Minute, auf ein baldiges Ende des Krieges, ehe alles in Schutt und Asche lag, war nur allzu kurz. Noch als wir die schleppende Stimme dieses dämonischen Mannes wieder im Radio hörten, beteten wir, daß dennoch der Umsturz eingeleitet, die Aktion nicht ohne jede Auswirkung verlaufen sei. Er selbst sprach von der Vorsehung, die ihn gerettet habe. In diesen Tagen kursierte ein »Wirtinnen-Vers« über Hitler:

> *Frau Wirtin hat auch einen Traum,*
> *Der war so schön, man glaubt es kaum,*
> *Er klingt wie ein Tedeum,*
> *Sie sah den Adolf ausgestopft*
> *Im Britischen Museum.*

Georg Rosenstock, der angehende Arzt und Dichter, hatte noch Studienurlaub und hauste in Jena mit seiner jungen Frau und einem Säugling in einer Bude, die voller Babywäsche hing. Er zitterte vor Erregung und war voll Verzweiflung und Wut, daß alles umsonst gewesen war und Hitler überlebt hatte. Er holte seinen Karabiner aus dem Schrank, schwenkte ihn und rief: »Am liebsten wäre ich mit der Knarre rausgelaufen und hätte mitgemacht.« So ging es wohl vielen. Es bleibt ein tragisches Rätsel, daß Deutschland bis zum allerbittersten Ende aushalten mußte. Es gab nur den einen, winzigen Trost, daß eine neue »Dolchstoßlegende«, die einem geglückten Attentat auf Hitler die Schuld an dem verlorenen Krieg gegeben hätte, nicht entstehen konnte, so wie man 1918 das Zusammenbrechen der Heimat dafür verantwortlich machte, während die Front unbesiegt geblieben sei.

Nach und nach erfuhren wir von den Einzelheiten des mißglückten Staatsstreichs, von den Prozessen, den Hinrichtungen. Die Mutter hatte den früheren Leipziger Oberbürgermeister Goerdeler gekannt, der dazu bestimmt gewesen war, die neue Regierung zu führen. Zu ihm hätte sie Vertrauen gehabt.

Von Christl erfuhr ich, daß ihr Vater im Zusammenhang mit dem Attentat verhaftet worden war. Sechs Monate, davon drei an Händen und Füßen gefesselt, wurde er gefangengehalten. Vom Freunde Han von Plessen erhielt ich den letzten Brief, den er noch schreiben konnte, aus seinem Panzer:»Ich sitz in meiner ›Kutsche‹ ... und draußen ist der Teufel los. Es pfeift und kracht ohne Unterlaß, und die Luft ist voll vom Getöse der Flieger, die über uns kurven und stürzen. Bomben zerbersten dumpf, MGs hämmern wie wahnsinnig ... mich hat das Schicksal dahin geführt, wo es zur Zeit wohl am unangenehmsten ist, mitten in die Invasionsfront. Alles bisher Erlebte ist ein Nichts gegen diese Hölle. Die Materialüberlegenheit ist ungeheuer. Seit Wochen wimmelt der Himmel von Fliegern, und keiner ist von uns. Die schweren Bomber fliegen zu Hunderten wie zur Parade. Fast pausenlos trommelt die Artillerie auf uns. Und von morgens früh stehen wir paar Männchen da, warten ab, halten still und warten. Und warten auf was? Was wird kommen? Wann kommt es? Verzweifelt und resigniert tun wir unsere Schuldigkeit ...«

Kurz danach, am gleichen Tage, ist er gefallen. Einer von vielen unersetzlichen Verlusten. Eine ganze Generation wurde ausgelöscht. Wie sehr fehlten diese jungen Männer nach dem Krieg: ihren Familien, den jungen Frauen, dem Land – als Menschen, Begabungen. Sie fehlten mir als Brüder, Freunde, Kameraden, Persönlichkeiten. Die letzten Worte von Han, quer auf den Rand des Briefes geschrieben – als ob sie ihm wichtig gewesen wären –, lauteten:»Nun regnet es Dreck in den Wagen von einer neben uns eingeschlagenen Bombe. Entschuldige daher das Aussehen der Blätter.« Nicht der leiseste Vorwurf, daß ich behütet daheim sein durfte, kein Wort der Mißgunst, sondern eine Entschuldigung wegen einer Bagatelle – in seiner Lage. Diese Bescheidenheit hat mich zusätzlich bewegt. Ich litt nicht nur um ihn, um den Freund, den ich gemocht hatte wie wenige andere, ich empfand auch Scham.

Im August proklamierte Goebbels zum zweiten Mal den totalen Krieg. Theater, Konservatorien, Kunstakademien, Kabaretts wurden geschlossen, die meisten Orchester aufgelöst. Auch die Universität Jena stellte den Studienbetrieb ein. Ich nahm Abschied von meinem Professor und Wirt, von der Familie Preiser. Wir umarmten uns in der Hoffnung auf ein Überleben und Wiedersehen. Nun zog ich gänzlich nach Kösen.

Bienensommer

Hier glühte, hier summte der Sommer. Es wurde ein Bienenjahr, dem Krieg zum Trotz. Es war rein äußerlich die vollkommene Idylle, während in Deutschland die Städte in Trümmer sanken, in Glut und Feuer. Da hingen nun unsere Imkermäntel, unsere Handschuhe, unsere Gitterhauben im Bienenhaus. Miriam und ich schnitten Königinnenzellen aus, wir legten Absperrgitter ein und zeichneten die Königinnen mit farbigen Punkten. Ich begann eine Königinnenzucht, trat in den Imkerverein ein, abonnierte die Imkerzeitung. Meine »Anlage« wurde besichtigt, die bäuerlichen, wesentlich älteren Imker, alle so betagt, daß sie nicht mehr an die Front mußten, schritten durch unseren Garten, besahen sich alles mit Fachverstand und lobten uns. Miriam schleuderte mit mir den goldgelben, duftenden Honig. Wir kannten die verschiedenen Blütezeiten, die Trachten, vom Raps, vom Klee, von der Luzerne, der Akazie und Linde. Wir hatten vor dem Winter Zucker gefüttert und noch etwas für den Haushalt übrigbehalten. Ich genoß die Sommersonne im Bienenhaus und hatte zärtliche Gefühle für die kleinen, braunen Insekten mit dem feinen Pelz. Waren sie nicht wie fliegende Bärchen?

Miriam teilte alles mit mir, es war wohl die glücklichste Zeit unseres Zusammenseins, Brand und Untergang zum Trotz. Ich bewahrte die gefüllten Honiggläser im Schrank auf, flüssiges Gold, freute mich an ihrem leuchtenden Anblick und verkaufte das Pfund für fünf Mark an meine Geschwister und

Käthchen, das war damals ein stolzer Preis. Aber Geld spielte kaum eine Rolle, jeder hatte genügend, man konnte ja auch nicht mehr viel dafür kaufen und war immer knapp mit den Lebensmittelmarken. Man tauschte, wo es ging – und bei der Mutter ging es oft, auch bekam sie viel geschenkt. Wer damals eine Puppe haben wollte, der mußte Stoffe einsenden, bunte Reste. Die Werkstätte nähte Kleidchen daraus.

Um wenigstens etwas zu tun, setzte ich meine Gesangsstunde fort, schon im Winter hatte ich mich bei einer älteren Lehrerin in Naumburg angemeldet und ihr vorgesungen. Sie war eine Heroine, eine Walküre, Lilli-Lehmann-Schülerin, wie sie stolz betonte. Sie trug sicher ein Korsett, so gerade hielt sie sich, mit einem Hohlkreuz. Groß war sie, nicht etwa fett, nein, ein durch und durch gestandenes Frauenzimmer, wie man sich eine Wagner-Sängerin vorstellt. Sie unterhielt und verpflegte einen stillen, gebeugten Mann, gebeugt auch vielleicht von ihr, der einmal Beamter gewesen war, Regierungsrat.

Ihre Stube war prächtig. Ölschinken in Goldrahmen hingen an den Wänden, ein schwarzer Flügel stand auf dickem Teppich. Dazu Polstermöbel, alles in hellen, kühlen Tönen, viel Grün, etwas Gelb. Auch die Heroine trug hell, nicht schwarz oder düster. Sie ließ mich schmettern, war nicht zufrieden mit dem, was ich bei Meister Strathmann in Weimar gelernt hatte, er hatte meine Bemühungen wohl nicht so recht ernst genommen. Aber sie erklärte sich bereit, mich zu unterrichten, nahm mich als Schüler an. Nun fuhr ich einmal in der Woche mit dem Omnibus, der sogenannten Blauen Tante, zu ihr nach Naumburg. Ich sehe grün-durchsonnte Blätter über den gewölbten Oberfenstern des Busses. Oft mußte ich stehen, weil es zu voll war. Ich hing dann im Riemen, den Kopf auf dem Arm, gegen die Ellenbogenbeuge gestützt. So ließ ich mich schaukeln und träumte dabei. Der Bus war altersschwach, er rüttelte. Die Menschen saßen mit hängenden Köpfen auf den Bänken. Ich fühlte mich über ihr Geschwätz erhaben. Ich fuhr zum Singen, ich war überhaupt ein Künstler.

Es fehlte mir an der Atemtechnik, für die Lilli Lehmann so berühmt gewesen war. Meine Lehrerin faßte mich gleichzeitig mit beiden Händen im Kreuz und auf den Bauch und spürte mein Zwerchfell, wie es sich hob und senkte. Sie war dabei ganz Aufmerksamkeit, lauschte mit den Fingerspitzen und mit den Handflächen in mich hinein, mit sanftem Druck, dem ich meinen Atemdruck entgegenzusetzen hatte.

Dann sangen wir. Sie lehrte mich, den Atem zu stützen, nur mit dem Zwerchfell. Es mußte sich senken beim Einatmen und steigen, wenn der Ton dem Mund entströmte. Sie machte es mir vor, demonstrierte es auch am eigenen Leib, indem sie nun dort ihre Hand ruhen ließ, die willig die Bewegung verdeutlichte. Sie lehrte mich, die Zunge vorn an die untere Zahnreihe zu legen und dann nach oben in den Gaumen federn zu lassen. So sollte das rollende Zungen-Rrrr entstehen, das ich bis dahin nicht beherrschte. Ich mußte viele Male schnell hintereinander: »T-deten ... T-deten ... T-rrreten« sagen und »T-däumen ... T-däumen ... Trrräumen ...«, dann sang ich: »T-däume, t-räume, holderrr, süßerrr Knabe ...« Ich übte es bis zur Verzweiflung, auch daheim vor dem Spiegel, damit ich die eigene Zunge sehen konnte und beobachtete, wie schnell sie vibrierte, auf und ab, auf und ab, schneller, schneller: T-deten ... T-däumen. Bis es saß und rollte, das rollende Zungen-Rrr, das man brauchte, um ein richtiger Sänger zu werden.

Meine Lehrerin begleitete mich am Flügel, sie schrieb selbst mit sauberer, gestochener Schrift die Noten meiner Lieder ab, in meiner Stimmlage, sie ließ mich einfache Stücke singen, aber bald auch den Herrn Heinrich, der am Vogelherd saß; die Forelle von Schubert und den Mörike-Text: »Du bist, Orplid, mein Land, das ferne leuchtet«, diese geheimnisvoll-schönen Verse der deutschen Poesie, deren Sinn ich nicht verstand, die mir aber tief erschienen. Nur vermochte ich meine Empfindung nicht über die künstlerisch gewölbte Zunge zu bringen. Sie blieb in meinem Herzen verschlossen und fand nicht den Weg zu Ohr und Herz des Zuhörers. Ich war unbegabt für den Ausdruck und dachte dennoch daran, einmal Sänger zu werden. Ich verkündete es den Mädchen im Büro meiner Mutter, vor hellen Fenstern, zwischen Akten und Briefen der Kunden. In was für einer Zeit wollte ich singen? In was für einem Deutschland? Die Mutter selbst glaubte es wohl nicht so recht, aber daß das Singen gut·für mich und für meinen verkümmerten Brustkasten war, das hoffte sie sehr, und das war sicher richtig. Ich kam jedesmal voll Schwung und Kraft aus der Stunde heim, erfüllt von Händel oder Pergolesi.

Wenn ich nicht sang, Klavier übte – schauerlich unsystematisch –, meine Bienen versorgte, so schrieb ich, oder ich las Hölderlin, den Hyperion und seine Gedichte. Meist lag ich dazu auf dem Fußboden und saugte dazu dickflüssiges, klebriges Biomalz aus Dosen, das wir von unseren Freunden bekamen. Die beiden Töchter der Firma kannte ich aus Arosa. Wenn ich an Hölderlin denke, habe ich den Geschmack des süßen Sirups im Mund.

Sirenennächte

Ganz friedlich aber war es selbst in unserer Oase nicht. Immer häufiger mußten wir nachts in den Luftschutzkeller. Das Heulen der Sirenen riß uns aus dem Schlaf, tief in der Nacht oder gegen Morgen. Wir waren entnervt von diesem grellen, klagenden, an- und abschwellenden Geräusch, das nicht nur Unheil verkündete, das selbst schon ein Unheil zu sein schien. Die Schwester Fifi hatte die ehemalige Waschküche als Zufluchtsort einrichten lassen, es war feucht dort unten, auf dem Steinfußboden lagen Matratzen, die Fenster waren mit Ziegeln und Sandsäcken abgesichert, die Mitte des Raumes wurde durch einen kahlen Baumstamm gestützt, der die Trümmer tragen sollte, wenn das Haus zusammenstürzte. Da lagen wir übermüdet und hörten das Brummen und Donnern der Bomberstaffeln, die über uns hinwegzogen, minutenlang, viertelstundenlang, nach Leipzig, nach Dresden, nach Berlin. Die Kräfte der Alliierten schienen unerschöpflich zu sein. Miriam, übermüdet von der Arbeit, weigerte sich manchmal, in den Keller zu gehen, blieb in ihrem Dachzimmer, in ihrem Bett. Einmal gab ich ihr eine Ohrfeige, vor Aufregung, aus Angst, gleich tat es mir leid. Sie nahm es mir nicht einmal übel, folgte mit ihrem Notgepäck. Es fielen auch Bomben auf Kösen, doch sie stürzten ins Feld und richteten keinen Schaden an. Wir besahen uns die Trichter, fragten – froh, davongekommen zu sein – nach dem Sinn und fanden keinen.

Am hellen Tag sah ich ein abgeschossenes Kampfflugzeug vom Himmel stürzen. Es schien direkt auf unser Haus zuzutrudeln, die Nase nach unten, die Flügel breit und sich langsam drehend – es wurde rasch größer. Wir retteten uns hastig in den Keller: nichts geschah, keine Detonation, kein Aufprall. Das Flugzeug war weit entfernt in den Wald gestürzt.

Dann wieder schwirrten böse Gerüchte durch den Ort, eines Morgens. In der Nacht habe der stellvertretende Ortsgruppenleiter im Wald einen englischen Flieger erschossen, der sich mit dem Fallschirm gerettet hatte. Die Sache wurde vertuscht, aber es blieb ein schlimmer Geschmack im Mund. Der Haß auf die Flieger war bei den unvernünftigen Leuten zwar groß, doch man wollte trotzdem, daß die Genfer Konvention anerkannt würde, schon um der eigenen Söhne willen, die Kriegsgefangene waren.

Das Kinderheim neben unserem Wohnhaus wurde Lazarett.

Ich versuchte, das Leben weiterzuleben, so gut es ging. Soll der junge Mensch nicht auf die Zukunft hoffen? Ich schickte an Erich Pfeiffer-Belli, der die Redaktion der »Münchner Neuesten Nachrichten« leitete, einige Arbeiten und merkte an: »Alles verliert ja in dieser Zeit sehr an Wichtigkeit.« Er druckte eine kleine Erzählung von einem Mann, der seine Todesangst durch die Konzentration auf eine künstlerische Arbeit zu besiegen versucht. So war unsere Stimmung – die Freundin Dorothee Dovifat aus Berliner Tagen schrieb mir: »Wir müssen ja die Welt jetzt ins Unsichtbare verwandeln.«

Seelisch und in Gedanken wurde keiner den Krieg los. Miriam erhielt schlechte Nachrichten von ihren Verwandten aus

Stuttgart und Hannover, wo die Mutter jetzt in einem Gutshof. ihres Schwagers lebte. Hannover sähe schlimmer aus als Warschau, schrieb dieser Schwager, und in Stuttgart hätte der Hindenburgbau einen Volltreffer erhalten. Die Gewerbehalle und die Liederhalle waren getroffen worden, und das Kaufhaus Breuninger, ein Kunde der Mutter, war ausgebrannt.

Ganz anders dachte Jakob Schaffner, der Freund und Dichter aus Schweizer Tagen. Er hatte vor einiger Zeit seine erste Frau verloren und sehr darunter gelitten. Er schrieb ein bewegendes »Tag- und Nachtbuch von Glion«, heiratete aber doch noch einmal, eine sehr junge Frau, sie erwartete ein Kind – im September schrieb er der Mutter aus Straßburg, daß er unverändert an den Sieg glaube: »... daß dieser Krieg nichts zu tun hat mit irgendeinem Belieben oder Nichtbelieben irgendwelcher Führer in Deutschland, wird Ihnen ja auch feststehen, und jeder Tag bringt es schärfer heraus. (...) Ich selber habe mich in Straßburg für einstweilen eingerichtet, eigentlich wollte ich ja in die Heimat, aber dazu ist die Zeit noch nicht reif, auch würde man es gerade im Augenblick hüben und drüben falsch auslegen. Inzwischen ist der Krieg uns dicht vor die Burgundische Pforte, unser Haustor, gerückt und klopft dort schon ziemlich grob an. Ich denke aber, viel näher auf den Leib wird er uns nicht mehr rücken, die Tage des fröhlichen Vormarsches sind für die Angelsachsen vorbei, und der Tag des großen Rückschlages ist nicht mehr fern. (...) Siegten die anderen, so wäre es überhaupt aus mit unserem ganzen Dichten und Trachten. (...) Zum Verzweifeln liegt ganz und gar kein Grund vor. Das ist kein leerer Optimismus, sondern nüchterne Einschätzung der Kraftverhältnisse und der Mittel.« Er und seine blutjunge Frau sind bald darauf bei einem Fliegerangriff umgekommen. Für ihn, den Schweizer, der nach dem Krieg in seiner Heimat besonders verachtet, verfemt und sicher auch gehaßt worden wäre, war dieses Ende vielleicht das gnädigere Los.

Zu uns in den Garten kamen russische Gefangene mit Hacke und Schaufel, bewacht von Soldaten mit umgehängten Karabinern, ein grauer Trupp, abgerissene, freundliche Männer, dazu abkommandiert, uns zu helfen. Sie rodeten Bäume, legten Wege und Beete an, beseitigten Wildnisse, waren meist schweigsam, manchmal sangen sie aber auch ihre schönen russischen Lieder, lachten, waren fröhlich, immer geduldig. Sie wußten, daß der Krieg im Grunde vorüber war, und bald, so durften sie hoffen, waren sie wieder daheim.

Die Schwester Fifi kochte riesige Kessel voll dicker Suppe für sie, die deutschen Bewacher fanden, sie verwöhne »den Iwan« unzulässig. Doch die Arbeit war schwer. Diese Gefangenen waren für uns fast tröstliche Vorboten einer neuen Zeit, von der wir dennoch das Schlimmste erwarteten.

Miriams Vater mußte in ein Konzentrationslager – nach Theresienstadt. Er wurde im Güterwagen »verladen«. Er schrieb in einem sehr tapferen Brief, er nähme es hin wie ein Soldat, der seinem Befehl gehorcht. Er schien der Mutigste und Gelassenste von uns allen zu sein. Tatsächlich hat er die bittere Zeit überlebt. Er gehörte zu den etwas privilegierten Juden, weil er »halbarische« Kinder hatte. Er fand im Lager eine jüngere Frau, die er nach dem Krieg heiratete. Die beiden verbrachten ihren Lebensabend in Nizza. Solch glückliche Entwicklung auch nur zu hoffen, davon waren wir weit entfernt.

Miriam litt unter allem. Auch ihr Bruder Helmut kam in ein Lager für Halbjuden. Aber auch er überlebte.

Flucht aus den Schrecken

In meine Situation kann ich mich heute kaum noch zurückversetzen. Ich war ja jung, ich wollte leben. Aber ringsum ging alles in Trümmer. Wo war noch Hoffnung? Man ersehnte das Ende, ohne zu wissen, was es bringen würde. Wir alle wehrten uns mit aller seelischen Kraft dagegen, von den Schrecken des Krieges erdrückt zu werden, die sogar noch um vieles größer waren, als wir ahnten. Flammende Städte, die Hölle Dresdens, getötete Söhne, Brüder und Freunde – schließlich das Elend der Flüchtlinge aus dem Osten – das alles betraf auch uns. Wir wurden täglich damit konfrontiert. Wir waren erfüllt von Trauer und Entsetzen, Tag und Nacht. Aber wir versuchten, manchmal durchzuatmen, uns irgendwo festzuhalten, wir wollten erfahren, daß das Leben nicht ganz verloren war, daß es auch in uns weiterfloß. Hatten wir noch eine Zukunft? Und welche?

Weihnachten verbrachten wir sehr still, es läutete auch nur noch »eine einsame dünne Glocke auf der Kirche«, denn die Glocken waren alle eingeschmolzen, bis auf diese eine. Zur Jahreswende verfaßte ich einen Gruß, den die Mutter drucken ließ und an Freunde und Kunden verschickte, ein Sonett, das unsere Niedergeschlagenheit ausdrückte:

> *Der dunkle Sang ist noch nicht ausgesungen,*
> *Der Sänger, der die Saiten schlägt, ist hart ...*
> *Die Kräfte, die den Untergang gestalten,*
> *Gestalten voller Emsigkeit.*

Ich mußte etwas tun, mich von meinen Ängsten ablenken, durch Tätigkeit, durch Kreativität, durch etwas, was Freude machte und vielleicht in die Zukunft führte. Mein Schreiben allein genügte mir nicht. Auch die Hände sollten sich rühren, das war immer heilsam. Und es mußte etwas sein, was ich daheim verwirklichen konnte, jetzt, hier, sofort ...

Da verfiel ich auf das Marionettentheater, das halb verrottet in der Bodenkammer lag. Meine Geschwister hatten damit gespielt, schon vor meiner Geburt, Theaterstücke des Grafen Pocci. Nun griff ich danach, wie nach einem seelischen Rettungsring. Ich versuchte die Augen zu schließen vor der Wirklichkeit, vor Tod, Krieg, Bomben und Niederlagen.

Das gab meiner flatternden Seele Halt, ich war mit Intensität dabei. Ich reparierte das kleine Theater, baute es um, versah es mit einem roten Seidenvorhang, der unten mit Bleikugeln beschwert war, und baute eine Beleuchtungsanlage: ein Trafo der Spielzeugeisenbahn, viele Schalterchen, viele Taschenlampenbirnen. Die Puppen waren winzig, zehn Zentimeter hoch vielleicht, es waren alte Puppenstubenpuppen der Mutter, in den zwanziger Jahren hatte sie solche gefertigt. Ich arbeitete sie um. Ich schmückte sie mit bunten Kostümen, ließ mir von der Werkstättenschneiderin helfen, die es gern tat. Die Schwester Fifi war sofort begeistert, tatkräftig und hilfsbereit, sie entwarf Bühnenbilder nach meinen Anweisungen, stellte sie plastisch aus einer Modelliermasse aus Kunststoff her, die sie gerade selbst entwickelt hatte. Man kann sie im Backofen brennen, sie ist heute noch unter der Bezeichnung »Fimo« erfolgreich auf dem Markt. In der ersten Zeit nannten wir sie »Fimoïk«, gesprochen Fimo-ik, zusammengesetzt aus ihrem Namen Fifi und dem Wort Mosaïk. Ein Gasthaus mit Butzenscheiben entwarf sie, mit einer brennenden Außenlaterne, eine Schloßfassade mit Fenstern, die man von hinten beleuchten konnte, und einen Schloßgarten mit barocker Brunnenfigur. Zwei Stücke hatte ich geschrieben, einen Einakter, angeregt durch ein Gedicht von Paul Verlaine, eine Entführungskomödie. Das andere war ein dreiaktiges Schauspiel »Oberon« – in fünffüßigen Jamben.

Miriam ließ sich gerne anstecken. Gemeinsam fuhren wir in ein abgelegenes Thüringer Dorf, dort suchten wir einen alten Marionettenspieler auf. Er führte uns seine romantischen Bühnenbilder und seine raffinierten Beleuchtungseffekte vor, den aufgehenden Mond über nächtlichen Gebirgszügen. Das animierte mich.

Nicht nur die Schwester Fifi, genauso die Älteste, Maria, begeisterte sich, fast zu sehr. Ich notierte damals: »Wenn ich stundenlang eine recht effektvolle Beleuchtung herausgearbeitet habe, kommt Fifi und sagt, ich verderbe ihr die Dekoration, und dann muß ich alles wieder ändern! Mariechen hat unterdes Feuer gefangen und scheint die Musik dazu machen zu wollen. Jedenfalls liegt sie auf dem Bauch über dem Flügel und zupft an den Saiten – was geheimnisvolle Zaubermusik sein soll. Denn als das sieht sie den Oberon vorläufig noch an. Außerdem sucht sie händeringend in Kösen nach einer Oboe, am liebsten möchte sie ein ganzes Orchester und eine Oper daraus machen. Dabei hat sie es noch gar nicht gelesen.«

Es kam dann doch nicht zu Marias Musik, es gab keinen Flügel in meinem Zimmer, das ich zu unserem Theaterraum umfunktioniert hatte. Das Theater stand auf der Trennlinie zur Veranda. Miriam und ich lagen auf einem Podest über der Bühne, probten und ließen die kleinen Figuren über den Boden schleifen. Ich erlebte laufend Überraschungen. So mußte ich darauf verzichten, daß ein General und ein Minister vor ihrem Herzog niederknieten, denn es sah aus, als würden sie auf dem Bauch rutschen. Andererseits erzielten wir auch kunstreiche Effekte, so konnte ein Kammerherr sein Lorgnon punktgenau vor seine Augen führen. Wir übten alle Rollen mit verstellten Stimmen, Miriam die weiblichen, ich die männlichen, und erzeugten magischen Lichtzauber. Auch wir ließen einen Mond über den Nachthimmel wandern und entliehen uns die Musik von Schallplatten: Rossini und Beethoven.

Dann kam die Vorstellung. Die Mutter saß im Sessel, die ganze Familie war zugegen, alle waren animiert und dankbar. Käthchen meinte hinterher: »Ach, Herzblatt, nun ist das Leben wieder schön!«

Ja, eine Flucht aus der Realität war das schon. Aber in Wahrheit litten wir und sahen dem Inferno entgegen. Wir brauchten Zuversicht. Für Sekunden fanden wir sie. Auf die eine oder andere Weise versuchte jeder zu überleben, zunächst körperlich, dann aber auch seelisch, was genauso wichtig war. Die immer freundliche Dorothee Dovifat schrieb mir: »Es ist ein zu schönes Gefühl, daß es in diesem chaotischen, harten, männlichen Deutschland noch Menschen gibt, die Ruhe und Geduld und Talent genug besitzen, ein Puppenspiel zu inszenieren.« Gleichzeitig teilte sie mir mit, daß sie aus der Schweiz Hermann Hesses »Glasperlenspiel« bekommen habe. Das war also möglich.

Ich dachte schon daran, Puppenspieler zu werden und nach dem Krieg ein richtiges Theater im Bad Kösener Kurpark zu bauen. Lag es nicht nahe: Marionetten und Käthe-Kruse-Puppen? Ich bastelte ein Pappmodell des Gebäudes, die Mutter wollte es unserem Landrat zeigen und ihn für das Projekt erwärmen. Es kam nicht mehr dazu.

Ein junges Mädchen, eine junge Frau wohl eher, kam zu uns, eine Russin, sie sollte der Schwester Fifi im Haushalt helfen, das war wenig sinnvoll, denn sie war ein ganz anderes Leben gewöhnt, sie war sehr apart, rassig und vital, aber bei all ihrem Charme ein schlampiges Geschöpf. Sie war vorher befreundet gewesen mit Wehrmachts- und SS-Offizieren, wohl mehr als das, so wie sie aussah. Nach der Niederlage würde sie als Kollaborateurin gelten und mußte fürchten, erschossen zu werden. Diese junge Russin war sehr musikalisch und spielte gut Klavier. Wenn ich in Vaters Stube an unserem Bechsteinflügel bei einer Schubert-Sonatine immer wieder den gleichen Fehler machte, stolperte sie auf der Treppe und kam dann zu mir herein, um mir richtig vorzuspielen. Als der Krieg zu Ende ging, verließ sie uns von einem Tag auf den anderen. Wir wissen nicht, was aus ihr wurde, ob sie überlebte.

Kriegsende

Die Widerstandslinien brachen immer rascher zusammen, die Fronten rückten näher. Die Schwester Fifi vergrub im Gartenhaus mit Hilfe eines Mitarbeiters vermeintliche Wertgegenstände in Kisten, sie verbarg im Keller unseres Hauses unter dem Podest einer alten Badewanne Lebensmittel für Notzeiten. Nach und nach hatte die ganze Familie Kruse in Bad Kösen Zuflucht gesucht und gefunden, aus dem Westen, aus dem Sudetenland, das vor 1938 die Tschechoslowakei gewesen war. Fifi hatte ihre inzwischen drei Kinder bei sich, die drei Kinder des Bruders Michel – er war, wie ich, nie Soldat, sondern als Physiker dienstverpflichtet gewesen – waren bei seiner Frau Irm und damit bei uns, dazu war Irm vor einem knappen Monat vom vierten entbunden worden. Die Schwester Hanne war hier mit zwei Kindern – und die älteste Schwester Maria.

Käthchen, die Mutter, nie zu vergessen. Nun schlüpften auch Sombarts – die Witwe und die hübsche Tochter Ninetta des Nationalökonomen – für kurze Zeit bei uns unter. Als ich fünfundvierzig Jahre später unser während der DDR-Zeit völlig heruntergekommenes Haus wiedersah, wunderte ich mich, wie viele Menschen, wie viele Schicksale es damals aufnehmen konnte. Womöglich habe ich noch den einen oder anderen vergessen.

Als sich die Alliierten näherten, ging es uns viel zu langsam, sie wurden ungeduldig erwartet. Wir waren froh, daß es die Amerikaner sein würden, so, wie sich die Dinge entwickelten. Panzersperren wurden noch errichtet, Sprengladungen an den Brücken angebracht. Ich mußte zum Volkssturm, zum letzten Aufgebot, jeder spottete über diese sinnlose Veranstaltung. Mit dem alten, drahtigen Schuster Simon, der uns gegenüber wohnte und arbeitete, in dessen kleine Werkstatt ich so oft als Kind gegangen war, sollte ich nun nachts die Eisenbahnbrücke unter der Rudelsburg bewachen. Vor wem? Für wen? Unsere zusammengewürfelten Volkssturmleute trafen sich in einem Streckenwärterhäuschen an der Saale. Da sah sich niemand mehr vor. Man hätte uns leicht alle als Defätisten erschießen können. Es brannte eine grelle Lampe hinter den dicken Papierrollos der Verdunklung, die Kameraden von der anderen Schicht, die wir ablösen sollten, futterten noch ihre Brote.

Der Schuster schlurfte dann mit mir über die dunkle Brücke, über die Eisenbahnschwellen, zwischen den Schienen, die wie helle Bänder waren, denn sie spiegelten das blasse Licht der Sterne. Sein Schritt war schwer, er hatte den Karabiner auf dem Rücken. Wir waren zwei einsame, so nutzlose Gestalten in der Dunkelheit, zu nichts mehr gut, und das wußten wir.

»Nu is die Scheiße bald zu Ende«, das tröstete den Schuster, der immer ein Gegner der Nazis gewesen war und das nie verleugnet hatte.

»Hoffentlich«, antwortete ich.

Unter uns floß die Saale, so gleichmütig. Was gingen sie die Menschen an.

Die Tage waren erfüllt von Gerüchten. Desertierte, flüchtende deutsche Soldaten kamen durch Kösen. Sie wagten ihr Leben, so oder so: entweder fielen sie noch in den letzten Kämpfen, oder sie wurden als Fahnenflüchtige erschossen. Sie trugen gestohlene oder geliehene Zivilkleidung. Man half, wo man konnte. Das Lazarett neben unserem Wohnhaus löste sich auf diese Weise von selber auf.

Die Saalebrücke wurde nicht gesprengt. Ninetta Sombart kam von der Straße gelaufen und meldete uns:»Die Alliierten kommen!« Wir suchten den Luftschutzkeller auf, die alte Waschküche, sie roch nach Menschen und Moder. Wir hatten schon weiße Laken an anderen Häusern gesehen. Das war nicht ungefährlich, Fanatiker gab es noch immer, und es existierte ein Befehl, wonach in jedem Haus, das eine weiße Fahne hißte, alle Männer erschossen werden sollten. Nun hängten wir selbst ein Bettlaken vor das Fenster. Dann fielen Schüsse, nicht viele, Panzer ratterten, es wurde an die Kellertür geklopft, sehr energisch. Ich lief, öffnete, zwei Farbige standen vor dem hellen Hintergrund des Tages. Das war ein fremdartiger Anblick, aber wie froh begrüßte ich sie:»Come in.« Rasch durchsuchten sie das ganze Haus, vom Keller bis zum Dach, auch die Speisekammer, waren sachlich, sogar höflich, es war eine Wohltat.

Wir atmeten auf.

Zwei Tage später gab es einen demonstrativen Durchzug der Sieger. Es war wie eine Parade, eine Straße hinauf, die andere wieder hinab, an der Werkstätte vorbei. Kanonen, Lkws, Panzer, Jeeps, Jeeps. Kein Soldat ging zu Fuß, es waren ausgeruhte, erholte Jungens. Wir hingen aus den Fenstern, staunten und lasen Konservendosen von der Straße auf. Der Inhalt schien uns delikat und war für sie doch nur einfache Verpflegung.

Sorge plagte uns nur, daß die Deutschen noch einmal zurückkommen könnten. Es wurde von einem Gegenstoß gefaselt. Doch die Kraft der Wehrmacht war erschöpft.

Nur einmal jagte ein deutscher Tiefflieger über den Werkstättenhof, die Kugeln pfiffen. Ich rannte um mein Leben,

spürte die Angst, eine Mauer schützte mich, dann war alles
vorüber.

Die ersten amerikanischen Soldaten erschienen in der Werkstätte. Sie kauften Puppen, sie kamen zahlreich, in Trupps, sie
brachten deutsches Geld, das nicht viel wert war, sie brachten
aber auch Fröhlichkeit mit und Zuversicht – und Zigaretten,
die neue Währung. Wir konnten die Nächte wieder durch-
schlafen, es gab keine Alarme mehr, keine Sirenen. Das war
wunderbar, ein Vorgeschmack auf den Frieden.

Präsident Roosevelt starb plötzlich, Harry S. Truman wurde
sein Nachfolger. Kurzzeitig kam der Gedanke auf, der sogar eine Hoffnung war, daß sich die USA unter seiner Führung nun
gegen die Sowjetunion richten und sich dazu mit den Resten
der deutschen Armee verbünden würden. Es war nur ein
Strohfeuer, das rasch verrauchte. Es war vielleicht nicht einmal
ganz unrealistisch, aber es hieß, Truman hätte es der öffentli-
chen Meinung nicht zumuten können.

Der Stellvertreter unseres Ortsgruppenleiters, der den Flieger erschossen hatte, erhängte sich. Der Ortsgruppenleiter
selbst wurde auf einem Lastwagen abtransportiert. Niemand
wußte wohin, man wollte es wohl auch nicht wissen. Wir
mußten unsere Kameras abgeben, versteckten aber eine wert-
volle Contax im Schornstein, hatten Angst vor einer Entdek-
kung.

Miriam war nun frei, wieder ein gleichberechtigter Mensch.
Einen Tag halfen wir beide unserem Bürgermeister im Rathaus
als Dolmetscher, mehr schlecht als recht. Doch wir waren
wichtig und wurden gebraucht.

Flüchtlinge aus Schlesien, aus dem Osten, aus Berlin waren
in Kösen. Der Bruder Michel reiste irgendwie aus Frankfurt
an, um seine Familie zu holen. Manche dachten daran, Kösen
wieder zu verlassen, andererseits waren die Freundin Hemi
und ihr Arztgemahl aus Schlesien zu uns geflüchtet. Sie hatten
alles verloren, das Haus, den Garten, alle Habe, die Patienten.
Nur ihr nacktes Leben konnten sie retten. Der Generalmusik-
direktor Kopsch aus Berlin war da – es war voll geworden.

Carl Froelich, der große Filmregisseur, lebte mit seiner jungen Frau auf der anderen Seite der Saale in einem kümmerlichen Zimmer. Er litt an einer Augenkrankheit, die ihn stark behinderte, war fast blind. Er hatte den ersten deutschen Tonfilm gedreht, dann den wunderbaren »Traumulus« mit Emil Jannings, aber seine Filme »Fridericus« und »Heimat« mit Zarah Leander waren sicher auch auf der offiziellen Linie der Propaganda mitgeschwommen, und zur Nazizeit war er kurz Präsident der Reichsfilmkammer gewesen, so war er also nicht völlig unbelastet. Trotzdem war er voll Zuversicht, daß es wieder eine deutsche Filmkunst geben würde, und hatte Pläne, in die er mich einbezog.

Daß Hitler sich erschoß im Führerbunker der »Reichshauptstadt«, wir nahmen es nur noch so hin, ohne besondere Bewegung. Die Zeit dieses Mannes war abgelaufen, das war nur noch die Konsequenz. Deutschland lag in Trümmern, alle Städte, viele Dörfer – Tod und Elend, wohin man sah, am schlimmsten natürlich im Osten, Ostpreußen, Schlesien. Wir bedauerten nur, daß man diesen finsteren Hasardeur nicht in einem vergitterten Käfig durch das Land ziehen konnte, um ihm das ganze Desaster vor Augen zu führen, um ihn anzuspeien, mit Steinen nach ihm zu werfen. Der Haß war da – es war vielfach ein Haß auch auf sich selbst, weil man ihm zu seinem Wahnwitz verholfen hatte. Nun erst, da sich die Konzentrationslager nach und nach öffneten und darüber berichtet wurde mit den erschütternden Bildern, wurde uns das ganze Ausmaß seiner Verbrechen bewußt. Es begann ein langsamer Prozeß der Erkenntnis und die Selbstbefragung nach dem eigenen Anteil an der Schuld.

Mir wurde zum ersten Mal klar, welcher Schändlichkeit der Mensch fähig ist, wenn er glaubt, wenn er von einem Wahn überzeugt ist. Ist der Glaube, die von Beweisen unabhängige Gewißheit, nicht vielleicht die gefährlichste aller menschlichen Fähigkeiten, gefährlicher noch als die primitive Mordlust? Denn der Glaube mordet nicht nur, er liefert auch noch die Rechtfertigungen für das Morden und verleiht ihm eine höhere

Weihe. Und wenn der Glaube die gefährlichste Eigenschaft ist, so ist der Zweifel die segensreichste, denn der Zweifel tötet nie, er unterdrückt nie, er zündet keine Scheiterhaufen an, er läßt leben, läßt gewähren und duldet.

Ich sammelte meine ersten Gedichte, ließ sie sauber drucken und hellblau binden, ein Büchlein mit dem Titel: »Der erste Schritt«, Käthchen war glücklich, trotz der vielen Liebesgedichte. Und ich sprang die Treppe der Druckerei hinab, stolz, die Bändchen im Arm. Jetzt begann das Leben.

Die große Ricarda Huch, der die Mutter das Büchlein geschickt hatte, schrieb ihr: »Die Verse haben etwas Frühlingshaftes, das ist ihr Reiz. Man sieht einen glücklichen Träumer, dem Blumen, Sterne und Quellen ihre Geheimnisse zuflüstern. Er gibt sie in seinen Versen wieder, so gut er sie versteht. Jeweils erhascht er ein Wort der Wundersprache, jeweils bleibt es ihm dunkel, aber er singt es nach auf seine Weise.«

Ich empfand es als kritische Einschränkung, die mir Staub von den Schmetterlingsflügeln blies.

Es wurde Mai, auf der Dachterrasse unseres Hauses, in warmer Abendluft, las ich meine Komödie »Pan Oberon« vor, die Carl Froelich höflich anhörte und freundlich beurteilte. Dann lud er mich ein, an einem Drehbuch mitzuarbeiten. Ich schrieb ihm immer zu lange Dialoge. Er meinte aber gutherzig: »Kruse, so, wie Sie schreiben, fühlt man sich in eine andere, bessere Welt versetzt.« Das ist kaum der Weg zum Erfolg.

Dann stand Miriams Bruder Helmut vor der Tür, mit dem Fahrrad. Er wollte die Schwester abholen nach Hannover, zu einem Onkel aufs Landgut Erichshof. Für sie war es der Schlußpunkt unter den Akt ihrer Befreiung. Unser Abschied war kurz, auch sie bekam ein Rad, dann fuhr sie mit ihm davon im viel zu knappen, grauen Höschen. Auf dem Gepäckträger hatte sie zwei kostbare Geigen, eine Stradivari und eine Guarneri, die sie dem Vater aufgehoben hatte. Von ihm wußten wir damals noch nichts. Ein Winken, dann waren sie aus dem Tor.

Die Gräfin Uwaroff war eine russische Emigrantin, sie ist mir als wohlbeleibt und schwer atmend in Erinnerung. Sie hauste über dem alten Pferdestall des ehemaligen Parkhotels, in einem winzigen Zimmer, das immer düster war, und trug selbst auch schwarze Kleider. Sie verhängte die Fenster mit dicken Vorhängen. Die Gräfin pendelte und legte Karten bei Kerzenlicht. Ich glaube, ihre Kammer war immer grau von Zigaretten- oder sogar Zigarrenqualm. Sie riet mir dringend, bevor die russische Besatzung käme, Kösen zu verlassen: »Wer weiß, wohin man Sie verschleppen wird. Den Kommunisten ist alles möglich!«

Die Mutter nahm es sich sehr zu Herzen.

Ja, die Amerikaner tauschten das von ihnen eroberte und besetzte Gebiet Thüringens bis über Leipzig hinaus gegen einen Teil von Berlin. Miriam schrieb mir aus Erichshof, der Bruder Helmut brachte den Brief: »Ich mache mir so schreckliche Sorgen um Euch! – Mäxchen, was werdet Ihr tun? ... Käthchen wird über Dich ihre Fittiche breiten und Dich irgendwie beschützen. Ich hatte so fest vor, in anderthalb Monaten wieder bei Dir zu sein ...«

Da war meines Bleibens nicht mehr. Die Mutter erkämpfte sich eine Fahrgenehmigung für den »Jonathan«, Jochens elegantes Kabriolett, offiziell für ihren Betrieb. Die Schwester Fifi brachte mich, Käthchen begleitete uns. Wir wollten zu Miriam, auf das Gut bei Hannover.

Wir fuhren die gewundene Straße über Kösen empor, durch die Wälder. Die Stadt und ihre Dächer verschwanden hinter den Bäumen. Ich sah sie ein Menschenalter nicht wieder, den Kirchturm, das Gradierwerk.

Die Kindheit, die Jugend waren zu Ende – eine behütete Zeit.